中国建投 | 远见成就未来

中国建投研究丛书·报告系列
JIC Institute of Investment Research Books · Report

中国信托行业研究报告
（2021）

中建投信托博士后工作站　编著

ANNUAL REPORT ON THE DEVELOPMENT OF CHINA'S TRUST INDUSTRY (2021)

社会科学文献出版社
SOCIAL SCIENCES ACADEMIC PRESS (CHINA)

《中国信托行业研究报告》编委会

主　任　刘功胜
副主任　谭　硕　张　昳
委　员（按姓氏拼音字母排序）
　　　　　陈境圳　高　斌　黄春华　黄婷儿　柯有为
　　　　　李合怡　李　亮　聂雅雯　唐彦斌　袁　路
　　　　　朱　霄

主要编写人员简介
（按姓氏拼音字母排序）

陈境圳 厦门大学法律硕士，具备法律职业资格、CICPA，现任职于中建投信托法律合规部，具有较为丰富的金融、法律、财税研究经验与实践经验。

高 斌 中建投信托研究创新部研究员，具备法律职业资格，中国政法大学民商法学博士，加州大学伯克利分校访问学者。主要研究方向为证券法、信托法，专注于房地产投资信托基金（REITs）法律制度研究。曾在中电建华东院、兴业银行杭州分行投行部工作，并在《经济法学评论》等刊物发表多篇文章。

黄婷儿 北京大学硕士。拥有CICPA专业资格。曾任职于毕马威会计师事务所、中建投信托北京投行部，现任职于中建投信托研究创新部。连续六年参编《中国信托行业研究报告》。具有丰富的改制上市、并购重组等尽职调查经验，研究领域包括资产证券化、股权投资、慈善信托及信托转型等。

柯有为 上海海事大学法学硕士，具备法律职业资格，中级经济师，现任职于中建投信托法律合规部。曾任国内某城商行总行法律合规部副科长、分行风险管理部/资产保全部副总经理，具备较为丰富的金融、法律、资产处置研究与实践经验。

李合怡 苏州大学金融学博士。现任职于中建投信托南京业务部、华东师范大学博士后流动站。曾在核心学术期刊发表多篇论文，连续四年参与编写《中国信托行业研究报告》，拥有良好的项目管理、投资与金融学、房地产经济学等相关专业知识。

李　亮　经济学硕士，曾为境内独立智库、全球信息提供商和内外资银行机构服务。对境内外财富的整体规划、资本市场配置管理有着较深刻的理解和较丰富的实践经验。著有《私人财富传承与管理》《境外税收指南》。现任职于中建投信托财富业务部。

聂雅雯　纽约大学金融工程硕士。曾就职于普华永道会计师事务所（纽约），现任职于中建投信托风险管理部。曾参与美国四家大型数据金融公司开展的金融衍生品定价估值及金融产品风险管理方面的研究，在信托房地产业务、租赁行业资产证券化、股权投资等方面具有一定的风险管理审批经验。

唐彦斌　经济学博士，CFA、FRM、CAIA，具有13年金融投资与风险管理领域的从业经验，现为中建投信托风险管理部风险研究主管，曾先后供职于交通银行总行市场风险处、中国平安保险（集团）股份有限公司投资管理中心、中建投信托股份有限公司金融市场部。

袁　路　中国社会科学院经济学博士。历任中建投信托北京投行部总经理、中建投信托研究创新部总经理。中国信托业协会行业专家库成员。近年来，在核心学术期刊发表论文多篇，参编《中国信托行业研究报告》等多部研究报告，出版专著一部，参与多项国家重大课题与中国社会科学院重大课题研究，并在《财经》杂志等媒体发表评论十余篇。

朱　霄　西南财经大学应用统计硕士、经济学学士，CFA、FRM，浙大城市学院怀卡托大学联合学院业界导师。曾先后就职于浙商银行总行、杭州工商信托，现担任中建投信托杭州不动产金融二部信托经理。在不动产、基础设施等领域具有较丰富的投资经验。

总　序

　　一千多年前，维京海盗抢掠的足迹遍及整个欧洲。南临红海，西到北美，东至巴格达，所到之处无不让人闻风丧胆，所经之地无不血流成河。这个在欧洲大陆肆虐整整三个世纪的悍匪民族却在公元1100年偃旗息鼓，过起了恬然安定的和平生活。个中缘由一直在为后人猜测、追寻，对历史的敬畏与求索从未间歇。2007年，在北约克郡哈罗盖特（当年属维京人居住领域）的山谷中出土了大量来自欧洲各国的货币，各种货币发行时间相差半年，"维京之谜"似因这考古圈的重大发现而略窥一斑——他们的财富经营方式改变了，由掠夺走向交换；他们懂得了市场，学会了贸易，学会了资金的融通与衍生——而资金的融通与衍生改变了一个民族的文明。

　　投资，并非现代社会的属性；借贷早在公元前1200年到公元前500年的古代奴隶社会帝国的建立时期便已出现。从十字军东征到维京海盗从良，从宋代的交子到犹太人的高利贷，从郁金香泡沫带给荷兰的痛殇到南海泡沫树立英国政府的诚信丰碑，历史撰写着金融发展的巨篇。随着现代科学的进步，资金的融通与衍生逐渐成为一国发展乃至世界发展的重要线索。这些事件背后的规律与启示、经验与教训值得孜孜探究与不辍研习，为个人、企业乃至国家的发展提供历久弥新的助力。

　　所幸更有一批乐于思考、心怀热忱的求知之士勤力于经济、金融、投资、管理等领域的研究。于经典理论，心怀敬畏，不惧求索；于实践探索，尊重规律，图求创新。此思索不停的精神、实践不息的勇气当为勉励，实践与思索的成果更应为有识之士批判借鉴、互勉共享。

　　调与金石谐，思逐风云上。"中国建投研究丛书"是中国建银投资有限责任公司组织内外部专家在瞻顾历史与瞻望未来的进程中，深入地体察和研究市场发展及经济、金融之本性、趋向和后果，结合自己的职业活动，精制而成。本"丛书"企望提供对现代经济管理与金融投资多角度的认知、借鉴与参考。如果能够引起读者的兴趣，进而收获思想的启迪，即是编者的荣幸。

是为序。

张睦伦

2012 年 8 月

编辑说明

中国建银投资有限责任公司（以下简称集团）是一家综合性投资集团，投资覆盖金融服务、工业制造、文化消费、信息技术等行业领域，横跨多层次资本市场及境内外区域。集团下设的投资研究院（以下简称建投研究院）重点围绕国内外宏观经济发展趋势、新兴产业投资领域，组织开展理论与应用研究，促进学术交流，培养专业人才，提供优秀的研究成果，为投资研究和经济社会发展贡献才智。

"中国建投研究丛书"（简称"丛书"）收录建投研究院组织内外部专家的重要研究成果，根据系列化、规范化和品牌化运营的原则，按照研究成果的方向、定位、内容和形式等将"丛书"分为报告系列、论文系列、专著系列和案例系列。报告系列为行业年度综合性出版物，汇集集团各层次的研究团队对相关行业和领域发展态势的分析和预测，对外发表年度观点。论文系列为建投研究院组织业界知名专家围绕市场备受关注的热点或主题展开深度探讨，强调前沿性、专业性和理论性。专著系列为内外部专家针对某些细分行业或领域进行体系化的深度研究，强调系统性、思想性和市场深度。案例系列为建投研究院对国内外投资领域案例的分析、总结和提炼，强调创新性和实用性。希望通过"丛书"的编写和出版，为政府相关部门、企业、研究机构以及社会各界读者提供参考。

本研究丛书仅代表作者本人或研究团队的独立观点，不代表中国建投集团的商业立场。文中不妥及错漏之处，欢迎广大读者批评指正。

前　言

《中国信托行业研究报告》已连续出版了九年，这是中建投信托股份有限公司（以下简称"中建投信托"）对行业观察与研究多年坚守的成果，书中凝聚了热爱思考的信托同仁多年来对信托行业发展的观察、思考与心得。

2020年是宏观经济和国际发展形势不断发生变化、充满挑战的一年，我国"十三五"规划顺利收官，这一年中，资管行业统一监管框架进一步完善，信托业务环境发生深刻变化，信托公司面临全新的挑战和机遇。2020年，随着金融监管改革持续推进，信托业务结构发生根本转变，同时，资产风险得到更加直观的体现，信托公司赢利能力下滑，经营业绩出现增速拐点。整体上，行业体现出"行业监管趋严期""业绩增速换挡期""业务转型调整期""风险多发承压期"四期叠加特征。同时，信托行业的资产管理能力和风险管控能力也在不断优化，主动管理能力更加突出，信托公司经营更加规范，行业发展的基础进一步夯实。2020年，在金融监管部门的引导下，信托行业顺应经济社会发展的新形势，承担起金融供给侧结构性改革的使命，以回归本源为方向，以服务实体经济为宗旨，大力弘扬信托文化，在国民经济中发挥了重要作用。

本书由行业研究和专题研究两个部分构成。第一部分为行业研究，系对信托行业全年发展状况的系统性研究。全书以"行业发展综述与展望"开篇，对信托行业2020年的发展形势进行全景描绘；随后分别从信托业务、固有业务两大业务类别探讨信托公司的业务结构与发展路径；接着从风险管理与监管环境两个视角分别剖析信托公司的内控管理与外部监管，形成对信托行业完整和细致的刻画。第二部分为专题研究，主要包括对特殊需要信托、家族信托、保险金信托、信托公司TOF业务、信托公司内部信用评级体系建设等热点问题的研究。

锲而不舍，金石可镂。中建投信托的专业研究团队多年来持续关注和思考信托行业的发展与转型。我们诚挚地希望本书同中建投信托博士后工作站的其他系列报告一起，继续成为金融同行交流的平台和读者认识资产管理行业的媒介。我们愿与各方同仁一起为信托行业的发展贡献力量与智慧，共同见证中国信托行业的成长。

《中国信托行业研究报告》编委会

2021 年 7 月

目 录

第一部分　行业研究

2020年信托行业发展综述与展望 …………………… 袁　路／003
2020年信托业务研究报告 …………………………… 高　斌／033
2020年信托公司固有业务研究报告 ………………… 黄婷儿／067
2020年信托公司风险管理研究报告 ………………… 聂雅雯／105
2020年信托行业监管动态报告 ……………………… 陈境圳／123

第二部分　专题研究

以信托制度服务传承和公益需求
　　——特殊需要信托在我国的探索与尝试 ……… 李合怡／153
监管规则司法化背景下信托公司法律风险管理研究
　　………………………………………… 柯有为　陈境圳／173
浅析信托公司参与不良资产市场的业务路径 ……… 朱　霄／201
家族信托中的资产配置探讨 ………………………… 李　亮／223
我国保险金信托业务模式分析与创新方向 ………… 李　亮／247

信托公司转型标品 TOF 业务及其核心能力建设 ………… 唐彦斌／271
信托公司内部信用评级体系
　　——以房地产主体评级为例 ……………………………… 唐彦斌／287

Abstract ……………………………………………………………／311

第一部分
行业研究

2020 年信托行业发展综述与展望　／003

2020 年信托业务研究报告　／033

2020 年信托公司固有业务研究报告　／067

2020 年信托公司风险管理研究报告　／105

2020 年信托行业监管动态报告　／123

2020年信托行业发展综述与展望

袁 路

摘　要： 2020年，信托行业体现出"行业监管趋严期""业绩增速换挡期""业务转型调整期""风险多发承压期"四期叠加特征。信托公司的业务结构、风险特征、能力体系与文化氛围都在发生转变。"全面转型"成为行业年度特征。展望未来，信托公司将积极完成转型，步入真正的高质量发展阶段。

关键词： 信托行业　信托转型　高质量发展

2020年，信托行业趋势性变化更加明显。金融监管改革持续推进，业务结构发生根本转变；同时，资产风险体现更加直观，信托公司赢利能力下滑，经营业绩出现增速拐点。整体上，行业体现出"行业监管趋严期""业绩增速换挡期""业务转型调整期""风险多发承压期"四期叠加特征。

从行业数据来看，2020年也是相对变化最大的一年。如果说2019年的行业特征更多体现为规模收缩，那么2020年的行业特征则是全面转型。信托公司的业务结构、风险特征、能力体系与文化氛围都在发生不可逆的转变，而行业转型方向也在监管指导与实践探索中日益明晰。

在信托行业的后续发展中，信托公司需要在不断完善的监管框架中，坚持不懈地加强信托文化建设，处理好稳增长和防风险的关系，脱胎换骨，站在新起点，顺利开启资管新规过渡期结束后的新发展阶段。

一、行业发展环境

（一）宏观经济进入新发展阶段

2020年，宏观环境持续内外承压。近年来，国际经济秩序不断遭受挑战，主要经济体增长速度放缓，旧的全球产业链面临瓦解，地缘矛盾不断加剧，国际贸易环境趋于紧张，全球治理发展严重滞后。新冠肺炎疫情后，全球经济陷入停滞状态，2020年中国凭借体制优势和民众配合，疫情最先得到控制，经济恢复情况较好。进入2021年，新冠肺炎疫情反复和疫苗研制进展是全球经济发展的重要变量，全球经济复苏并不同步，全面放开疫情防控尚待时日。总体而言，疫情超预期持续，叠加全球通胀不断走高，海外流动性收紧预期不断加强，中国经济发展面临外部环境的不确定性逐渐增多。

从国内情况来看，2020年伊始，国内经济因突如其来的新冠肺炎疫情遭受前所未有的冲击，但随着疫情得到有效控制，我国坚持打好"三大攻坚战"，统筹做好"六稳""六保"，有力推动复工复产，经济运行逐步恢复常态。2020年第2季度以来，国内宏观经济总体上呈现平稳恢复的态势，中国成为2020年全球唯一实现正增长的主要经济体。

随着疫情后生产活动和生产秩序不断恢复，国内经济总体处于稳增长压力较小的窗口期，出口、房地产投资以及工业生产依然是经济增长的亮点。但从结构上看，国内经济还存在三大不均衡现象：生产与需求不均衡、内需与外需不均衡、内需内部结构不均衡。宏观政策持续做好"六稳""六保"，继续实施积极的财政政策和稳健的货币政策，强调连续性、稳定性、可持续性，同时聚力深化供给侧结构性改革，精准有效加强对薄弱环节的政策资源支持与倾斜。2021年是"十四五"规划开局之年，政策主基调仍为把握新发展阶段，全面贯彻新发展理念，加快构建以国内大循环为主体，国内国际双循环相互促进的新发展格局，着力推动高质量发展。

（二）金融供给侧改革不断推进

2020年，金融供给侧结构性改革仍然是金融监管的重点工作，金融严监管的执行将在巩固现有成果的基础上相对平稳。下一阶段，金融改革或从以下三方面发力。

一是完善资本市场，提升直接融资比例。构建间接融资与直接融资均衡发展的全方位、多层次金融支持服务体系。未来我国直接融资占比仍有较大提升空间。就国内经济结构转型而言，产业结构升级与科技产业崛起客观上需要转变融资模式与完善资本市场。要实现经济增长的动力自房地产和基建等重资产行业向科技创新等实体切换，融资结构也必将随之向直接融资转变。

二是对中小微企业提供金融服务支持及建设差异化的金融监管机制。银保监会将进一步完善差异化监管政策，构建普惠与高端相结合，大中小机构协调发展、公平竞争的金融机构和金融服务体系。以金融监管调整产业结构的思路仍将延续，引导金融机构更加有效地服务实体经济部门。

三是金融业进一步对外开放，参与国际金融治理能力提升。金融双向开放的水平将继续提升，2020年以来，金融开放步伐不断加快，A股在MSCI等国际指数中的纳入比例提高，富时罗素将A股的纳入因子由15%提升至25%；QFII和RQFII境内证券投资额度管理要求被取消；沪深股通投资范围和标的扩大；沪伦通业务进一步完善；ETF互联互通落地。

（三）资管体系监管框架初步成型

自2018年《关于规范金融机构资产管理业务的指导意见》（以下简称"资管新规"）颁布三年以来，已成为资管行业的转型纲领，推动了资管行业乃至金融领域的发展转型。围绕资管新规，监管不断推进资管新规配套细则落地。自资管新规发布以来，与资管行业相关的监管政策已正式发布15份，还有4份尚在征求意见。2020年3月25日，银保监会发布《保险资产管理产品管理暂行办法》，标志着各金融子行业的资管业务配套政策均已出台，资管行业的混业经营监管框架成形（见图1）。2020年7月，中国人民银行宣布，资管新规过渡期延长至2021年底，但不涉及资管新规相关监管标准的变动和调整。随着过渡期结束，资管行业将进入转型新阶段。

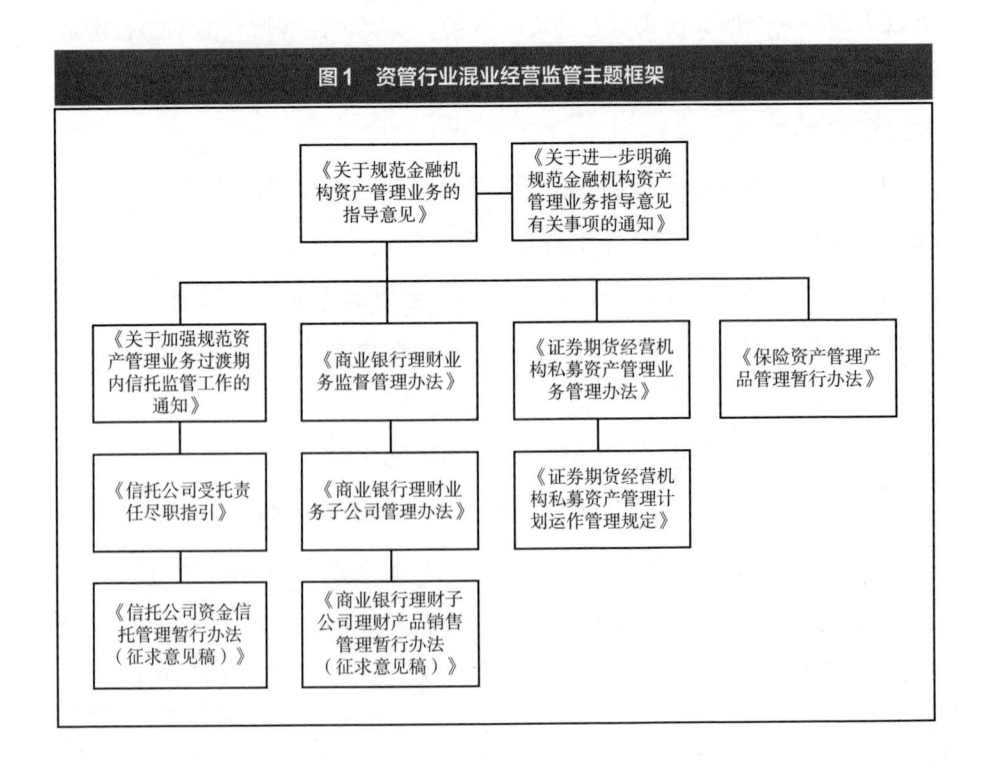

图1 资管行业混业经营监管主题框架

- 《关于规范金融机构资产管理业务的指导意见》
- 《关于进一步明确规范金融机构资产管理业务指导意见有关事项的通知》
- 《关于加强规范资产管理业务过渡期内信托监管工作的通知》
- 《商业银行理财业务监督管理办法》
- 《证券期货经营机构私募资产管理业务管理办法》
- 《保险资产管理产品管理暂行办法》
- 《信托公司受托责任尽职指引》
- 《商业银行理财业务子公司管理办法》
- 《证券期货经营机构私募资产管理计划运作管理规定》
- 《信托公司资金信托管理暂行办法（征求意见稿）》
- 《商业银行理财子公司理财产品销售管理暂行办法（征求意见稿）》

一方面，严监管，规范落地，资管新规消除多层嵌套、净值化管理、打破刚兑等精神不断得到落实。保持严格监管，持续对资管业务中的内控体系不健全、销售流程不完整、信息披露不充分、客户适当性工作不到位、违规提供通道服务等违规行为，加大处罚力度。另一方面，监管也在持续促进资管行业创新发展，不断就修改完善监管制度细则征求意见，以适应新形势下资管业务的发展需求，推出了ABCP、MOM、基础设施REITs等创新资管产品。

（四）业务发展环境彻底转变

作为信托非标债权业务的主要展业领域，房地产行业发生深刻变革，极大地压缩了信托在传统业务领域中的展业空间，信托的转型发展压力日益增大。2020年，楼市调控持续加码，党的十九届五中全会首次将"房住不炒"写入发展规划，未来五年以及更长的时间，中国房地产市场调控政策整体仍将保持连续性和稳定性，"因城施策"保障市场平稳运行，房企端"三道红线"融资管控以及银行端"两个集中度"政策持续收紧，房地产行业和城市区域将进一步分化，房企将逐步实现从"量"到"质"的转型发展。

在基础设施行业，受疫情影响，2020年财政政策更加积极。2020年12月中央经济工作会议新增表述"抓实化解地方政府隐性债务风险工作"，2021年3月国务院常务会议提出"保持宏观杠杆率基本稳定，政府杠杆率要有所降低"，2021年财政部也多次提出对隐性债务加强监管、对专项债实行全生命周期穿透式监管。尽管整体政策基调是积极的，但2021开年以来在政策监管的影响下，地方债发行节奏明显偏慢，间接延缓财政支出进度，财政发力低于预期导致开年以来基建增长较为乏力、债市流动性相对宽松。

我国已总结了新型基础设施建设的诸多内容，如加快第五代移动通信、工业互联网、大数据中心等建设，完善综合运输大通道、综合交通枢纽和物流网络，以及加快城市群和都市圈轨道交通网络化建设等。随着新基础设施建设领域不断涌现，信托业可以积极作为，为国家重大基建项目提供资金，使资金信托发挥更大作用。

同时，持续倡导创新发展，如银保监会信托部相关负责人建议"进一步强化信托机制在涉众性社会资金管理方面的推广应用，在预付式消费、分享经济、物业维修基金等领域，推广运用信托机制进行资金管理"。银保监会在 2020 年底对该建议的答复中明确表示，引导信托业利用信托在财产独立性、风险隔离、账户管理等方面的制度优势，积极发展预付款信托、资金存管信托等服务信托业务，将上述内容纳入信托业转型改革方案并积极推进实施。

二、行业经营出现增速拐点

（一）信托资产规模持续收缩

据中国信托业协会统计数据，截至 2020 年末，信托资产总规模收缩至 20.49 万亿元，较 2019 年末的 21.6 万亿元下降 5.14%，连续三年处于下滑状态。其中，资金信托共计 16.31 万亿元，同比下滑了 9.09%。在资管行业内横向比较发现，信托行业资产规模在连续三年下降之后，失去了第二大金融子行业的地位，被私募基金和公募基金超越（见图 2）。在资管新规的引导下，国内资管产品的结构大幅调整，资管机构的市场份额和竞争格局正在发生变化。以非标债权为特征的资管产品规模逐步萎缩，而以资本市场直接融资为特征，坚持净值化产品运作的资管产品则取得较大发展。

纵向比较发现，信托资产规模在 2017 年末达到 26.25 万亿元峰值后逐步下滑（见图 3），2020 年四个季度分别下降 1.28%、0.22%、1.97%

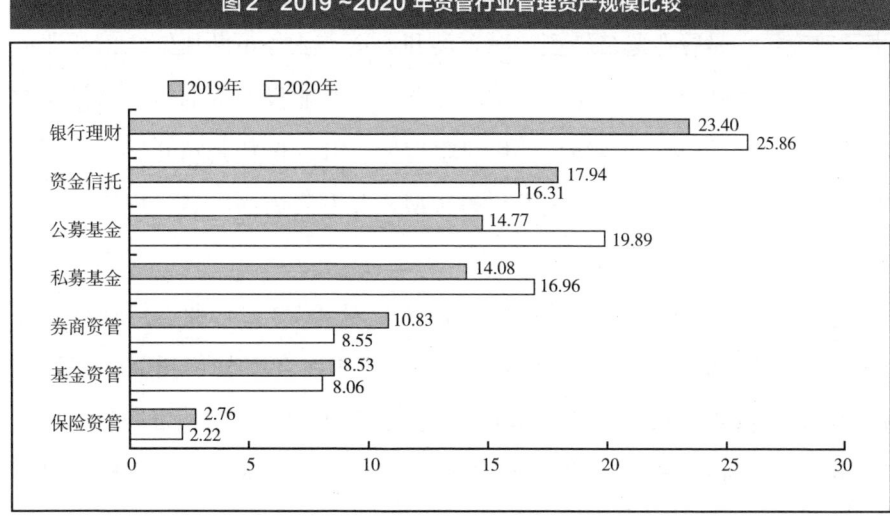

图2 2019~2020年资管行业管理资产规模比较

类别	2019年	2020年
银行理财	23.40	25.86
资金信托	17.94	16.31
公募基金	14.77	19.89
私募基金	14.08	16.96
券商资管	10.83	8.55
基金资管	8.53	8.06
保险资管	2.76	2.22

注：基金资管包括基金子公司私募资产管理业务，券商资管包括券商私募子公司私募基金。

数据来源：Wind、银保监会、证监会、中国证券投资基金业协会、中建投信托博士后工作站。

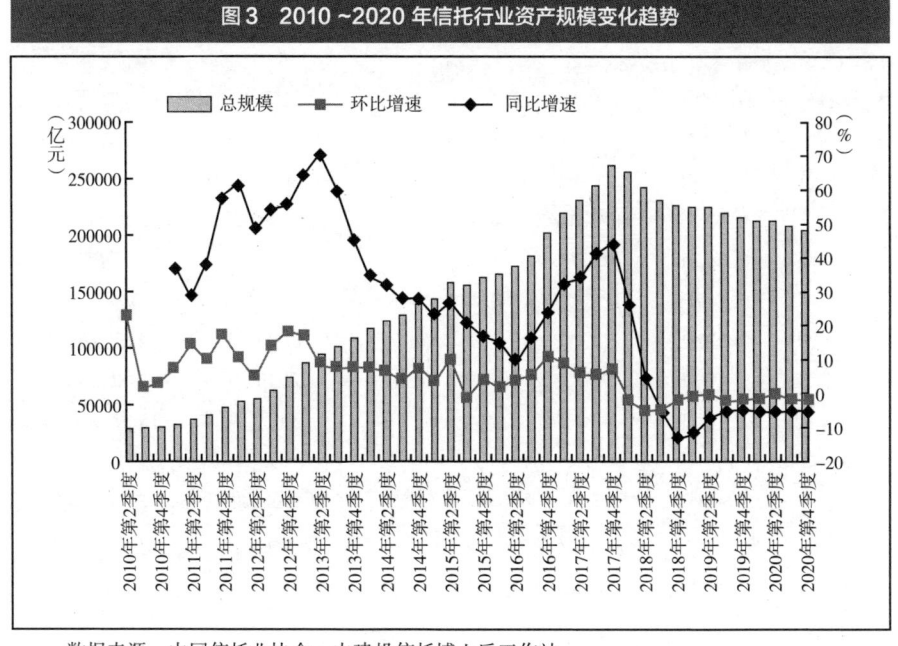

图3 2010~2020年信托行业资产规模变化趋势

数据来源：中国信托业协会、中建投信托博士后工作站。

和1.79%。总体降幅保持稳定，但与2019年相比，规模收缩的主要原因发生了改变：一是行业坚持转型，融资类和通道类业务不断压缩，信托业务结构同时发生转变；二是宏观经济增速下行，产业投融资的需求增量相对有限，全社会融资增速放缓而信用风险有所上升，信托公司开展业务更加审慎；三是资本市场、资产证券化等转型业务发展尚需时日，规模增量难以对冲下滑幅度。

从62家已公布2020年度报告的信托公司来看①，行业平均管理资产规模约3178.8亿元，与相同样本的信托公司2019年平均信托资产3322.9亿元相比下滑4.34%。41家公司的信托资产规模出现下滑，资产规模收缩较2019年有所改善。行业排名前10的信托公司（见表1）资产规模同比下降了1.34%，规模占比45.89%，较2019年的43.30%增加了2.59个百分点，表明信托资产规模进一步向行业头部集中，行业两极分化的趋势进一步加剧（见图4）。

表1 2020年部分信托公司管理资产规模排名

单位：万元

排名	信托公司	管理资产	排名	信托公司	管理资产
1	建信信托	152,611,401.11	62	华宸信托	80,577.39
2	中信信托	122,465,894.57	61	长城新盛信托	2,076,776.92
3	光大兴陇信托	102,607,617.33	60	中泰信托	2,597,601.54
4	华润信托	102,370,363.20	59	山西信托	4,016,050.88
5	华能信托	85,040,020.31	58	杭州工商信托	4,325,612.00
6	中融信托	71,763,023.33	57	吉林信托	4,597,426.60
7	五矿信托	70,285,249.23	56	大业信托	5,962,723.88
8	外贸信托	67,512,869.19	55	东莞信托	6,862,059.93
9	中航信托	66,653,016.57	54	国联信托	6,982,130.00
10	交银信托	63,062,386.89	53	浙商金汇信托	7,795,993.61
前10平均		90,437,184.17	后10平均		4,529,695.27

数据来源：信托公司年报、中建投信托博士后工作站。

① 2020年，6家信托公司未披露年报。

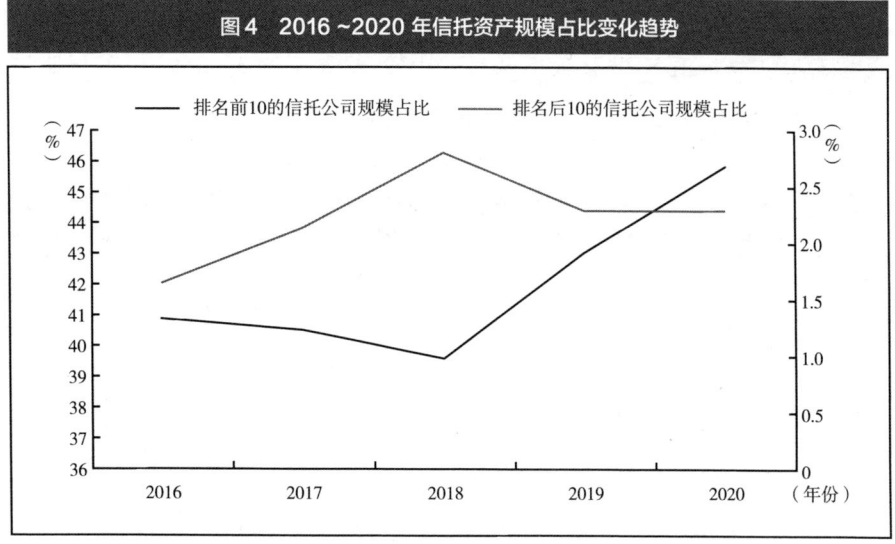

图4 2016~2020年信托资产规模占比变化趋势

数据来源：信托公司年报、中建投信托博士后工作站

（二）经营利润大幅下降，两极分化加剧

在收入不变的情况下，利润出现大幅下降主要有两个原因：一是信托公司普遍面临较大的业务转型压力，传统的创收型业务受到一定限制，不少创新型业务依然处于培育期，但营业支出却保持刚性增长，进一步压缩了信托公司净利润增长空间；二是国内经济发展下行压力显现，业务风险增加，风险事件多发，信托公司风险计提等相对增加。

根据中国信托业协会数据统计，2020年信托行业合计实现营业收入1228.05亿元，同比增长2.33%，增幅进一步收窄。其中，信托业务收入与固有业务收入分别为864.47亿元和363.58亿元，同比增速分别为3.68%和-0.74%，信托业务收入占比70.39%（见图5）。62家信托公司营业收入均值为19.23亿元，中位数为16.53亿元，均值增长幅度高于行业收入增速。共有42家公司实现了营业收入同比增长。从集中度来看，有24家信托公司营业收入超过20亿元，7家公司低于5亿元；营业收入前

10名占行业营收总额的比重为39.03%，均值为47.94亿元；后10名占比仅为1.45%，均值1.78亿元，两者差距较2018年的36.88%和2.13%进一步拉大（见表2）。行业营业收入的差距进一步扩大。

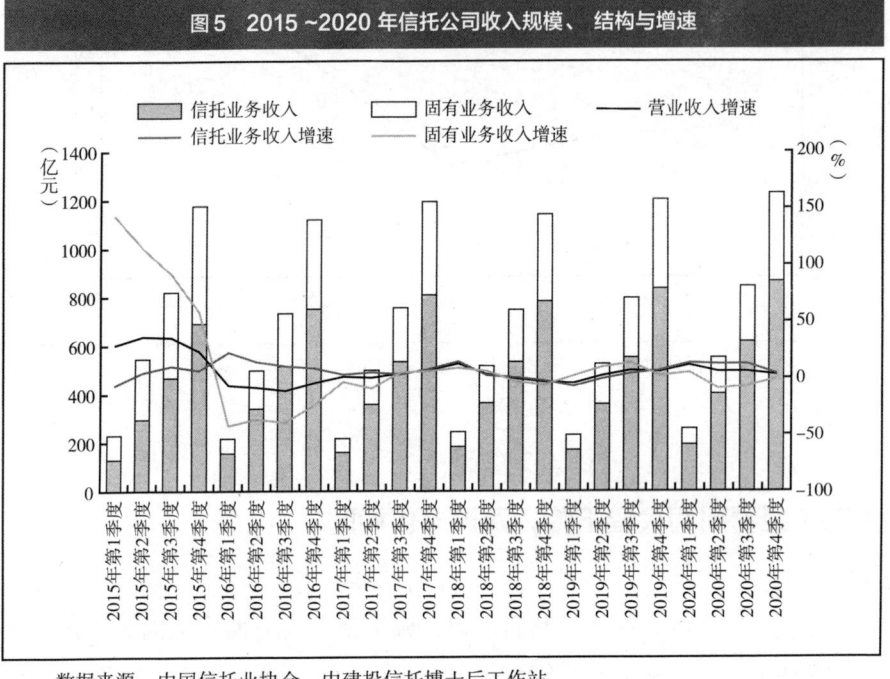

图5 2015~2020年信托公司收入规模、结构与增速

数据来源：中国信托业协会、中建投信托博士后工作站

表2 2020年部分信托公司营业收入排名

单位：万元

排名	信托公司	营业收入	排名	信托公司	营业收入
1	中信信托	707,270.15	62	安信信托	-129,728.58
2	华能信托	602,980.8	61	长城新盛信托	-5,151.87
3	光大兴陇信托	563,042.36	60	华宸信托	14,410.88
4	平安信托	546,091.25	59	吉林信托	24,852.87
5	五矿信托	516,351.98	58	山西信托	33,710.78
6	中融信托	456,395.51	57	中泰信托	35,401.64
7	华润信托	383,668.13	56	金谷信托	45,402.38
8	中航信托	376,462.14	55	大业信托	50,367.72

续表

排名	信托公司	营业收入	排名	信托公司	营业收入
9	长安信托	328,833.62	54	浙商金汇信托	50,962.68
10	重庆信托	312,458.56	53	国民信托	58,064.62
	前10平均	479,355.45		后10平均	17,829.31

数据来源：信托公司年报、中建投信托博士后工作站。

从利润水平来看，2020年信托行业利润总额为583.18亿元，同比下降19.8%，是自2010年以来年度最大降幅。分季度来看，2020年第4季度下降幅度骤然增加，或为年末减值计提造成的（见图6）。62家信托公司的平均净利润为7.92亿元，中位数为6.27亿元，共有36家信托公司实现了净利润同比增长。行业前10名净利润之和占行业利润总额的43%（见表3）。行业排名后10位的利润之和为负数，其中有3家信托公司出现亏损。其中，安信信托继续保持巨额亏损，拉低行业利润水平。考虑到未披露年报的6家信托公司，2020年出现亏损的信托公司或将达9家。

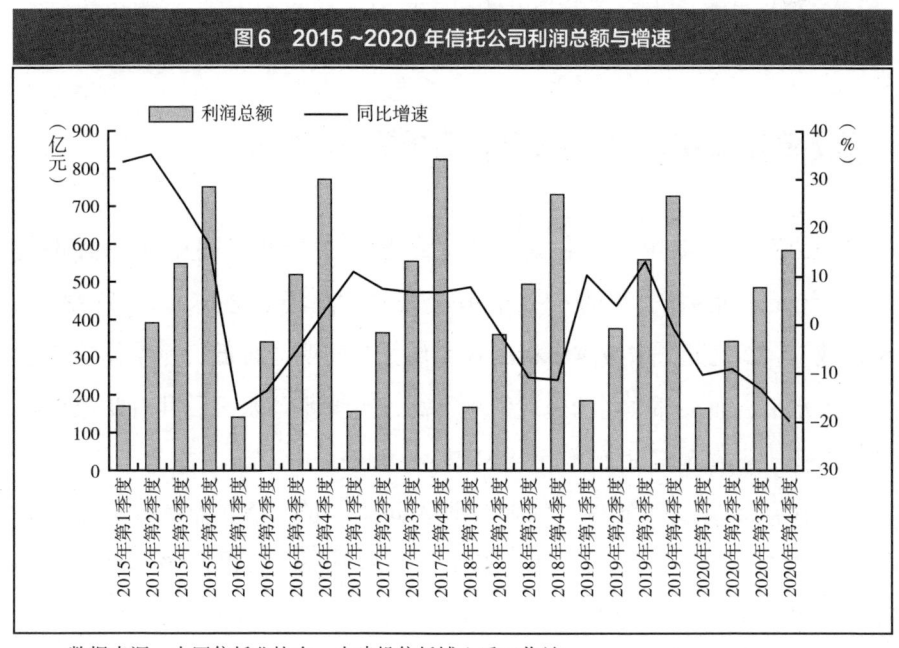

图6　2015~2020年信托公司利润总额与增速

数据来源：中国信托业协会、中建投信托博士后工作站。

表3 2020年部分信托公司净利润排名

单位：万元

排名	信托公司	净利润	排名	信托公司	净利润
1	华能信托	379,682.73	62	安信信托	−673,044.08
2	平安信托	308,477.16	61	民生信托	−38,923.20
3	五矿信托	278,375.77	60	长城新盛信托	−9,821.10
4	华润信托	274,141.08	59	渤海信托	1,754.69
5	光大兴陇信托	261,143.55	58	山西信托	2,089.89
6	重庆信托	244,898.46	57	华宸信托	2,251.86
7	中信信托	203,296.93	56	吉林信托	3,242.14
8	中航信托	198,078.32	55	浙商金汇信托	10,648.18
9	江苏信托	194,413.77	54	大业信托	11,150.88
10	建信信托	165,628.58	53	金谷信托	11,511.31
前10平均		250,813.64	后10平均		−67,913.94

数据来源：信托公司年报、中建投信托博士后工作站。

（三）信托业务收入稳步上升，信托报酬率微降

2020年，根据中国信托业协会披露数据，行业平均信托业务收入12.71亿元，而披露年报的62家信托公司平均信托业务收入13.57亿元，中位数10.22亿元。未披露年报的6家信托公司明显拉低行业整体信托业务收入水平，而头部公司的表现依然远高于行业平均水平。共有9家信托公司信托业务收入超过20亿元，31家公司超过10亿元，恢复至2018年水平。共有39家公司实现信托业务收入同比增长。信托业务收入行业前10名平均为37.01亿元，后10名平均为2.24亿元，差距较2019年进一步拉大（见表4）。但相比而言，信托业务收入行业排名较为稳定。

表4　2020年部分信托公司信托业务收入排名

单位：万元

排名	信托公司	信托业务收入	排名	信托公司	信托业务收入
1	中信信托	578,607.76	62	华宸信托	557.84
2	光大兴陇信托	449,941.66	61	中泰信托	7,187.97
3	平安信托	429,800.84	60	长城新盛信托	13,781.44
4	中融信托	389,189.00	59	山西信托	16,472.13
5	中航信托	382,856.35	58	吉林信托	20,129.46
6	华能信托	382,332.01	57	安信信托	24,132.79
7	五矿信托	375,430.35	56	国联信托	25,092.00
8	建信信托	280,988.35	55	国元信托	36,764.34
9	长安信托	239,184.16	54	金谷信托	37,491.67
10	兴业信托	192,800.00	53	西藏信托	42,795.28
前10平均		370,113.05	后10平均		22,440.49

数据来源：信托公司年报、中建投信托博士后工作站。

2020年，从50家公布加权信托报酬率的信托公司来看，行业平均信托报酬率约为0.57%，与2019年相比略有下降（部分信托公司信托报酬率见表5）。一方面，信托公司持续压缩通道业务，客观导致信托项目的平均报酬率提高。另一方面，信托报酬率较高的融资类业务压缩，而以服务收入为主的标品信托与服务信托业务发展，又对信托报酬率有拉低作用。随着融资类业务的进一步压缩，预计信托报酬率还会进一步下降。

表5　2018~2020年部分信托公司信托报酬率

加权信托报酬率	2020年	2019年	2018年
大于2%	杭州工商信托	杭州工商信托、东莞信托	东莞信托
1%~2%	长城新盛信托、东莞信托、爱建信托、苏州信托、重庆信托、中建投信托	华信信托、长城新盛信托、爱建信托、国联信托、重庆信托、中建投信托	杭州工商信托、长城新盛信托、华信信托、民生信托、华宸信托、重庆信托、百瑞信托

数据来源：信托公司年报、中建投信托博士后工作站。

（四）资本实力成为关键

2020年，62家信托公司净资产合计6206.60亿元，同比增长11.65%，净资产的增长主要来自注册资本增加。净资产超过200亿元的信托公司增加至8家，行业前10平均净资产规模为234.50亿元，行业后10名均值仅为22.53亿元（见表6）。

表6　2020年部分信托公司净资产排名

单位：亿元

排名	信托公司	净资产	排名	信托公司	净资产
1	中信信托	304.51	62	安信信托	9.65
2	重庆信托	263.76	61	华宸信托	10.14
3	平安信托	263.37	60	长城信托	10.48
4	华润信托	248.41	59	山西信托	18.78
5	华能信托	230.18	58	浙商金汇信托	22.82
6	五矿信托	224.67	57	大业信托	24.64
7	江苏信托	223.07	56	国民信托	30.33
8	建信信托	206.50	55	万向信托	31.13
9	中融信托	190.61	54	云南信托	33.42
10	外贸信托	189.83	53	民生信托	33.84
前10平均		234.50	后10平均		22.53

数据来源：信托公司年报、中建投信托博士后工作站。

截至2020年末，信托行业注册资本3136.85亿元，2020年合计增资294.45亿元，增资规模同比增长40.91%。68家信托公司中有10家信托公司完成增资扩股。随着建信信托和五矿信托增资完成，目前，全行业共有9家信托公司注册资本超过100亿元（见表7）。

表7　2020年部分信托公司注册资本与增资情况

单位：亿元

排名	注册资本		增资	
	信托公司	规模	信托公司	规模
1	重庆信托	150.00	建信信托	80.33
2	五矿信托	130.51	五矿信托	70.51
3	平安信托	130.00	江苏信托	50.00
4	中融信托	120.00	华鑫信托	22.55
5	中信信托	112.76	光大兴陇信托	20.00
6	华润信托	110.00	国元信托	12.00
7	建信信托	105.00	陆家嘴信托	8.00
8	昆仑信托	102.00	中粮信托	5.31
9	兴业信托	100.00	西部信托	5.00
10	江苏信托	87.60	国投信托	4.80

数据来源：信托公司年报、中建投信托博士后工作站。

2020年，信托公司增资步伐再次加快，相较于2019年增资额大幅度提高，超过百亿元注册资本的信托公司接近10家。其主要原因并非单纯扩大信托业务的需要，而是来自监管和风险形势的客观要求。一方面，银保监会于2020年5月发布《信托公司资金信托管理暂行办法（征求意见稿）》，对信托公司的资本规模提出了要求，将资金信托业务开展的规模限制与信托公司净资产直接挂钩，给予信托公司增强资本实力的直接动力。另一方面，随着经济下行压力持续增加，信托业面对的各方面不确定性在不断加大。通过增强资本实力，信托公司能够提高对战略风险和流动性风险的抵御能力，缓释项目风险冲击，同时为公司转型发展提供更全面支持。

2020年，信托公司股权在资本市场的表现乏善可陈。由于行业风险上升，个别信托公司被接管，市场对信托公司经营情况评判更为谨慎。随着金融行业监管不断趋严，信托的牌照价值被市场认可程度降低，公开市场股权转让成功案例较少。2020年，先后有昆仑信托、山东信托、华润信托、长城兴盛信托等信托公司出现股权受让行为，且多为系统内部行为。天津信托在2020年也完成了混改，第一大股东出现变更。

（五）从业人员年龄、学历结构保持稳定

2020年，信托行业从业人员保持稳定，62家信托公司员工总数为20133人，与2019年的20105人基本持平。员工人数增加的信托公司从2019年的50家降至37家，增员超100人的公司仅有1家，超过50人的有4家（见表8）。光大兴陇信托继2019年是增员最多的信托公司之后，2020年又成为减员前列的信托公司。中融信托人数大幅减少463人（见表9）。

表8　2020年部分信托公司员工数量排名

排名	信托公司	人数	排名	信托公司	人数
1	长安信托	948	62	长城信托	71
2	光大兴陇信托	868	61	国联信托	89
3	中信信托	752	60	中泰信托	93
4	平安信托	682	59	华宸信托	100
5	陕西信托	671	58	西藏信托	110
6	五矿信托	648	57	苏州信托	165
7	外贸信托	602	56	吉林信托	167
8	民生信托	584	55	国元信托	169
9	爱建信托	554	54	天津信托	170
10	兴业信托	531	53	金谷信托	177

数据来源：信托公司年报、中建投信托博士后工作站。

表9　2020年部分信托公司员工数量变化排名

排名	信托公司	人数	排名	信托公司	人数
1	平安信托	219	62	中融信托	−463
2	五矿信托	88	61	安信信托	−153
3	长安信托	76	60	光大兴陇信托	−77
4	中航信托	55	59	兴业信托	−56
5	外贸信托	48	58	云南信托	−37
6	百瑞信托	42	57	万向信托	−34
7	江苏信托	40	56	浙商金汇信托	−30
8	重庆信托	39	55	中建投信托	−23
9	民生信托	34	54	西部信托	−20
10	陆家嘴信托	32	53	长城信托	−17

数据来源：信托公司年报、中建投信托博士后工作站。

从年龄层次来看，30～39岁的员工占比进一步增长，达到了59.49%，行业人员结构更加成熟。从学历分布来看，硕博学历占比进一步提高至56.84%。

三、主营业务全面进入转型期

（一）主动管理能力不断增强，资金来源结构继续升级

2020年，信托行业主动管理类业务占比持续提升，通道业务进一步压降，主动管理类业务首次超过被动管理类业务规模。2020年，62家信托公司存量主动管理类业务规模为10.30万亿元，被动管理类业务规模降至9.36万亿元，主动管理类业务规模占52.26%，较2019年的43.38%上升了8.88个百分点（见图7）。2020年信托公司主动管理类业务规模与占比

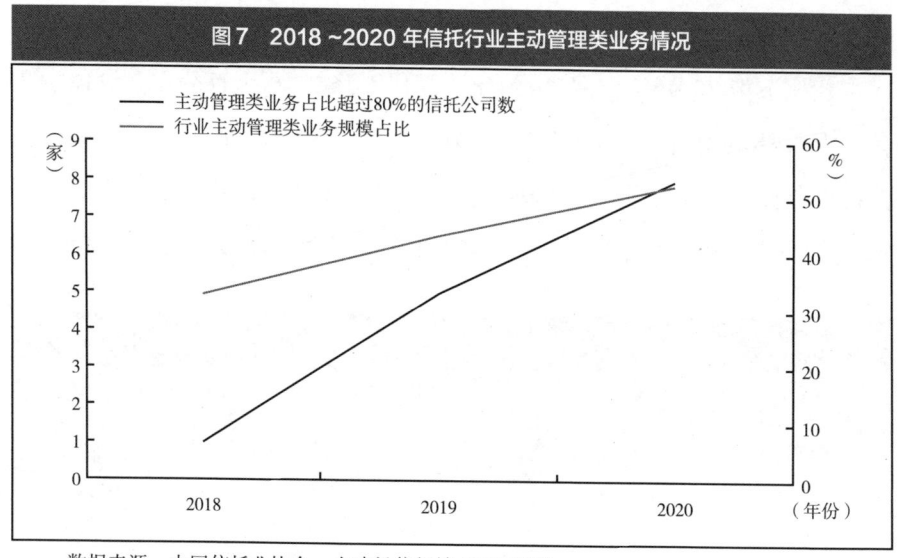

图7 2018～2020年信托行业主动管理类业务情况

数据来源：中国信托业协会、中建投信托博士后工作站。

排名前 10 的公司发生较大变化，但规模和占比的增长较为明显，已有 8 家公司主动管理类业务占比超过了 80%（见表 10），而 2018 年仅有 1 家。

表 10　2020 年信托公司主动管理类业务规模与占比前 10 名

单位：万元，%

排名	规模		占比	
	信托公司	数值	信托公司	数值
1	光大兴陇信托	73,961,797.73	民生信托	94.06
2	中信信托	65,890,762.29	东莞信托	90.72
3	中融信托	62,186,584.02	百瑞信托	89.78
4	五矿信托	59,770,486.37	安信信托	86.71
5	华润信托	54,276,171.83	中融信托	86.66
6	中航信托	54,094,083.23	杭州工商信托	86.19
7	外贸信托	51,571,138.01	五矿信托	85.04
8	华能信托	38,989,895.04	中航信托	81.16
9	建信信托	32,880,552.61	外贸信托	76.39
10	百瑞信托	28,138,727.50	昆仑信托	76.34

数据来源：信托公司年报、中建投信托博士后工作站。

从资金来源的角度看，集合资金信托也同步呈现增长态势。根据中国信托业协会数据，2020 年末，集合资金信托规模为 10.17 万亿元，占 49.65%，同比上升 3.72 个百分点。单一信托规模为 6.13 万亿元，与 2019 年末相比下滑 23.46%，占 29.94%，同比下降 7.16 个百分点。管理财产信托为 4.18 万亿元，占 20.41%，同比上升 3.43 个百分点。有 10 家信托公司集合资金信托比重超过 70%（见表 11）。发展主动管理能力，成为信托公司回归本源，在资管行业统一监管框架下抢占转型优势的必然选择。

表 11　2020 年信托公司集合资金信托规模与占比前 10 名

单位：万元，%

排名	规模		占比	
	信托公司	数值	信托公司	数值
1	中信信托	69,986,159.88	民生信托	90.98
2	光大兴陇信托	63,920,030.72	中融信托	87.92
3	中融信托	63,093,616.81	杭州工商信托	86.33

续表

排名	规模		占比	
	信托公司	数值	信托公司	数值
4	五矿信托	55,604,041.76	东莞信托	79.60
5	外贸信托	47,181,969.13	安信信托	79.43
6	中航信托	47,110,320.61	五矿信托	79.11
7	交银国际	44,390,395.13	重庆信托	73.46
8	华润信托	42,360,113.09	国投信托	71.78
9	建信信托	35,340,496.97	中航信托	70.68
10	华能信托	26,432,143.88	交银国际	70.39

数据来源：信托公司年报、中建投信托博士后工作站。

（二）融资类业务进入拐点，直接融资转型

2020年，融资类业务发展由扩张转入收缩是信托业务结构变化最明显的特征。2020年上半年，融资类信托延续了快速增长态势，规模达6.45万亿元，与2019年末相比增加6135.89亿元，占比升至30.29%。但进入下半年之后快速下降，至2020年末已降至4.86万亿元，半年减少15882.74亿元（见图8）。在2020年披露的62家信托公司中，主动管理类业务中的融资类业务规模由2019年的5.10万亿元降至4.58万亿元，占比从56.62%降至44.48%（见图9）。从规模占比来看，主动管理融资类业务占信托总资产比重超过50%的信托公司有4家（见表12）。

随着房地产等传统业务受到严格监管，融资类业务失去了扩张的空间。而监管提出的明确压降目标直接导致融资类业务由扩张转入收缩。2020年6月，银保监会下发《关于信托公司风险资产处置相关工作的通知》要求信托公司压降违法违规严重、投向不合规的融资类信托业务，成为融资类信托进入下降通道的时间标志，从长期来看，逐步压降融资类信托是信托公司回归本源的转型目标。2021年，融资类业务将继续压降，业务结构也将进一步调整。

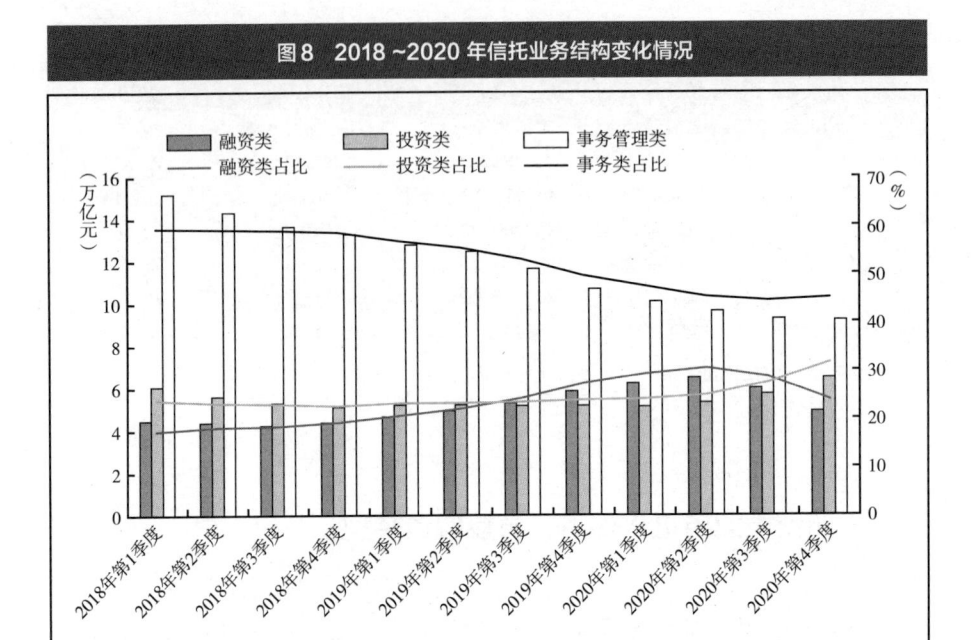

图8 2018～2020年信托业务结构变化情况

数据来源：信托公司年报、中建投信托博士后工作站。

图9 2020年信托公司主动与被动管理类信托细分占比

数据来源：信托公司年报、中建投信托博士后工作站

表12 2020年信托公司主动管理融资类信托规模与占比前10名

单位：万元，%

排名	规模		占比	
	信托公司	数值	信托公司	数值
1	五矿信托	40,305,369.69	昆仑信托	63.58
2	中信信托	33,482,398.95	重庆信托	59.06
3	光大兴陇信托	22,843,091.68	五矿信托	57.35
4	渤海信托	20,819,016.48	长城信托	52.80
5	中融信托	20,499,176.33	江苏信托	48.04
6	江苏信托	17,817,524.98	渤海信托	47.55
7	中航信托	16,219,460.19	中建投信托	41.51
8	交银国际	15,933,136.36	陕西信托	40.57
9	平安信托	14,290,884.98	爱建信托	39.17
10	昆仑信托	13,990,351.43	苏州信托	38.48

数据来源：信托公司年报、中建投信托博士后工作站。

（三）固有业务保持稳定，压舱石作用凸显

根据中国信托业协会数据统计，信托固有业务收入363.58亿元，与2019年的366.30亿元基本持平。全年行业实现公允价值变动收益18.55亿元，实现投资收益285.42亿元，其中股权投资收益84.55亿元，与往年相比基本保持稳定。固有业务作为信托公司收入"压舱石"，其作用在信托业务转型的背景下显得尤为重要。固有业务收入两极分化继续扩大，排名前10信托公司平均固有业务收入达16.81亿元，而排名后10的信托公司平均固有业务收入仅为0.32亿元（见表13）。

表13 2020年部分信托公司固有业务收入排名

单位：万元

排名	信托公司	固有业务收入	排名	信托公司	固有业务收入
1	华能信托	237,051.93	53	云南信托	13,965.10
2	华润信托	223,129.02	54	华宸信托	13,951.50
3	平安信托	184,504.51	55	金谷信托	11,478.58

续表

排名	信托公司	固有业务收入	排名	信托公司	固有业务收入
4	上海信托	176,685.32	56	浙商金汇信托	9,087.25
5	重庆信托	170,073.47	57	长城新盛信托	3,654.45
6	江苏信托	162,829.86	58	大业信托	3,122.21
7	中信信托	151,192.91	59	建信信托	3,043.09
8	外贸信托	128,818.75	60	中海信托	-43.58
9	中诚信托	127,794.41	61	中航信托	-1,950.42
10	陕国投	119,281.11	62	安信信托	-24,132.79
前10平均		168,136.13	后10平均		3,217.54

数据来源：信托公司年报、中建投信托博士后工作站。

信托公司固有资金配置包括本公司信托产品在内的以固收为特征的金融产品，以达到安全性和收益性的平衡，一直是行业常见固有业务展业方式。但在行业转型背景下，固有业务辅助信托主业、支持主业发展的重要性有所降低，资产配置的要求在不断增强。从固有资金的产业投向来看，金融机构的投向规模降至3390.74亿元，占比下降至45.30%，投向证券市场的比例快速上升至12.15%（见图10）。

图10 2017~2020年信托公司固有资金产业投向

年份	其他	金融机构	工商企业	证券市场	房地产业	基础产业
2017	24.48	50.88	10.33	6.55	5.67	2.09
2018	26.95	47.56	9.40	7.23	6.57	2.28
2019	25.41	47.72	9.33	7.47	6.64	3.43
2020	24.39	45.30	12.15	7.55	7.22	3.40

数据来源：信托公司年报、中建投信托博士后工作站。

四、风险上升趋势未见顶

（一）固有不良资产与资产减值损失持续上升

2020年，60家信托公司披露了固有不良资产情况，全行业不良资产余额合计493.05亿元，同比2019年的321.18亿元上涨了53.51%，仍然保持较高的增长速度。不良资产占信用风险资产的比重为7.07%，比2019年的5.64%上升了1.41个百分点。不良率超过10%的信托公司有16家，考虑到尚有6家信托公司并未公布年报，且多为风险情况较严重信托公司，行业实际不良率将较此为高。

2018年以来，固有资产不良比率与资产减值损失存在较强的正相关性（见图11）。2020年全行业资产减值损失合计213.08亿元，同比2019年的122.92亿元增长了73.35%，资产减值损失不断提高，成为信托公司收入和净利润增速相背离的重要原因。

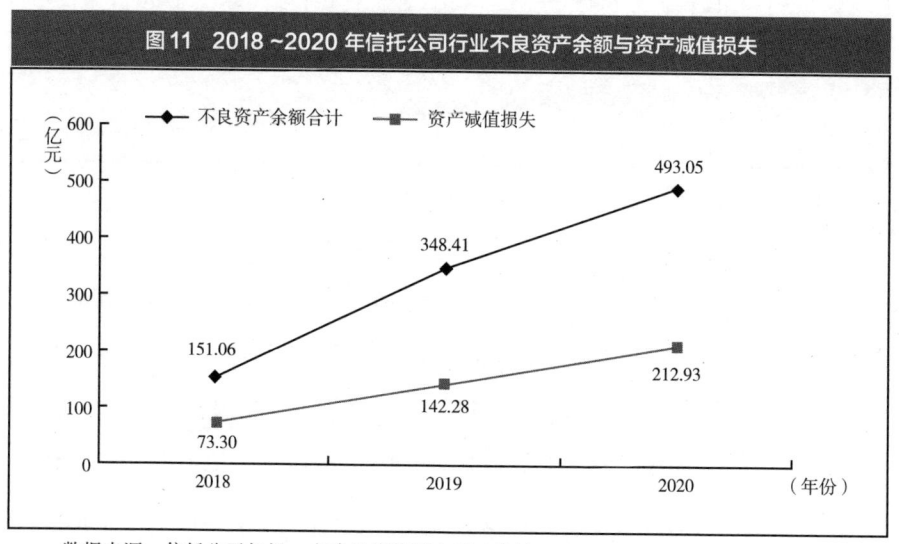

图11 2018~2020年信托公司行业不良资产余额与资产减值损失

年份	不良资产余额合计	资产减值损失
2018	151.06	73.30
2019	348.41	142.28
2020	493.05	212.93

数据来源：信托公司年报、中建投信托博士后工作站。

（二）信托风险集中暴露，影响公司经营

截至 2020 年第 1 季度末，信托的风险仍在提升，信托业资产风险率为 3.02%，信托行业风险资产规模为 6431.03 亿元（见图 12），环比增加 660.56 亿元，同比增加 127.20%。自 2020 年第 2 季度，中国信托业协会已不再披露信托业风险资产规模。

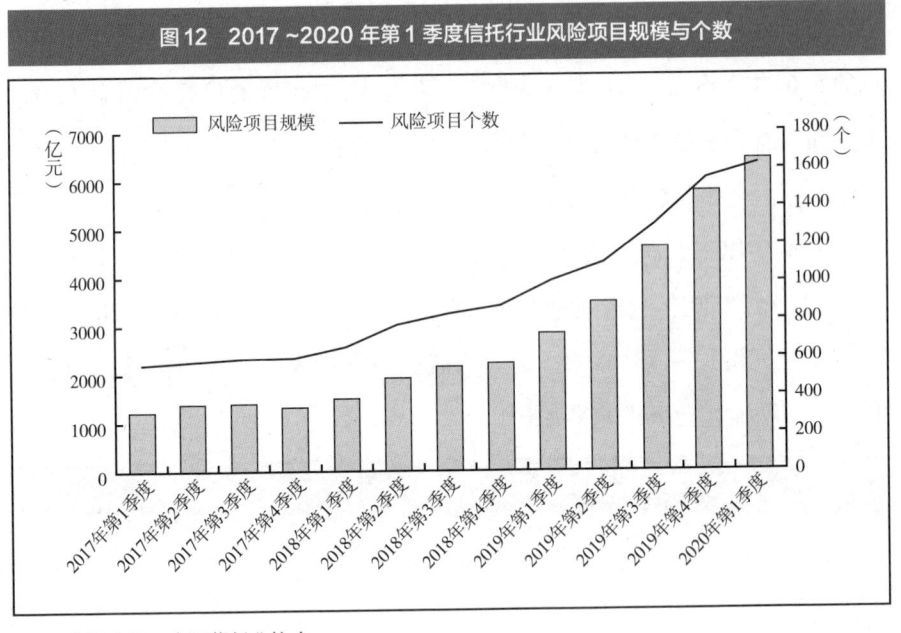

图 12　2017~2020 年第 1 季度信托行业风险项目规模与个数

数据来源：中国信托业协会。

2020 年，据《第一财经日报》统计，集合信托产品共发生 310 多起违约事件，涉及违约项目金额超过 1600 亿元，新时代信托、四川信托、华信信托、安信信托等公司均出现了大量信托产品集中违约事件。

严重的风险状况影响了部分信托公司的正常经营。2020 年，新华信托与新时代信托因存在违规行为被接管，四川信托因风险暴雷被银保监会加

强管控，华信信托被监管派驻工作组。2020 年底，有 6 家信托公司未公布年报①，这也是自 2010 年以来的首次。

五、行业发展展望——转型蕴含希望

（一）转型步入高质量发展阶段

随着行业转型的坚定推进，信托公司风险特征和业务特征将得到彻底转化，行业赢利模式将从"利差"模式向服务费模式转变，业务风险特征将从信用风险向市场风险和操作风险转变，客户结构将从短期融资类客户向长期稳定服务类客户转变。

国家"十四五"规划与远景目标的发布，为信托业发展带来更多机遇。一是新的行业投资机会将不断涌现，比如碳中和带来的绿色发展机会，科技自立自强带来的先进制造业机会，产业升级与要素市场改革带来的新基建机会。二是新的可配置的资产类型将不断出现。比如在现行资产支持票据（ABN）规则体系下推出资产支持类融资直达创新产品——资产支持商业票据（Asset-Backed Commercial Paper，ABCP），成功推出的公开募集基础设施证券投资基金（基础设施 REITs），数字货币也已经成为全球主流资管机构配置的可选资产。三是新的资管产品也会不断出现，比如当前众多资管机构开展的 FOF 产品，信托公司可以通过优选基金管理人或者优质产品，帮助客户实现二次风险分散。

---

① 6 家公司为华信信托、华融信托、四川信托、新时代信托、新华信托、雪松信托。

（二）受托服务功能不断加强

信托的受托服务功能将不断增强，行业功能定位逐渐回归本源。预计到2021年底，可投资资产总规模将达268万亿元。居民个人资产配置的需求快速上升，高净值客户以及超高净值客户的多元化财富管理需求开始显现，随着我国经济转型、人口老龄化以及财富阶层多元化趋势加快，财富管理目标也更加多元化。

随着信托文化不断普及，消费者保护工作不断加强，对于家族信托等特定功能的财富管理工具的监管导向也将不断加强；资产管理产品较为单一、产品同质化的情况将得到改变，居民定制化需求、财富保护传承的需求将不断被满足。信托财富管理端逻辑将发生深刻变化，从简单的产品销售功能上升到服务功能。财富管理有望结束过去简单规模扩张、重客户拓展的阶段，转而强调高质量附加服务。

（三）行业集中度越来越高

资管新规出台后，各类资管机构中排名头部、尾部的机构差距越来越大，马太效应不断加强，分化成为常态。随着严监管的持续，政策细则不断完善，产品不断向二级市场转型，产品的标准化程度不断提升。在这个过程中，我国资管市场集中度无疑会进一步升高，尾部机构的赢利能力将进一步削弱。

对于信托行业而言，头部公司的营收比例将持续增大，头部公司努力实现全策略、全客户、全产品、全赛道的覆盖，加强综合经营，信托公司之间的差距将会进一步拉大。信托公司只有在管理能力、策略制定、投资理念等方面不断突出自身的特色和差异化，才能有效立足。

（四）资管混业经营时代来临

资管新规自颁布以来，已成为资管行业的转型纲领，推动着资管行业乃至金融领域的发展转型。资管新规的主要转型导向具体体现在：第一，资管业务消除多层嵌套，禁止开展通道业务；第二，打破刚性兑付预期；第三，明确公募产品与合格投资者定义；第四，资管产品逐步实现净值化管理，资产配置标准化；第五，居民财富配置产品化，推动金融和资本市场加速机构化。2020年，各金融子行业的资管业务配套政策均已出台，资管行业的混业经营监管框架成形。

同时，各类资管产品底层法律关系也正逐渐统一为信托法律关系。《证券投资基金法》第二条规定："……本法未规定的，适用《中华人民共和国信托法》……"2018年10月，证监会相关部门负责人就《证券期货经营机构私募资产管理业务管理办法》及其配套规则答记者问时表示，各类私募资管产品依据信托法律关系设立。2018年12月，银保监会有关部门负责人就《商业银行理财子公司管理办法》答记者问时表示，商业银行和银行理财子公司发行的理财产品依据信托法律关系设立。在统一的底层法律关系和监管框架下，信托行业将真正进入混业经营时代。

2020 年信托业务研究报告

高 斌

摘　要：2020 年末，信托行业管理资产规模受宏观经济形势和监管环境变化影响压降至 20.49 万亿元。信托业务发生明显结构转型，主动管理融资类业务替代被动管理类业务成为驱动行业发展的主要动力，标准产品投资成为信托行业的重要发展方向。资金信托投向继续优化，对实体经济的支持力度进一步提升。

关键词：信托收入　信托业务结构　资金投向

2020 年以来，监管文件密集出台，为信托业务转型指明了方向。在监管指导下，融资类信托业务规模大幅度压降，投资类信托成为业务发展新亮点。全年来看，信托业务发生了深刻的结构转型，主动管理融资类业务大幅扩张，新增信托单个项目的募集规模有所下降，这是信托类型从被动管理向主动管理切换的必然结果，受托人管理职责在信托业务中更加突出，服务实体经济特征更加明显，信托公司围绕信托本源大力开展创新。

一、业务规模压降，信托收入保持稳定

（一）信托资产平稳下降，行业分化程度加剧

据中国信托业协会统计数据，截至 2020 年末信托行业管理资产总规模为 20.49 万亿元，较 2019 年末的 21.6 万亿元下降 5.14%。在宏观经济下行压力和金融监管导向变化之下，信托行业管理资产规模在 2017 年末达到 26.25 万亿元的顶峰后逐步下滑。但相较 2018 年 13.50% 的同比降幅，近

两年的下行幅度明显收窄（见图1），表明信托行业已从扩张式增长走向内涵式发展，业务转型升级逐步向下一阶段推进。

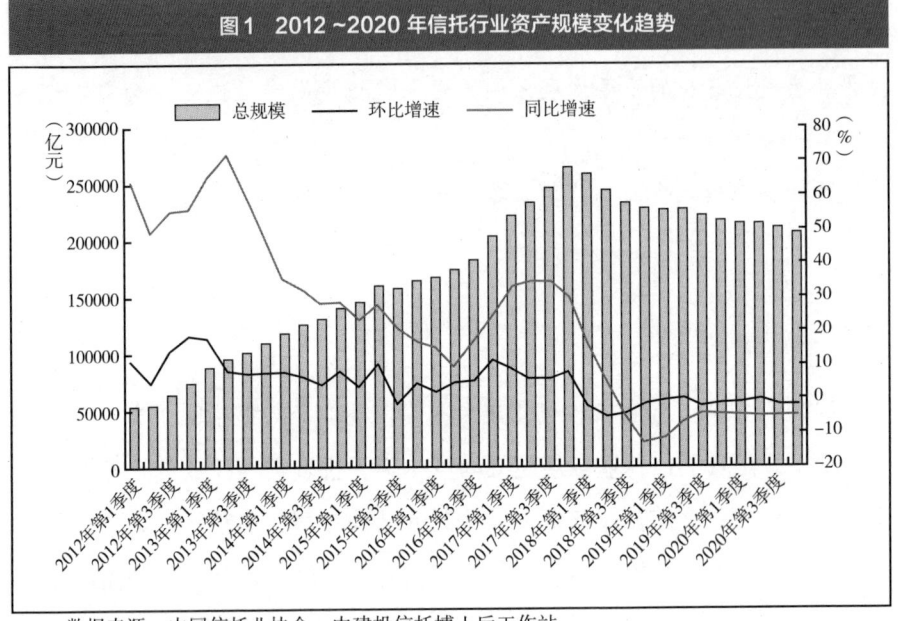

图1 2012~2020年信托行业资产规模变化趋势

数据来源：中国信托业协会、中建投信托博士后工作站。

从62家已公布2020年度报告的信托公司来看，行业平均管理资产规模约为3178.8亿元，中位数为2165.2亿元，相同样本的62家信托公司2019年平均信托资产为3322.9亿元，中位数为2146亿元。均值下降，中位数略有上升，两者差距拉大表明行业分化加剧，头部公司对行业规模的影响继续扩大。共有11家公司信托资产规模超过6000亿元，比2019年增加1家（见表1）。

表1 2019~2020年信托公司管理资产规模与增幅

单位：亿元，%

序号	信托公司	2019年	2020年	2020年同比增速
1	建信信托	13,912.32	15,261.14	9.70
2	中信信托	15,741.56	12,246.59	-22.20
3	光大兴陇信托	7,506.17	10,260.76	36.70

续表

序号	信托公司	2019年	2020年	2020年同比增速
4	华润信托	9,548.86	10,237.04	7.21
5	华能信托	7,250.47	8,504.00	17.29
6	中融信托	7,654.52	7,176.30	-6.25
7	五矿信托	8,849.76	7,028.52	-20.58
8	外贸信托	4,457.65	6,751.29	51.45
9	中航信托	6,657.92	6,665.30	0.11
10	交银信托	7,618.50	6,306.24	-17.22
11	上海信托	6,926.52	6,081.30	-12.20
12	英大信托	3,981.24	5,742.54	44.24
13	渤海信托	5,966.03	4,378.10	-26.62
14	华宝信托	4,892.29	4,306.86	-11.97
15	平安信托	4,426.08	3,910.52	-11.65
16	兴业信托	5,632.91	3,784.61	-32.81
17	长安信托	4,656.80	3,750.96	-19.45
18	江苏信托	3,677.23	3,709.19	0.87
19	中海信托	3,063.43	3,440.79	12.32
20	中铁信托	4,254.14	3,259.48	-23.38
21	百瑞信托	2,433.51	3,134.32	28.80
22	西部信托	3,186.67	2,974.91	-6.65
23	粤财信托	2,787.94	2,705.20	-2.97
24	山东信托	2,645.81	2,601.28	-1.68
25	陕国投	2,887.13	2,570.32	-10.97
26	云南信托	2,008.49	2,525.43	25.74
27	华鑫信托	2,620.76	2,457.86	-6.22
28	天津信托	2,167.06	2,291.15	5.73
29	厦门信托	2,010.28	2,210.77	9.97
30	昆仑信托	2,718.32	2,200.27	-19.06
31	陆家嘴信托	2,334.76	2,181.88	-6.55
32	重庆信托	2,124.96	2,148.52	1.11
33	中诚信托	2,493.55	2,077.29	-16.69
34	民生信托	1,964.06	2,059.39	4.85
35	中原信托	1,788.90	2,049.10	14.54
36	北京信托	1,997.84	1,930.96	-3.35
37	国通信托	2,068.40	1,771.57	-14.35
38	国投信托	2,002.30	1,674.95	-16.35

续表

序号	信托公司	2019年	2020年	2020年同比增速
39	安信信托	1,940.48	1,614.23	-16.81
40	中粮信托	1,572.75	1,575.97	0.20
41	中建投信托	1,800.96	1,501.18	-16.65
42	国民信托	2,230.73	1,493.41	-33.05
43	西藏信托	1,973.70	1,466.37	-25.70
44	金谷信托	1,002.91	1,429.97	42.58
45	国元信托	1,779.6	1,410.03	-20.77
46	湖南信托	1,069.92	1,331.22	24.42
47	爱建信托	1,830.94	1,292.41	-29.41
48	紫金信托	1,430.65	1,260.74	-11.88
49	北方信托	1,694.26	1,080.68	-36.22
50	万向信托	1,337.99	1,074.06	-19.73
51	华澳信托	1,322.03	842.28	-36.29
52	苏州信托	950.24	820.48	-13.66
53	浙商金汇信托	889.99	779.6	-12.40
54	国联信托	733.14	698.21	-4.76
55	东莞信托	736.89	686.21	-6.88
56	大业信托	751.11	596.27	-20.61
57	吉林信托	649.00	459.74	-29.16
58	杭州工商信托	500.57	432.56	-13.59
59	山西信托	383.28	401.61	4.78
60	中泰信托	324.05	259.76	-19.84
61	长城新盛信托	178.55	207.68	16.32
62	华宸信托	21.38	8.06	-62.32

数据来源：信托公司年报、中建投信托博士后工作站。

62家信托公司中，共有21家公司实现信托规模同比增长，比2019年多2家，其他公司均较2019年有不同程度下滑，多数信托公司降幅在30%之内（见图2）。行业排名前10的信托公司规模占45.89%，较2019年的43.30%增加了2.59个百分点，表明在严监管压力下，头部信托公司仍有较大展业空间，而尾部信托公司面临更大的收缩压力。

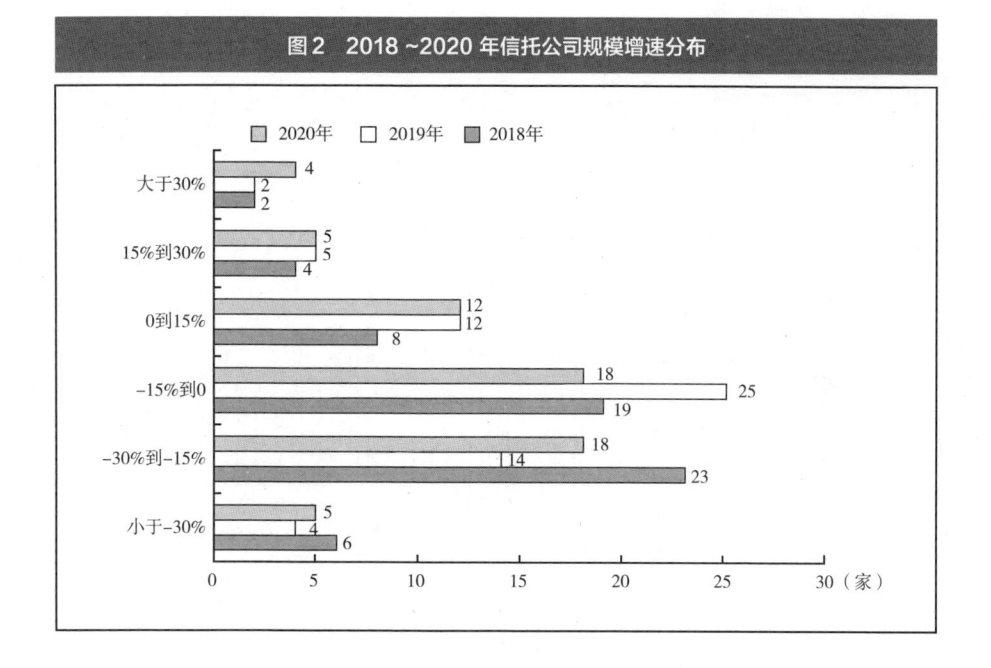

图2 2018~2020年信托公司规模增速分布

区间	2020年	2019年	2018年
大于30%	4	2	2
15%到30%	5	5	4
0到15%	12	12	8
-15%到0	18	25	19
-30%到-15%	18	14	23
小于-30%	5	4	6

从新增规模的统计来看，根据中国信托业协会公布的数据，2020年前两个季度行业新增信托规模为2.97万亿元，仅略少于2019年前两个季度的3.14万亿元。但新增项目数13000多个，大幅高于2019年的前两个季度，意味着新增信托单个项目的募集规模有所下降，这是信托类型从被动管理向主动管理切换的必然结果（见图3）。

（二）信托业务收入稳步增长，业务收入主导地位稳固

据中国信托业协会统计数据，2020年末行业信托业务收入总计864.47亿元，较2019年的833.82亿元，同比增长3.68%，信托业务收入稳步增长。从收入结构看，信托业务收入占70.39%，比2019年高0.91个百分点，信托业务收入在信托公司营业收入中的主导地位稳固（见图4）。

图3 2012年第1季度~2020年第2季度新增信托业务规模和项目个数

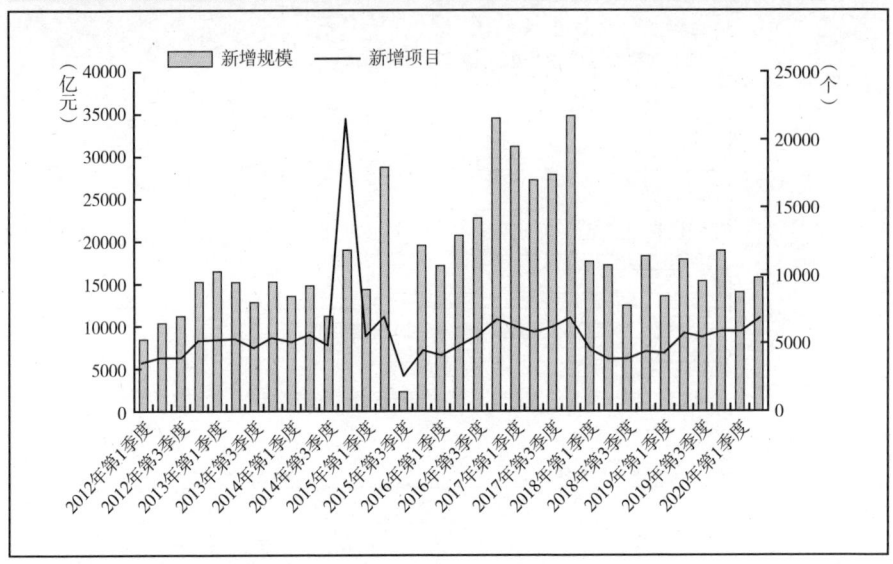

数据来源：中国信托业协会、中建投信托博士后工作站。

图4 2012~2020年信托业务收入、增速与占比

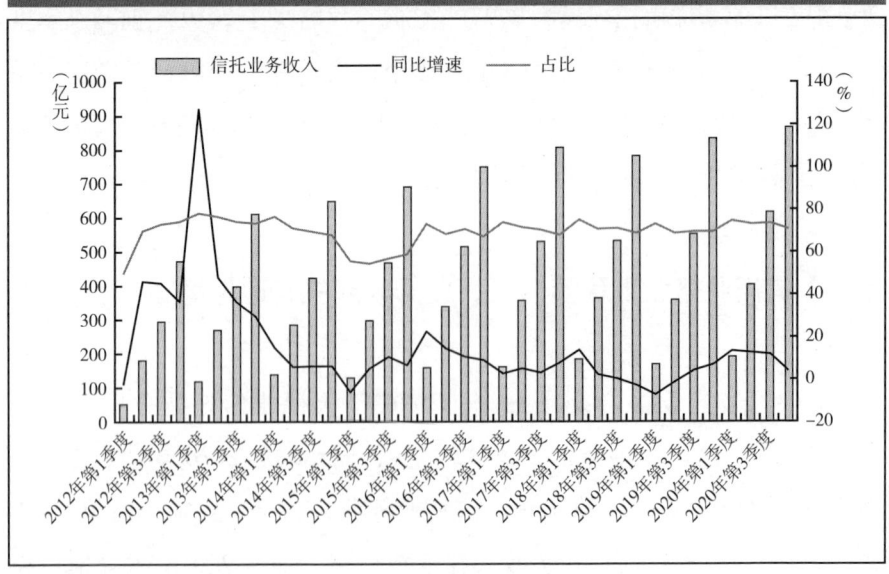

数据来源：中国信托业协会、中建投信托博士后工作站。

62家信托公司平均信托收入13.57亿元，中位数10.22亿元，收入与规模分布呈相似形态，头部公司的表现拉高了行业平均水平。共有9家信托公司收入超过20亿元，31家公司超过10亿元。总体来看，行业排名前列的信托公司延续稳定表现（见表2）。

表2 2019~2020年信托公司信托业务收入与增幅

单位:万元，%

序号	信托公司	2019年	2020年	2020年同比增速
1	中信信托	478,847.88	578,607.76	20.83
2	光大兴陇信托	358,913.63	449,941.66	25.36
3	平安信托	369,310.74	429,800.84	16.38
4	中融信托	409,795.21	389,189.00	-5.03
5	中航信托	358,912.36	382,856.35	6.67
6	华能信托	317,543.02	382,332.01	20.40
7	五矿信托	348,698.39	375,430.35	7.67
8	建信信托	237,380.96	280,988.35	18.37
9	长安信托	213,874.62	239,184.16	11.83
10	兴业信托	246,879.00	192,800.00	-21.91
11	渤海信托	238,259.57	185,684.07	-22.07
12	外贸信托	160,328.23	181,653.35	13.30
13	爱建信托	207,141.64	173,492.92	-16.24
14	英大信托	112,260.41	169,851.62	51.30
15	中建投信托	191,147.59	169,391.15	-11.38
16	重庆信托	201,061.93	169,247.55	-15.82
17	民生信托	138,325.82	166,550.82	20.40
18	华润信托	134,453.52	166,371.42	23.74
19	中铁信托	117,185.57	153,582.00	31.06
20	上海信托	181,975.56	139,783.86	-23.19
21	万向信托	127,983.68	139,086.04	8.67
22	陆家嘴信托	109,687.00	137,599.00	25.45
23	交银信托	136,104.63	134,721.87	-1.02
24	北京信托	111,924.00	123,396.00	10.25
25	陕国投	92,760.35	121,251.94	30.72
26	华鑫信托	96,572.24	121,137.34	25.44
27	百瑞信托	104,296.12	119,543.99	14.62

续表

序号	信托公司	2019年	2020年	2020年同比增速
28	山东信托	103,981.60	115,241.90	10.83
29	中诚信托	130,430.12	113,415.57	-13.04
30	国投信托	103,374.00	105,427.00	1.99
31	江苏信托	115,297.54	105,349.21	-8.63
32	国通信托	97,907.37	99,015.08	1.13
33	昆仑信托	102,293.48	97,570.89	-4.62
34	华宝信托	100,112.93	88,395.26	-11.70
35	厦门信托	58,113.00	85,727.00	47.52
36	紫金信托	76,852.01	85,573.24	11.35
37	杭州工商信托	72,577.00	84,651.00	16.64
38	东莞信托	87,499.56	81,678.63	-6.65
39	中粮信托	34,749.61	79,869.67	129.84
40	苏州信托	54,909.00	77,873.00	41.82
41	西部信托	65,097.23	2,312.14	11.08
42	湖南信托	65,031.00	69,602.00	7.03
43	中海信托	67,142.84	68,623.69	2.21
44	浙商金汇信托	69,975.83	65,202.07	-6.82
45	中原信托	69,200.41	61,853.48	-10.62
46	云南信托	60,989.67	60,623.79	-0.60
47	粤财信托	53,583.77	56,001.26	4.51
48	北方信托	57,987.44	53,237.18	-8.19
49	国民信托	54,871.80	49,110.95	-10.50
50	大业信托	47,380.00	48,387.09	2.13
51	华澳信托	45,063.47	44,712.02	-0.78
52	天津信托	33,476.95	44,223.76	32.10
53	西藏信托	51,157.78	42,795.28	-16.35
54	金谷信托	24,635.89	37,491.67	52.18
55	国元信托	37,618.36	36,764.34	-2.27
56	国联信托	23,881.00	25,092.00	5.07
57	安信信托	35,808.50	24,132.79	-32.61
58	吉林信托	19,807.00	20,129.46	1.63
59	山西信托	18,237.01	16,472.13	-9.68
60	长城新盛信托	35,562.07	13,781.44	-61.25
61	中泰信托	6,000.62	7,187.97	19.79
62	华宸信托	431.21	557.84	29.37

数据来源：信托公司年报、中建投信托博士后工作站。

62家信托公司中，共有38家公司实现信托收入同比增长，大部分公司（18家）增速在0~15%之间（见图5）。其中，8家信托公司超过30%。信托收入同比下滑超过15%的公司显著减少。

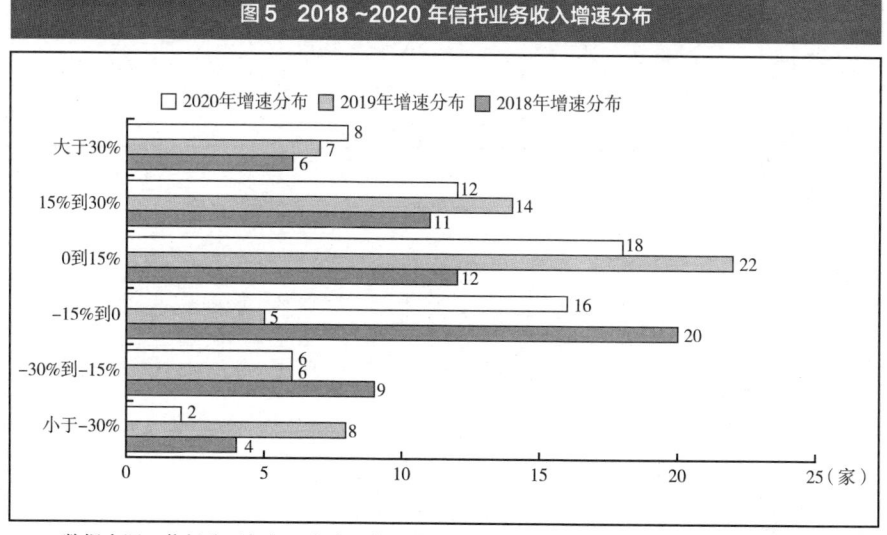

图5　2018~2020年信托业务收入增速分布

增速区间	2020年增速分布	2019年增速分布	2018年增速分布
大于30%	8	7	6
15%到30%	12	14	11
0到15%	18	22	12
-15%到0	5	16	20
-30%到-15%	6	6	9
小于-30%	2	8	4

数据来源：信托公司年报、中建投信托博士后工作站。

（三）规模与收入增速背离，信托报酬率微降

2020年，信托规模与收入增速呈现背离的走势（见图6），这是由信托业务结构切换导致的。在行业监管导向下，低费率的通道类业务继续压缩，信托公司主动管理类业务占比上升，同时，2020年证券投资信托快速发展，而证券投资信托产品的信托报酬比非标类产品的费率低，信托行业在业务结构切换过程中规模下降，但信托收入上升，二者增速呈现背离。

图6　2015~2020年信托规模与收入增速

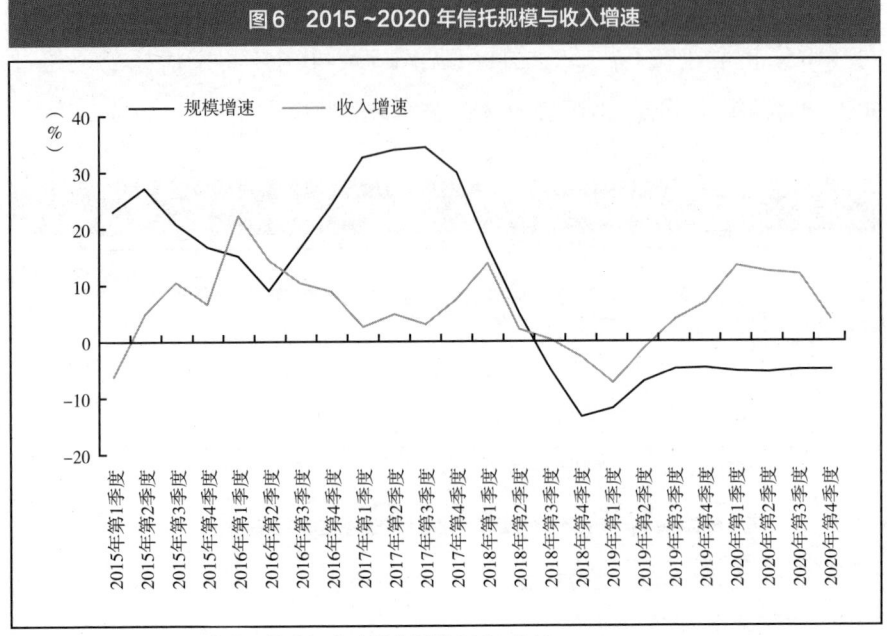

数据来源：中国信托业协会、中建投信托博士后工作站。

从50家公布加权信托报酬率的信托公司来看，行业平均信托报酬率约为0.57%，其中共有27家的信托报酬率升高（见表3）。信托报酬率从侧面反映出2019年信托行业调整业务结构的成果。从公布信托报酬率的公司来看，排名靠前的多为资产规模处于行业中游或下游，但主动管理类业务占比较高的信托公司。

表3　部分信托公司加权信托报酬率

单位：%

序号	信托公司	2020年	2019年	序号	信托公司	2020年	2019年
1	杭州工商信托	2.48	2.51	6	苏州信托	1.00	0.55
2	长城新盛信托	1.44	1.49	7	重庆信托	1.00	1.01
3	爱建信托	1.29	1.10	8	国联信托	0.98	1.04
4	中建投信托	1.10	1.21	9	紫金信托	0.92	0.71
5	东莞信托	1.06	2.22	10	民生信托	0.80	0.81

续表

序号	信托公司	2020年	2019年	序号	信托公司	2020年	2019年
11	浙商金汇信托	0.78	0.74	31	渤海信托	0.40	0.38
12	大业信托	0.73	0.63	32	华宸信托	0.40	0.37
13	五矿信托	0.67	0.54	33	外贸信托	0.40	0.40
14	中航信托	0.66	0.72	34	厦门信托	0.38	0.33
15	平安信托	0.63	0.50	35	英大信托	0.34	0.34
16	北京信托	0.60	0.60	36	金谷信托	0.32	0.24
17	光大兴陇信托	0.58	0.66	37	云南信托	0.32	0.33
18	国投信托	0.58	0.54	38	中原信托	0.32	0.38
19	长安信托	0.55	0.42	39	交银信托	0.29	0.20
20	国通信托	0.54	0.66	40	中铁信托	0.29	0.26
21	陆家嘴信托	0.54	0.58	41	上海信托	0.28	0.27
22	百瑞信托	0.53	0.97	42	国民信托	0.27	0.22
23	江苏信托	0.49	0.41	43	西藏信托	0.27	0.20
24	山西信托	0.49	0.51	44	北方信托	0.24	0.20
25	华鑫信托	0.46	0.38	45	建信信托	0.24	0.10
26	陕国投	0.46	0.31	46	西部信托	0.24	0.21
27	华澳信托	0.44	0.28	47	天津信托	0.20	0.21
28	中泰信托	0.43	0.72	48	安信信托	0.14	0.26
29	昆仑信托	0.42	0.32	49	吉林信托	0.11	0.22
30	兴业信托	0.42	0.39	50	国元信托	0.10	0.13

数据来源：信托公司年报、中建投信托博士后工作站。

二、业务结构显著变化，受托人主动管理责任进一步体现

（一）主动管理类业务比重继续提升

根据62家信托公司年报数据统计，2020年存量主动管理类业务规模为10.30万亿元，均值1661.23亿元；被动管理类业务规模降至9.36万亿元，均

值1509.21亿元。主动管理类业务规模占52.26%，较2019年的43.38%显著上升（如图7）。自2018年起，信托公司通道业务在资管新规的约束下呈压降趋势，被动管理类业务在2017年末达到顶峰后连续三年出现下滑。2020年，随着通道业务的进一步压缩，被动管理类规模占比大幅下滑，反映出信托行业在资管新规和严监管的导向下加速调整业务结构，驱动性动能发生转变。

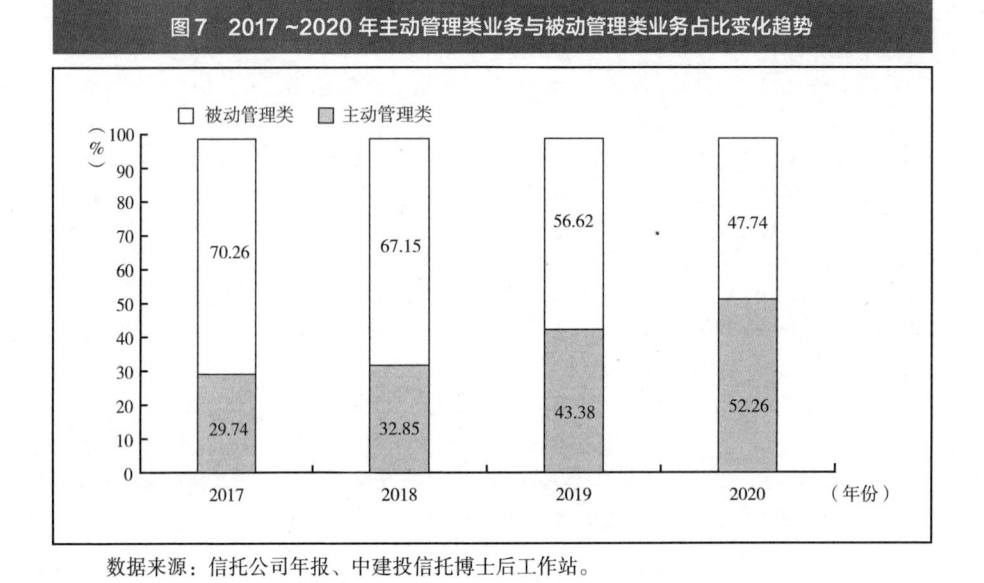

图7 2017~2020年主动管理类业务与被动管理类业务占比变化趋势

年份	被动管理类	主动管理类
2017	70.26	29.74
2018	67.15	32.85
2019	56.62	43.38
2020	47.74	52.26

数据来源：信托公司年报、中建投信托博士后工作站。

截至2020年末，已有31家信托公司的主动管理类业务比例高于50%，比2019年的23家有了大幅提升；有8家公司主动管理类业务占比超过了80%（见表4），而2019年仅有5家。

表4 2020年主动管理类业务规模和占比排名前20的信托公司

单位：万元，%

排名	规模		占比	
	信托公司	数值	信托公司	数值
1	光大兴陇信托	73,961,797.73	民生信托	94.06
2	中信信托	65,890,762.29	东莞信托	90.72
3	中融信托	62,186,584.02	百瑞信托	89.78

续表

排名	规模		占比	
	信托公司	数值	信托公司	数值
4	五矿信托	59,770,486.37	安信信托	86.71
5	华润信托	54,276,171.83	中融信托	86.66
6	中航信托	54,094,083.23	杭州工商信托	86.19
7	外贸信托	51,571,138.01	五矿信托	85.04
8	华能信托	38,989,895.04	中航信托	81.16
9	建信信托	32,880,552.61	外贸信托	76.39
10	百瑞信托	28,138,727.50	昆仑信托	76.34
11	平安信托	26,081,977.33	陕西信托	72.38
12	渤海信托	23,579,012.48	光大兴陇信托	72.08
13	江苏信托	22,460,612.87	北京信托	70.02
14	交银国际	21,469,930.55	重庆信托	67.88
15	上海信托	19,690,502.08	中原信托	67.64
16	民生信托	19,369,959.51	粤财信托	67.61
17	陕西信托	18,603,547.58	平安信托	66.70
18	粤财信托	18,290,472.70	中建投信托	65.67
19	昆仑信托	16,797,822.05	天津信托	61.75
20	长安信托	16,316,922.64	爱建信托	60.99

数据来源：信托公司年报、中建投信托博士后工作站。

在2020年度62家信托公司新增的信托项目中，主动管理类业务占比达到了65.62%，有10家公司新增业务中主动管理类业务占比超过了90%（见表5），反映出信托公司转向主动管理类业务的速度加快。

表5　2020年新增主动管理类信托规模和占比排名前20的信托公司

单位：万元，%

排名	规模		占比	
	信托公司	数值	信托公司	数值
1	光大兴陇信托	66,768,614.99	中原信托	100.00
2	华润信托	31,406,103.00	民生信托	99.99
3	五矿信托	30,888,772.75	国投信托	99.52
4	华能信托	30,726,304.64	中航信托	95.68
5	外贸信托	29,973,507.39	国联信托	94.99
6	百瑞信托	20,305,721.17	百瑞信托	94.06

续表

排名	规模		占比	
	信托公司	数值	信托公司	数值
7	中信信托	20,288,162.25	陕西信托	93.41
8	中航信托	17,876,926.63	苏州信托	92.35
9	平安信托	13,791,052.11	五矿信托	92.10
10	天津信托	13,022,433.70	平安信托	91.30
11	中融信托	11,734,577.60	中融信托	89.68
12	陆家嘴信托	10,559,835.84	爱建信托	85.03
13	中铁信托	10,284,663.00	杭州工商信托	84.83
14	中原信托	10,051,133.00	东莞信托	84.70
15	江苏信托	9,555,436.18	中诚信托	82.48
16	云南信托	9,410,265.21	陆家嘴信托	82.34
17	中建投信托	9,341,204.97	中建投信托	81.29
18	厦门信托	9,296,064.00	光大兴陇信托	81.29
19	民生信托	9,211,214.85	浙商金汇信托	80.81
20	渤海信托	8,914,904.75	中信信托	77.80

数据来源：信托公司年报、中建投信托博士后工作站。

对于信托公司而言，主动管理类业务比例的提升一方面代表着信托行业主动管理能力不断提高，作为资产管理机构的核心竞争力逐步提升，信托公司在逐步回归本源；另一方面也意味着受托人的管理责任更加重大，信托公司承受更大的风险压力。因此，主动管理类业务规模和占比扩张能否为信托公司带来持续健康的发展，取决于公司的资产筛选、风险管理和项目运营等能力是否与其主动管理类业务的规模相匹配。

（二）融资类业务显著下降，投资类业务明显上升

与被动管理类业务规模下降的趋势相对应，信托行业的事务管理类业务规模从2017年末的峰值开始下滑。据中国信托业协会统计，事务管理类业务规模从2019年末的10.65万亿元大幅下降至2020年末的9.19万亿元，规模占比从2019年末的49.30%下降至2020年末的44.84%（见图8、图9），2020年信托公司通道业务的压降幅度小于2019年。

图8 2018~2020年信托资产运用类型变化趋势

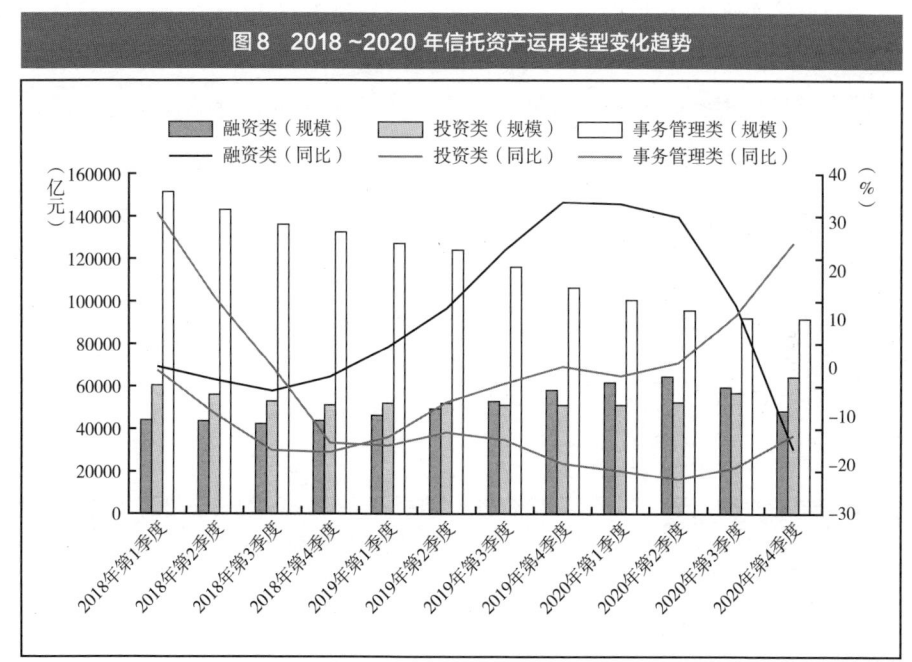

数据来源：中国信托业协会、中建投信托博士后工作站。

图9 2018~2020年信托资产运用类型占比

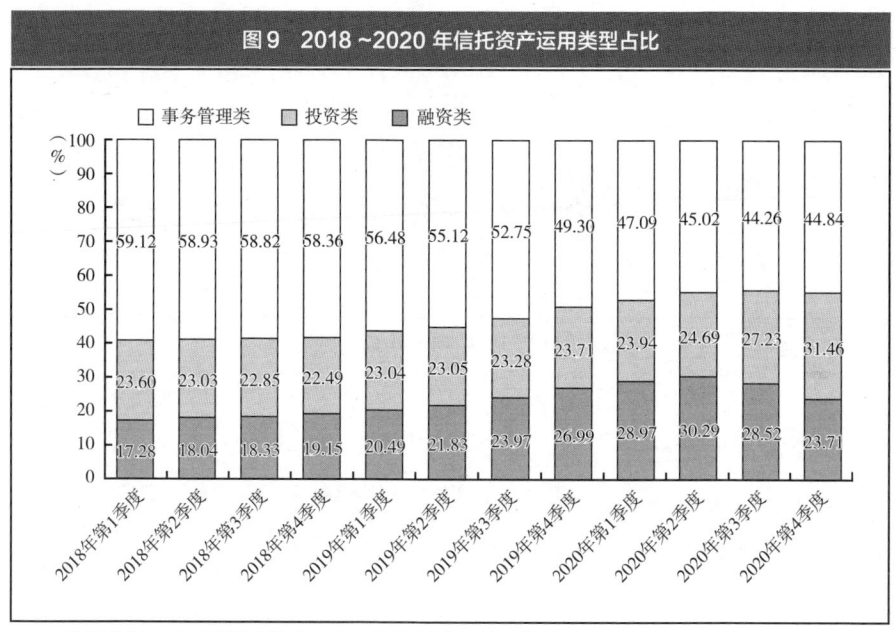

季度	融资类	投资类	事务管理类
2018年第1季度	17.28	23.60	59.12
2018年第2季度	18.04	23.03	58.93
2018年第3季度	18.33	22.85	58.82
2018年第4季度	19.15	22.49	58.36
2019年第1季度	20.49	23.04	56.48
2019年第2季度	21.83	23.05	55.12
2019年第3季度	23.97	23.28	52.75
2019年第4季度	26.99	23.71	49.30
2020年第1季度	28.97	23.94	47.09
2020年第2季度	30.29	24.69	45.02
2020年第3季度	28.52	27.23	44.26
2020年第4季度	23.71	31.46	44.84

数据来源：中国信托业协会、中建投信托博士后工作站。

在行业整体规模继续下行的趋势中，投资类业务规模增长，规模共计6.44万亿元，占比从23.71%增至31.46%。相较投资类业务的增长而言，融资类信托出现大幅下降是2020年信托业务结构最为显著的变化。融资类信托规模从2019年末的5.83万亿元下降至2020年的4.86万亿元，同比下降了16.64%，规模占比从26.99%下降至23.71%。进一步细分，融资类业务规模的增长主要由信托公司的主动管理类业务贡献。主动管理类业务中的融资类业务规模从5.10万亿元下降至4.58万亿元，主动管理融资类占比则下降至44.48%，比2019年下降12个百分点（见图10、图11）。

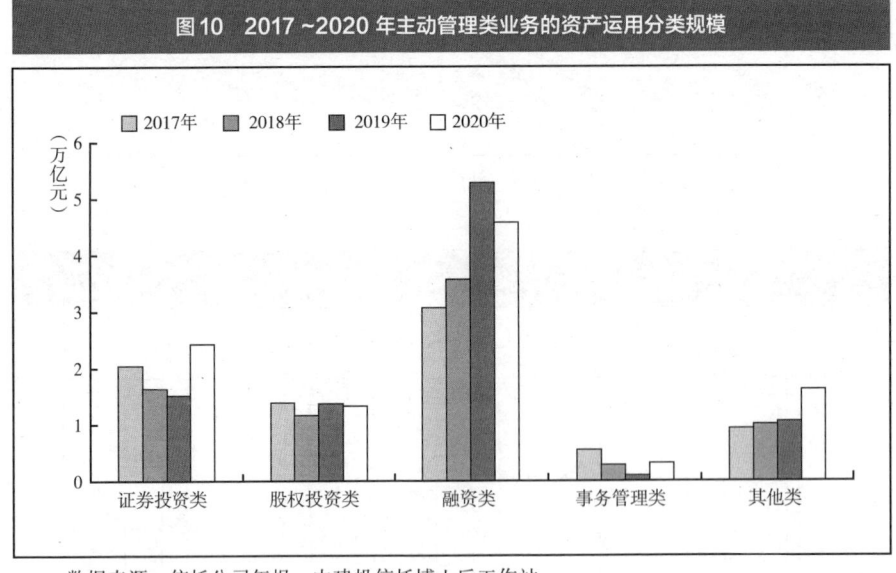

图10　2017~2020年主动管理类业务的资产运用分类规模

数据来源：信托公司年报、中建投信托博士后工作站。

从公司层面来看，62家信托公司中没有一家信托公司的主动管理融资类项目为零，有48家公司该项业务的绝对规模低于2019年。2020年主动管理融资类业务规模和占比排名前20的信托公司见表6。

图11 2017~2020年主动管理类信托的资产运用分类占比

类别	2017年	2018年	2019年	2020年
其他类	11.57	13.01	11.29	15.60
事务管理类	6.86	3.71	1.17	3.13
融资类	38.54	47.77	56.48	44.48
股权投资类	17.23	15.36	14.70	12.91
证券投资类	25.81	22.08	16.25	23.58

数据来源：信托公司年报、中建投信托博士后工作站。

表6 2020年主动管理融资类业务规模和占比排名前20的信托公司

单位：万元，%

排名	规模 信托公司	规模 数值	占比 信托公司	占比 数值
1	五矿信托	40,305,369.69	昆仑信托	63.58
2	中信信托	33,482,398.95	重庆信托	59.06
3	光大兴陇信托	22,843,091.68	五矿信托	57.35
4	渤海信托	20,819,016.48	长城信托	52.80
5	中融信托	20,499,176.33	江苏信托	48.04
6	江苏信托	17,817,524.98	渤海信托	47.55
7	中航信托	16,219,460.19	中建投信托	41.51
8	交银国际	15,933,136.36	陕西信托	40.57
9	平安信托	14,290,884.98	爱建信托	39.17
10	昆仑信托	13,990,351.43	苏州信托	38.48
11	重庆信托	12,688,865.03	万向信托	37.78
12	华能信托	12,052,694.70	平安信托	36.54
13	陕西信托	10,426,881.36	安信信托	35.94
14	百瑞信托	9,927,598.61	华鑫信托	35.86

续表

排名	规模		占比	
	信托公司	数值	信托公司	数值
15	长安信托	9,548,670.54	财信信托	34.29
16	华鑫信托	8,812,778.37	天津信托	33.22
17	建信信托	8,808,784.08	中诚信托	33.20
18	外贸信托	8,556,592.15	北京信托	31.86
19	天津信托	7,610,162.38	百瑞信托	31.67
20	上海信托	7,517,437.16	陆家嘴信托	31.47

数据来源：信托公司年报、中建投信托博士后工作站。

银保监会于2020年5月下发《信托公司资金信托管理暂行办法（征求意见稿）》规定，信托公司管理的全部集合资金信托计划向他人提供贷款或者投资于其他非标债权资产的合计金额在任何时点均不得超过全部集合资金信托计划合计实收信托的50%。根据62家信托公司年报的数据，仅以主动管理融资类与扣除事务管理类项后的主动管理类业务的总规模占比作近似测算，目前行业的融资类业务规模占比还有较大的压降空间，有36家公司该比例超过50%，8家公司该比例超过了80%（见表7）。

表7 2020年融资类业务占主动管理类信托（除事务管理类）比重超过80%的信托公司

序号	信托公司	融资类业务比值（%）
1	华宸信托	100.00
2	重庆信托	90.90
3	万向信托	90.25
4	财信信托	90.23
5	渤海信托	89.79
6	长城信托	86.01
7	昆仑信托	83.30
8	华澳信托	80.67

数据来源：信托公司年报、中建投信托博士后工作站。

（三）集合资金信托规模继续扩张

集合资金信托是三大信托资金来源分类的业务中唯一处于规模增长的业务类型。2020年，集合资金信托规模同比增长2.52%至10.17万亿元，而单一资金信托则大幅下滑23.46%至6.13万亿元（见图12）（2017~2020年信托资金来源类型占比见图13）。共有9家信托公司集合资金信托规模超过3000亿元，10家公司集合资金信托占比超过了70%，这从一个侧面反映出信托公司信托通道业务的压缩和主动管理能力的提升（见表8）。

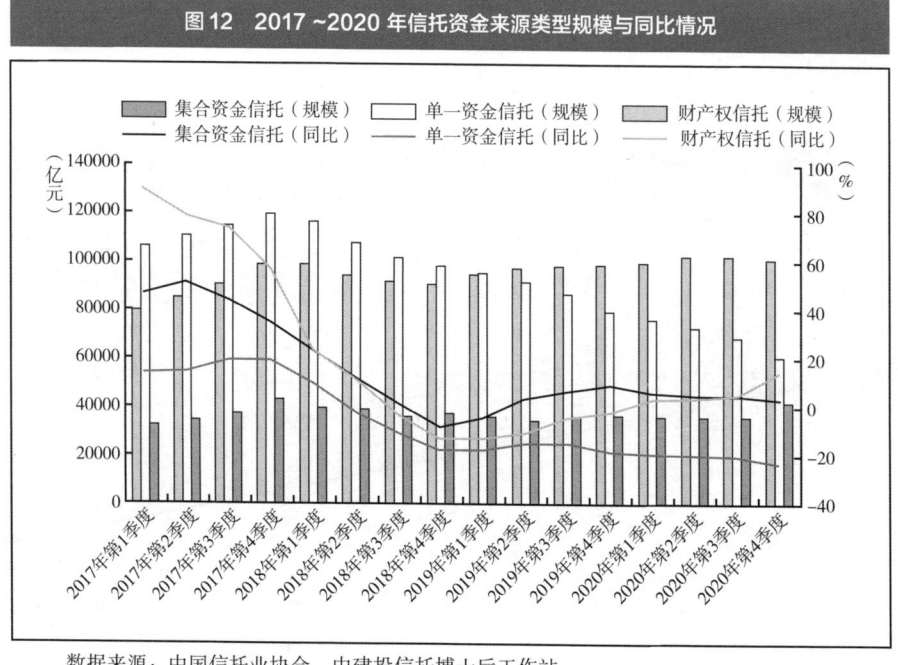

图12　2017~2020年信托资金来源类型规模与同比情况

数据来源：中国信托业协会、中建投信托博士后工作站。

图13 2017~2020年信托资金来源类型占比

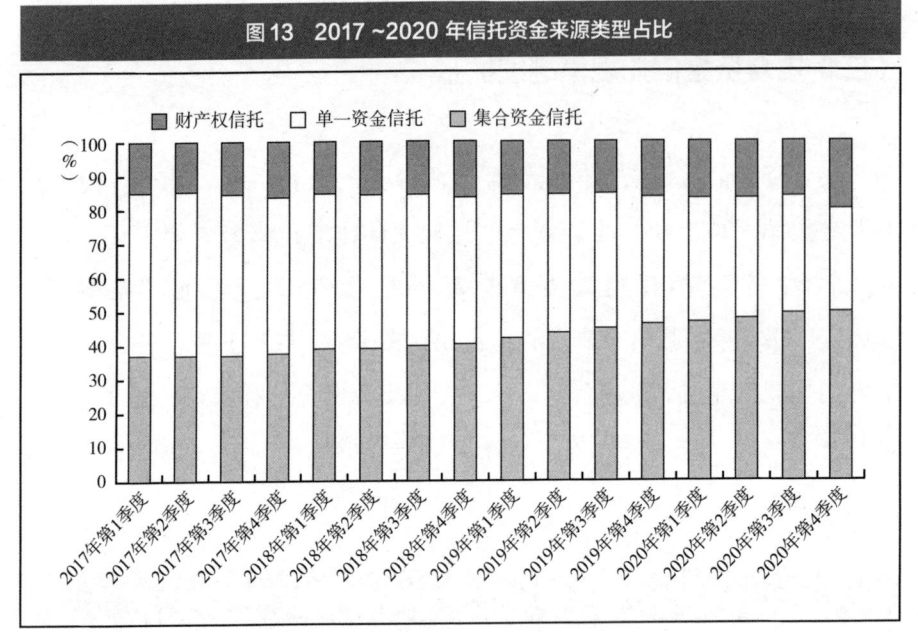

数据来源：中国信托业协会、中建投信托博士后工作站。

表8 2020年集合资金信托规模和占比排名前20的信托公司

单位：万元，%

排名	规模		占比	
	信托公司	数值	信托公司	数值
1	中信信托	69,986,159.88	民生信托	90.98
2	光大兴陇信托	63,920,030.72	中融信托	87.92
3	中融信托	63,093,616.81	杭州工商信托	86.33
4	五矿信托	55,604,041.76	东莞信托	79.60
5	外贸信托	47,181,969.13	安信信托	79.43
6	中航信托	47,110,320.61	五矿信托	79.11
7	交银国际	44,390,395.13	重庆信托	73.46
8	华润信托	42,360,113.09	国投信托	71.78
9	建信信托	35,340,496.97	中航信托	70.68
10	华能信托	26,432,143.88	交银国际	70.39
11	平安信托	24,853,048.05	外贸信托	69.89
12	上海信托	21,465,217.83	北京信托	68.64

续表

排名	规模		占比	
	信托公司	数值	信托公司	数值
13	百瑞信托	20,716,195.40	陆家嘴信托	67.50
14	长安信托	20,687,687.77	百瑞信托	66.09
15	江苏信托	19,677,406.04	爱建信托	65.55
16	民生信托	18,735,517.89	陕西信托	65.38
17	陕西信托	16,804,876.16	紫金信托	64.87
18	重庆信托	15,783,837.07	光大兴陇信托	63.93
19	华宝信托	15,177,926.63	平安信托	63.55
20	陆家嘴信托	14,728,108.58	万向信托	63.22

数据来源：信托公司年报、中建投信托博士后工作站。

三、资金投向进一步突出服务实体经济目标

（一）工商企业稳居信托首要配置领域

服务支持实体经济是金融供给侧结构性改革的核心要求，也是信托业转型发展的重要目标。2020年，中国信托业协会数据显示共计有4.96万亿元资金信托流入工商企业，同比下降9.64%，规模占比30.41%，与2019年占比持平，工商企业近年来一直稳居信托资金的首要配置领域（见图14）。

62家信托公司中，共有10家公司投向工商企业信托规模增速超过50%（见表9），共有11家信托公司该投向的规模占比超过50%，高于2019年的9家，充分体现信托资金脱虚向实，服务实体经济的能力稳步提升。

中国信托行业研究报告（2021）

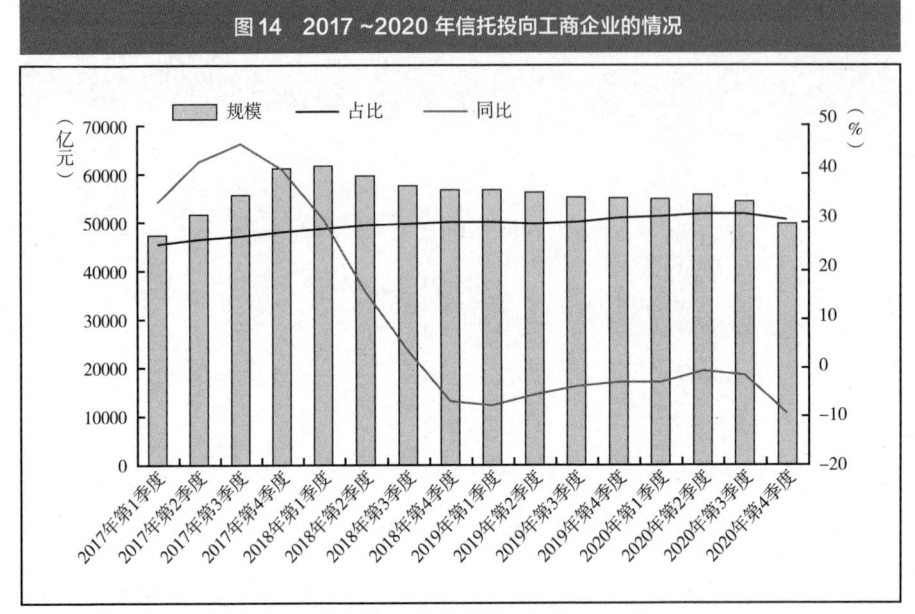

图14 2017~2020年信托投向工商企业的情况

数据来源：中国信托业协会、中建投信托博士后工作站。

表9 2020年信托投向工商企业规模和同比增速排名前20的信托公司

单位：万元，%

排名	规模		同比增速	
	信托公司	数值	信托公司	数值
1	光大兴陇信托	38,378,496.03	华宸信托	376.02
2	中信信托	28,125,584.05	苏州信托	300.93
3	渤海信托	26,808,854.75	金谷信托	140.45
4	中融信托	26,107,484.26	云南信托	103.35
5	西部信托	22,043,936.45	外贸信托	85.45
6	华润信托	19,757,043.61	湖南财信信托	67.10
7	天津信托	17,621,140.00	建信信托	61.85
8	华能信托	16,358,419.55	光大兴陇信托	59.76
9	中航信托	14,980,866.14	百瑞信托	53.77
10	五矿信托	14,558,103.45	北京信托	51.58
11	百瑞信托	14,446,601.70	华能信托	35.23
12	长安信托	13,804,816.86	五矿信托	15.08
13	云南信托	13,082,526.34	英大信托	14.34
14	兴业信托	11,278,089.24	山西信托	13.37
15	平安信托	11,190,785.66	山东信托	12.04
16	上海信托	10,448,992.81	陕西信托	8.20
17	交银国际	9,771,891.44	民生信托	5.85
18	华鑫信托	9,336,132.36	陆家嘴信托	5.41

续表

排名	规模		同比增速	
	信托公司	数值	信托公司	数值
19	厦门信托	9,010,959.00	中原信托	4.47
20	重庆信托	8,756,555.56	厦门信托	3.01

数据来源：信托公司年报、中建投信托博士后工作站。

（二）基础产业信托规模下降

2020年，信托投向基础产业领域的资金总额为2.47万亿，同比下降12.55%，规模占比15.13%，占比与2019年基本持平，仍是第二大资金配置领域（见图15）。

全行业有7家信托公司投向基础产业的规模占比超过30%，5家公司投向该领域资金的同比增速超过了50%（见表10），反映出信托在政策调控下发挥了重要作用。

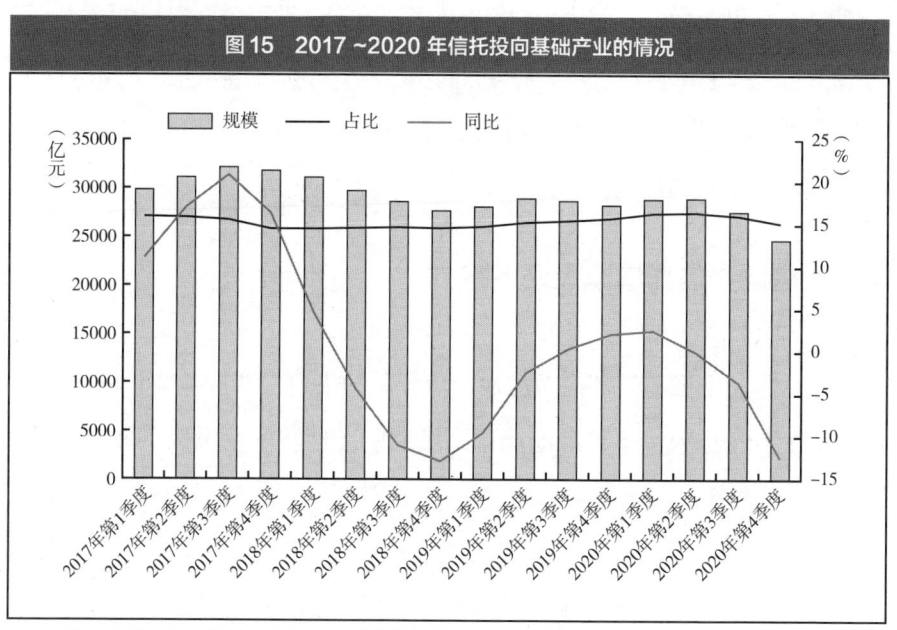

图15 2017~2020年信托投向基础产业的情况

数据来源：中国信托业协会、中建投信托博士后工作站。

表10　2020年信托投向基础产业规模及同比增速排名前20的信托公司

单位：万元，%

排名	规模		同比增速	
	信托公司	数值	信托公司	数值
1	英大信托	44,024,300.91	杭州工商信托	446.85
2	光大兴陇信托	26,468,061.44	吉林信托	141.71
3	中信信托	21,512,977.91	中铁信托	97.10
4	上海信托	18,935,257.74	江苏信托	55.27
5	交银国际	15,507,788.04	英大信托	52.61
6	江苏信托	12,525,196.73	华鑫信托	47.19
7	陕西信托	8,199,222.17	东莞信托	37.06
8	五矿信托	8,164,516.33	外贸信托	35.26
9	中融信托	7,499,268.64	重庆信托	28.35
10	华宝信托	7,255,411.22	中原信托	25.48
11	华鑫信托	7,225,617.89	光大兴陇信托	24.08
12	陆家嘴信托	7,178,728.90	中粮信托	22.86
13	百瑞信托	6,182,964.72	百瑞信托	18.06
14	中航信托	5,842,049.45	中融信托	16.21
15	渤海信托	5,678,197.09	云南信托	16.08
16	国元信托	5,372,029.33	华润信托	6.81
17	建信信托	4,717,621.01	民生信托	3.61
18	中原信托	4,679,503.57	厦门信托	2.79
19	长安信托	4,595,216.82	浙商金汇信托	1.65
20	中海信托	4,136,310.00	金谷信托	0.19

数据来源：信托公司年报、中建投信托博士后工作站。

（三）房地产信托增速大幅下行

2020年，金融监管部门对房地产信托的约束进一步强化，信托行业落实"房住不炒"和"不将房地产作为短期刺激经济的手段"的政策精神，严格落实监管部门关于控制房地产信托规模增量和增速的要求。全年投向房地产领域的信托规模为2.28万亿元，占比进一步下降至13.97%，同比增速为-15.75%，是近年来的最低值（见图16）。头部信托公司主动压降房地产规模，信托公司投向房地产的存量均低于2000亿元（见表11）。

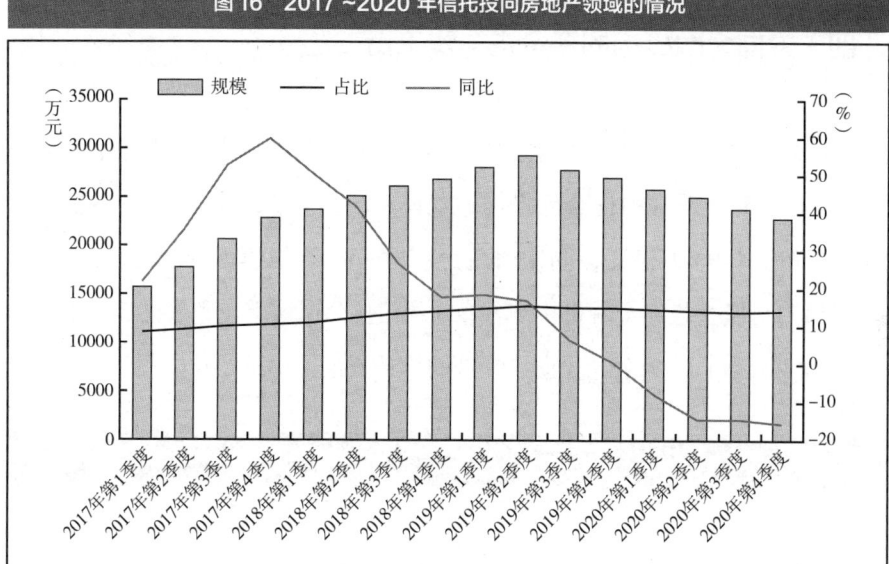

图16 2017～2020年信托投向房地产领域的情况

数据来源：中国信托业协会、中建投信托博士后工作站。

表11 2020年投向房地产业领域规模和同比增速排名前15的信托公司

单位：万元，%

排名	规模		同比增速	
	信托公司	数值	信托公司	数值
1	中信信托	19,947,554.72	西藏信托	63.53
2	中融信托	12,914,987.58	中诚信托	12.46
3	中航信托	11,636,271.10	上海信托	7.36
4	五矿信托	10,549,942.37	北京信托	4.81
5	平安信托	10,112,450.77	百瑞信托	1.84
6	光大兴陇信托	9,037,556.98	中航信托	1.31
7	兴业信托	8,775,617.32	五矿信托	0.97
8	中诚信托	8,187,873.44	东莞信托	0.91
9	长安信托	7,790,420.78	天津信托	0.80
10	北京信托	7,376,376.48	中粮信托	0.57
11	万向信托	6,239,995.48	光大兴陇信托	0.53
12	山东信托	5,962,622.09	爱建信托	0.28
13	陆家嘴信托	5,914,767.66	华鑫信托	0.10
14	中铁信托	5,704,268.00	安信信托	-0.03
15	爱建信托	5,626,335.02	吉林信托	-0.07

数据来源：信托公司年报、中建投信托博士后工作站。

中国信托行业研究报告（2021）

（四）投向金融机构的资金进一步下滑

在资管去通道、去嵌套的监管要求下，信托与金融同业的合作面临强监管，信托行业降压投向金融机构的规模。2020年末，流向金融机构的信托资金降至1.98万亿元，同比增速为-20.76%，规模占比下滑至12.17%（见图17）。资金投向金融机构排名靠前的信托公司该类业务规模多呈下降趋势，全行业仅有15家公司投向该领域的信托资金保持正增长（见表12）。

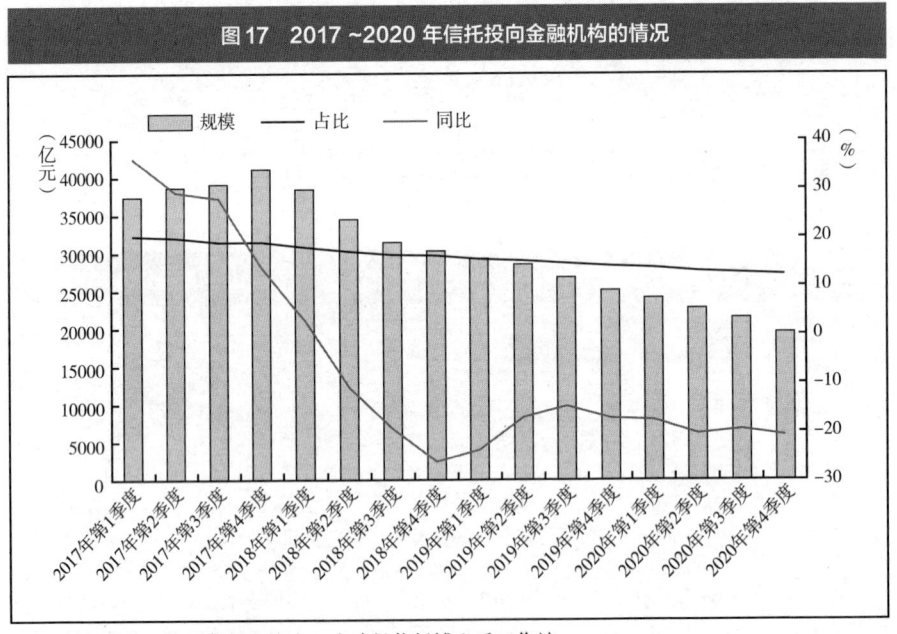

图17　2017~2020年信托投向金融机构的情况

数据来源：中国信托业协会、中建投信托博士后工作站。

表12　2020年投向金融机构规模和同比增速排名前20的信托公司

单位：万元，%

排名	规模		同比增速	
	信托公司	数值	信托公司	数值
1	中信信托	27,912,531.99	东莞信托	653.28
2	建信信托	22,717,738.92	光大兴陇信托	111.97

续表

排名	规模		同比增速	
	信托公司	数值	信托公司	数值
3	中融信托	22,298,775.69	杭州工商信托	105.15
4	上海信托	19,084,907.50	粤财信托	60.90
5	中海信托	16,814,732.00	长安信托	53.63
6	交银国际	16,507,683.46	中海信托	52.94
7	外贸信托	11,809,692.84	外贸信托	47.88
8	光大兴陇信托	9,938,920.68	江苏信托	36.48
9	兴业信托	8,241,422.05	百瑞信托	36.19
10	华能信托	7,745,360.79	浙商金汇信托	16.57
11	粤财信托	6,245,369.62	国投信托	8.08
12	平安信托	5,664,643.66	天津信托	4.51
13	重庆信托	5,380,729.30	重庆信托	3.82
14	江苏信托	5,277,170.69	湖南信托	1.60
15	昆仑信托	5,059,928.96	华能信托	0.60
16	五矿信托	5,059,434.90	中原信托	-0.79
17	中航信托	4,821,966.60	中融信托	-1.94
18	民生信托	4,386,912.60	上海信托	-4.91
19	国投信托	3,977,876.07	交银国际	-7.70
20	西藏信托	3,856,329.32	厦门信托	-9.36

数据来源：信托公司年报、中建投信托博士后工作站。

（五）证券市场投向大幅增加

2020年，随着资本市场改革推进和证券市场回暖，信托投向资本市场的规模大幅上升，同比增幅从2019年的-10.79%增至15.44%，规模为2.26万亿元，规模占比为13.87%（见图18）。从信托公司层面来看，资金投向该领域排名靠前的公司该类业务规模大幅扩张（见表13），反映出信托公司在非标监管趋严的背景下加大了在证券市场标准化产品信托业务的投入力度，信托作为资管机构的资产配置能力得到有效提升。

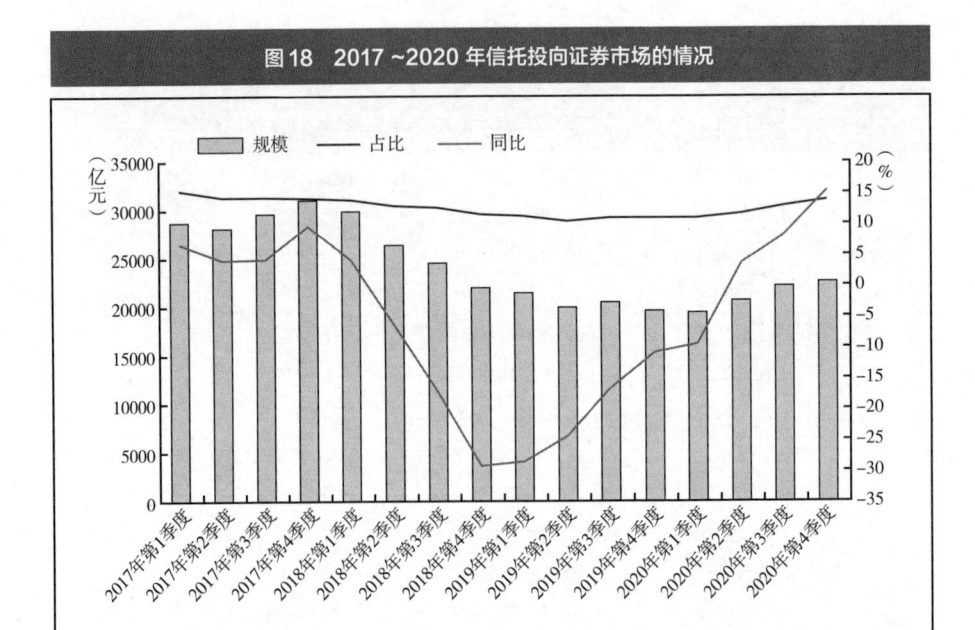

图18 2017~2020年信托投向证券市场的情况

数据来源：中国信托业协会、中建投信托博士后工作站。

表13 2020年投向证券市场规模和同比增速排名前20的信托公司

单位：万元，%

排名	规模		同比增速	
	信托公司	数值	信托公司	数值
1	华润信托	54,460,921.48	百瑞信托	1382.94
2	外贸信托	30,547,065.03	中粮信托	792.05
3	建信信托	28,176,368.55	五矿信托	524.05
4	中海信托	10,107,262.00	苏州信托	388.08
5	平安信托	9,805,629.11	国联信托	357.05
6	江苏信托	9,719,164.95	国民信托	293.80
7	光大兴陇信托	9,707,900.41	民生信托	194.53
8	中航信托	9,622,135.63	山东信托	180.52
9	中信信托	9,173,675.29	陆家嘴信托	149.20
10	华宝信托	8,424,823.52	湖南财信信托	130.25
11	交银国际	8,094,778.68	昆仑信托	101.35
12	粤财信托	7,830,193.65	杭州工商信托	83.14

续表

排名	规模		同比增速	
	信托公司	数值	信托公司	数值
13	五矿信托	7,042,888.74	吉林信托	75.13
14	兴业信托	6,804,092.18	中航信托	74.13
15	山东信托	5,281,099.86	平安信托	70.39
16	上海信托	4,899,200.19	天津信托	69.60
17	陕西信托	4,303,036.60	中建投信托	58.96
18	民生信托	3,483,635.83	华润信托	44.65
19	长安信托	3,328,297.58	紫金信托	43.56
20	北京信托	2,872,716.51	万向信托	42.84

数据来源：信托公司年报、中建投信托博士后工作站。

四、业务转型步伐加快，资金信托领域创新发展明显

在宏观经济形势变化和监管部门的积极引导下，信托公司进一步围绕信托本源探索业务创新转型方向，信托行业持续压降通道规模、融资类信托规模以及房地产信托规模，从62家信托公司披露的年报来看，大部分信托公司已经开始积极布局证券投资、股权投资、资产证券化、家族信托等领域。

2020年，信托行业在资金信托、服务信托与公益慈善信托等领域均取得较大进展。有62家信托公司在年报中披露了创新业务的开展与规划情况，创新业务类型涵盖了资产证券化、公益（慈善）信托、家族信托、普惠/小微金融、REITs/类REITs、绿色金融、消费金融、供应链金融、保险金信托、年金/养老金信托等（见图19）。在热点创新业务中，超过30家信托公司开展了资产证券化、公益（慈善）信托与家族信托业务。2020年绝大多数信托公司已经开展公益（慈善）信托

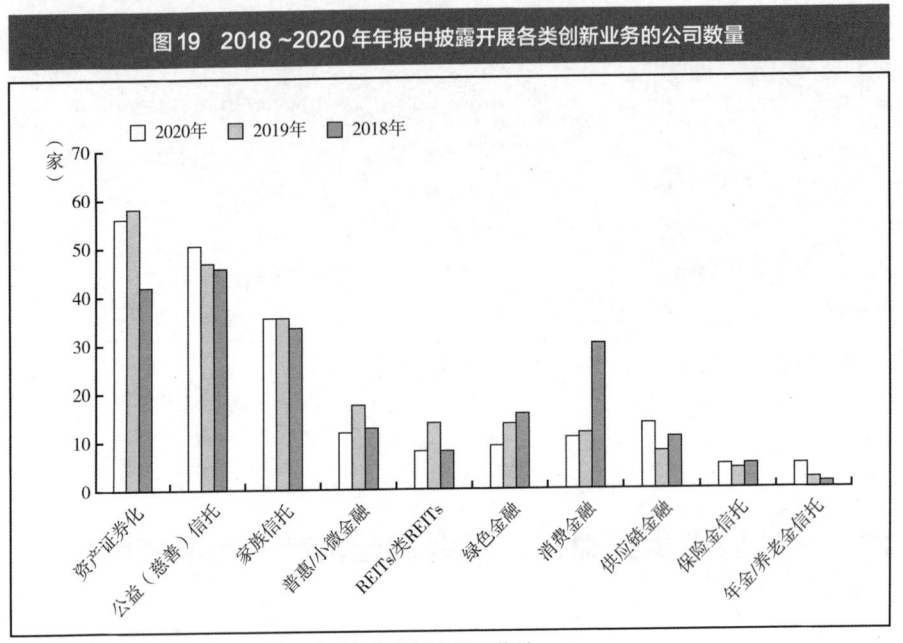

业务，主要是因为新冠肺炎疫情催生了一波成立公共卫生与医疗帮助类慈善信托的热潮。

图19　2018~2020年年报中披露开展各类创新业务的公司数量

数据来源：信托公司年报、中建投信托博士后工作站。

2020年，信托公司的创新热点发生了明显的结构性变化。2019年服务信托占一半，成为主流的创新业务类型（见图20）。2020年，信托公司在转型创新的方向上开始偏重发展与投融资相关的资金信托业务，如保险金信托、消费金融、供应链金融、绿色信托等，资金信托创新的占比上升为32%。受到新冠肺炎疫情以及经济发展周期的影响，与2018年相比近两年消费金融的热度降低，但保险金信托、年金/养老信托成为多个信托公司创新业务的发力点。同时，从信托公司年报披露情况可以发现，信托行业当前的创新业务较为趋同，创新方向多集中在已有创新业务的外延性创新上，基本没有更多的新型创新，主要原因是在当前的监管导向下，业务结构创新不再是行业发展主流，信托公司的创新更多体现的是服务于实体经济和服务型信托的发展。

图20 2017~2020年创新业务在三大信托业务领域的分布

年份	服务信托	资金信托	公益（慈善）信托
2017	30	44	25
2018	40	38	22
2019	50	29	21
2020	46	32	22

数据来源：信托公司年报、中建投信托博士后工作站。

2020 年信托公司固有业务研究报告

黄婷儿

摘　要：2020 年，信托公司注资规模再创新高，总资产增长主要来自注册资本的增加，内生积累动能不足。固有资产配置仍以投资类为主，但交易性金融资产规模占比跃居第一。固有资产投向证券市场的比例也有所提升，长期股权投资比例保持稳定。行业不良资产余额高位上行，削弱信托公司赢利能力，不良资产分布体现二八定律。行业固有业务收入波动，呈现中小幅下行趋势，固有净资产回报率在低位徘徊，固信收入比值和固信交易规模保持平稳，对于不同信托公司的经营情况，个体差异明显。

关键词：注册资本　固有资产　不良资产　固有净资产回报率

一、固有业务发展概述

中国信托业协会统计数据显示，2020 年末，信托行业总资产（固有资产）规模合计 8248.36 亿元，比 2019 年的 7677.12 亿元增加 571.24 亿元，同比增长 7.44%。2020 年末，信托行业注册资本合计 3136.85 亿元，比 2019 年的 2597.96 亿元增加 538.89 亿元，同比增长 20.74%。可见，行业固有资产规模的增长主要来自注册资本的增加，内生增长略显不足。固有资产配置以投资类为主，交易性金融资产规模占比超越可供出售金融资产，跃居第一，长期股权投资占比稳定在 14% 左右。

2020 年，全行业实现经营收入 1228.05 亿元，比 2019 年的 1200.12 亿元小幅增长 2.33%，其中，固有业务收入为 363.58 亿元，同比下降 0.74%。2019 年，经营收入和固有业务收入同比增幅分别为 5.22% 和 2.07%。

从信托公司角度来看，固有业务收入排名前 10 的信托公司基本保持稳定，不同信托公司的排名每年会有所波动，而排名后10的信托公司出现较大变化，建信信托、中航信托这些信托业务规模较大、净利润水平较高的信托公司在2020年的固有业务收入大幅下降，甚至出现负值，可见信托公司固有业务管理水平差异较大。2018~2020年，排名前10的信托公司平均固有业务收入分别为14.27亿元、15.62亿元和16.81亿元，持续稳步上升。排名后10的信托公司固有业务收入水平也有所提升，平均值从-2.77亿元上升至0.32亿元，考虑到未披露年报信托公司的经营情况不容乐观，行业尾部信托公司的固有业务发展与头部公司存在较大差距。

2020年，信托行业经营环境发生重大变化，叠加新冠肺炎疫情影响，不同信托公司间的发展差异愈发明显，多家信托公司出现经营难以为继和被监管机构接管的情况，披露年报的信托公司仅有62家，除2019年未披露年报的雪松信托（中江信托）外，华融信托、华信信托、四川信托、新华信托、新时代信托均未发布年报。按已披露年报的62家信托公司的口径计算，2020年，行业净资产规模合计6206.60亿元，按可比口径计算同比增长11.65%；固有资产规模合计7627.30亿元，按可比口径计算同比增长7.62%，资产规模的发展较为平稳。2020年，披露年报的62家信托公司实现总收入1240.03亿元，其中，固有业务收入为398.61亿元，按可比口径计算分别同比增长6.98%和7.06%，与2019年67家披露年报的信托公司的同比增幅10.03%和27.43%相比，明显下降。

从固有业务收入结构来看，已披露年报的62家信托公司共实现投资收益285.42亿元，利息净收入为30.03亿元，两项收入合计占固有业务收入的比重为79.14%，它们是固有业务收入的主要来源，但相比2019年的占比，则呈现平稳中略有下降的趋势（按可比口径计算，2019年，两项合计规模为298.00亿元，占比为80.04%）。2020年，固有业务收入增加，主要是因为投资收益和公允价值变动损益增加。

二、注册资本变动和资本实力

（一）信托公司资本实力逐步夯实，增资幅度趋稳

根据中国信托业协会披露的数据，2020年末，信托行业注册资本为3136.85亿元，比2019年增加538.89亿元，同比增长20.74%。在披露年报的62家信托公司中，共有10家信托公司进行增资扩股，比2019年增加1家，平均增资金额为27.52亿元，比2019年增加4.30亿元，再创历史新高（见表1）。其中有6家信托公司的增资金额超过10亿元，建信信托、五矿信托和江苏信托的增资金额均不少于50亿元，位列行业前三。建信信托和光大兴陇信托已连续两年增资，2020年，注册资本金额分别达到105亿元和84.18亿元。

表1 2020年10家增资扩股信托公司注册资本变动情况

单位：亿元

信托公司	年末注册资本	年初注册资本	增资金额	增资方式
建信信托	105.00	24.67	80.33	未分配利润转增资本
五矿信托	130.51	60.00	70.51	股东同比例增资
江苏信托	87.60	37.60	50.00	所有者投入资本
华鑫信托	58.25	35.70	22.55	所有者投入资本、股东同比例增资
光大兴陇信托	84.18	64.18	20.00	股东注资、股东同比例增资
国元信托	42.00	30.00	12.00	所有者投入资本、未分配利润转增资本
陆家嘴信托	48.00	40.00	8.00	未分配利润转增资本
西部信托	20.00	15.00	5.00	未分配利润转增资本
国投信托	26.71	21.91	4.80	所有者投入资本
大业信托	12.02	10.00	2.02	股东同比例增资
合计	—	—	275.21	—
平均	—	—	27.52	—

数据来源：信托公司年报、中建投信托博士后工作站。

2015～2020年，信托行业注册资本增长明显，累计增资金额达1739亿元，各家信托公司的资本实力均得到不同程度提升。从注册资本增长幅度来看，2015～2017年平均增幅超过20%，进入2018年之后，随着资本实力的普遍提升，各家信托公司的增资步伐有所放缓，行业同比增幅稳定在10%以下的水平（见图1），继续增资的信托公司数量有所减少，随着风险项目不断出清，信托公司增资压力仍然存在。

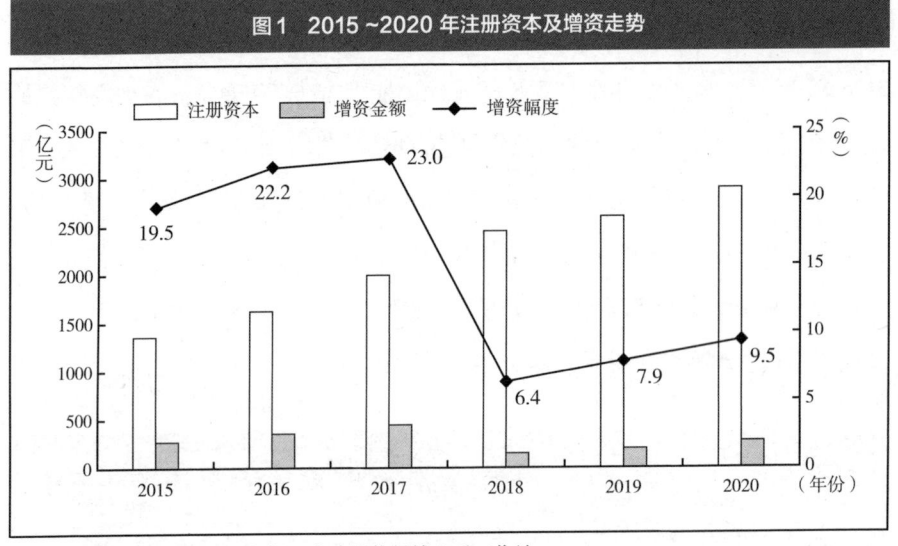

图1 2015～2020年注册资本及增资走势

数据来源：信托公司年报、中建投信托博士后工作站。

（二）部分公司受监管指标约束，仍存在增资压力

信托公司大规模增资能够确保公司具有固有资金和充足的流动性以应对不可预期的损失，提高公司的抗风险能力，但究其根源还是来自行业监管的要求。整体来看，资本充足率较高，则信托公司能够承受违约资产风险的能力就强，资本风险较小。若净资本管理指标排名靠后，当净资本和各项业务风险资本之和比接近100%，或净资本和净资产比接近40%时，

则会面临进一步增资的压力。因此，部分信托公司增资的背后可能存在不得不为的苦衷，当资本充足率指标触及监管红线时，必须进行增资以避免信托主业发展受制于净资本限制。

《信托公司资金信托管理办法》出台后，约束指标进一步增加，预计未来会有更多信托公司增资。2019年净资本和各项业务风险资本之和比（以下简称"资本充足率"）行业排名后10的信托公司[1]中有3家在2020年已经增资，另外，中粮信托也已有增资计划，只是尚未完成工商变更登记。

2020年资本充足率排名后10的信托公司见表2，这些信托公司的资本充足率均在150%以下，为满足行业资本约束要求，支持公司业务发展，这些公司未来的增资情况值得关注。此外，安信信托净资本已为负值；吉林信托和长安信托的资本充足率分别为103.81%和106.49%，逼近净资本指标监管红线，增资需求迫在眉睫。

表2 2020年资本充足率排名后10的信托公司

单位：万元，%

信托公司	注册资本	净资本	风险资本	资本充足率
安信信托	546,913.79	-608,426.90	488,652.40	-124.51
吉林信托	159,659.70	98,984.40	95,355.30	103.81
长安信托	333,000.00	457,714.36	429,822.28	106.49
厦门信托	375,000.00	402,621.99	331,040.15	121.62
陆家嘴信托	480,000.00	502,583.65	375,226.51	133.94
中航信托	465,726.71	1,211,500.00	893,000.00	135.67
万向信托	133,900.00	257,702.36	187,982.44	137.09
民生信托	133,900.00	637,200.00	452,000.00	140.97
国通信托	700,000.00	512,700.00	359,400.00	142.65
中粮信托	283,095.42	373,605.12	257,522.95	145.08

数据来源：信托公司年报、中建投信托博士后工作站。

[1] 2019年资本充足率排名后10的信托公司为：安信信托、五矿信托、中航信托、渤海信托、交银国际信托、国通信托、光大兴陇信托、陆家嘴信托、中粮信托和长安信托。

然而，从经营效率和赢利能力角度来看，高资本充足率意味着资本利用效率不足。由表3可知，资本充足率排名前10的信托公司的净利润排名大多比较靠后。

表3　2020年资本充足率排名前10的信托公司

单位：万元，%

信托公司	注册资本	净资本	风险资本	资本充足率	净利润排名
长城信托	30,000.00	76,440.63	9,926.36	770.08	66
华宸信托	80,000.00	65,700.47	9,016.77	728.65	57
中泰信托	51,660.00	379,100.00	60,899.60	622.50	52
英大信托	402,900.00	861,500.00	204,000.00	422.30	14
财信信托	438,000.00	600,168.00	174,317.00	344.30	30
苏州信托	120,000.00	452,910.00	132,633.00	341.48	39
重庆信托	1,500,000.00	2,276,409.33	702,617.90	323.99	6
国民信托	100,000.00	266,475.74	86,664.95	307.48	51
西藏信托	300,000.00	430,270.01	146,941.16	292.82	43
中铁信托	500,000.00	800,370.66	274,854.78	291.20	22

数据来源：信托公司年报、中建投信托博士后工作站。

（三）注册资本排名前10的信托公司基本保持稳定

随着多家信托公司出现此起彼伏的增资动作，2020年底，注册资本在100亿元以上的信托公司增至9家，比2019年增加2家。五矿信托通过股东同比例增资、建信信托通过未分配利润转增资本，首次跻身行业注册资本百亿元行列（见表4）。

2020年，由于五矿信托、建信信托、江苏信托的大额增资，进入行业前10，分别列第2名、第7名和第10名，2019年排名前10的外贸信托、民生信托和华信信托被挤出前10。重庆信托、平安信托、中融信托、中信信托分别以150亿元、130亿元、120亿元、112.76亿元的注册资本连续3年稳居前5（见表4）。

表4 2019年和2020年注册资本排名前10的信托公司对比

单位：亿元

排名	2020年 信托公司	注册资本	名次变动	2019年 信托公司	注册资本
1	重庆信托	150.00	→	重庆信托	150.00
2	五矿信托	130.51	↑11	平安信托	130.00
3	平安信托	130.00	↓1	中融信托	120.00
4	中融信托	120.00	↓1	中信信托	112.76
5	中信信托	112.76	↓1	华润信托	110.00
6	华润信托	110.00	↓1	昆仑信托	102.27
7	建信信托	105.00	↑28	兴业信托	100.00
8	昆仑信托	102.00	↓2	外贸信托	80.00
9	兴业信托	100.00	↓2	民生信托	70.00
10	江苏信托	87.60	↑17	华信信托	66.00

数据来源：信托公司年报、中建投信托博士后工作站。

三、固有资产结构

截至2020年末，根据中国信托业协会披露的数据，全行业固有资产规模合计8248.36亿元，比2019年的7677.12亿元增加571.24亿元，同比增长7.44%，较2019年增幅略有上升，处于较低水平（见图2）。

（一）固有资产配置以投资类为主，交易性金融资产规模占比跃居第一

信托公司的固有资产一直以投资类资产为主。2020年，货币资产继续保持低位下行，投资类资产占比进一步上升至80%以上，贷款及应收款连续两年占比低于8%，与2018年前的15%左右的水平相比下降明显。其他占比最小，仅为5.58%（见表5）。

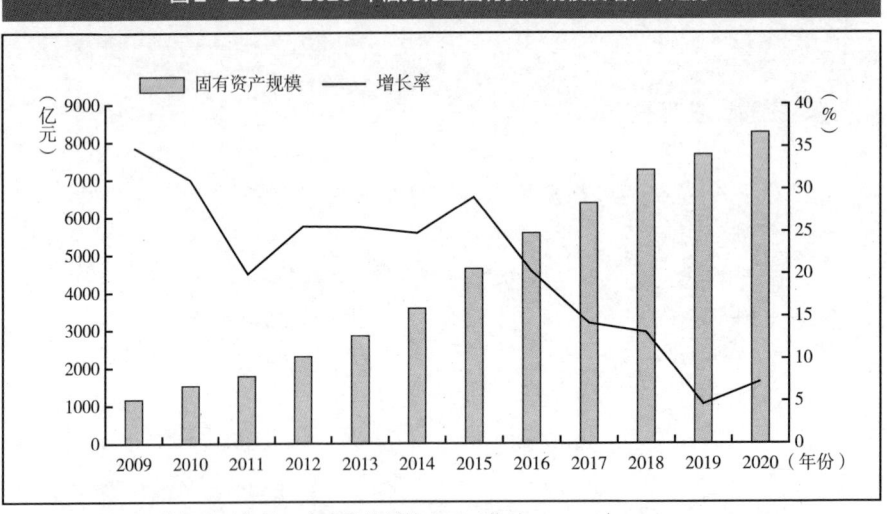

图 2 2009~2020 年信托行业固有资产规模及增长率走势

数据来源：信托公司年报、中建投信托博士后工作站。

表 5 2011~2020 年固有资产配置情况

单位：%

类别	2011年	2012年	2013年	2014年	2015年	2016年	2017年	2018年	2019年	2020年
货币资产	21.22	21.15	18.26	14.08	15.34	12.37	10.52	8.92	7.90	7.16
贷款及应收款	16.61	17.30	15.80	17.31	12.68	13.22	14.24	11.12	5.90	7.05
投资类资产	54.96	53.82	57.29	59.33	65.79	63.76	63.94	68.97	78.80	80.21
其他	7.20	7.73	8.64	9.27	6.19	10.59	11.31	11.00	7.41	5.58

数据来源：中国信托业协会披露的数据、中建投信托博士后工作站。

具体来看固有资产配置的细分情况，对于已披露年报的 62 家信托公司，2020 年末，固有资产规模为 7627.30 亿元，比 2019 年的 7087.00 亿元稳步增长 7.62%，资产配置以交易性金融资产和可供出售金融资产为主，两者合计占比达 52.62%，比 2019 年增加 0.81 个百分点。由图 3 中 2019 年的固有资产配置比例可知，2020 年可比数据的 62 家信托公司的整体资产占比和 2019 年 66 家信托公司的整体资产占比情况高度拟合，因此，2020 年可获取的 62 家信托公司资产配置情况基本可以反映信托行业固有资产配置情况。

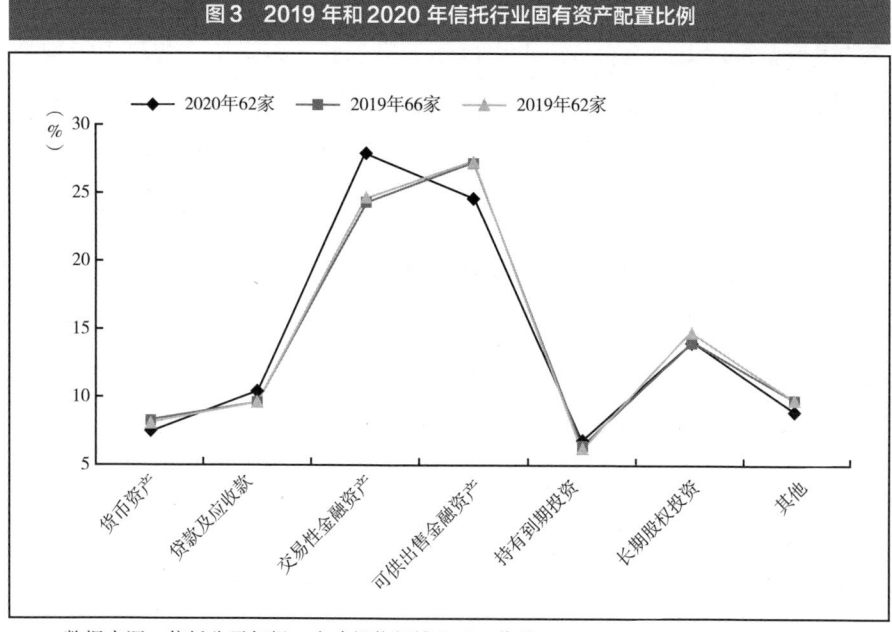

图3 2019年和2020年信托行业固有资产配置比例

数据来源：信托公司年报、中建投信托博士后工作站。

在2020年信托公司固有资产配置中，交易性金融资产为2121.57亿元，同比增加369.42亿元，占固有资产的比重比2019年上升3.14个百分点，在信托公司固有资产配置中跃居第一；可供出售金融资产基本与2019年持平，占比下降至24.80%，减少2.33个百分点；长期股权投资继续稳步增长，占固有资产的比重保持稳定；其余各类资产规模均在800亿元以下，配置较为均匀（见表6）。

表6 2020年末信托行业固有资产配置情况

单位：亿元，%

类别	货币资产	贷款及应收款	交易性金融资产	可供出售金融资产	持有到期投资	长期股权投资	其他	总计
规模	574.53	784.25	2121.57	1891.74	487.86	1076.72	690.64	7627.30
权重	7.53	10.28	27.82	24.80	6.40	14.12	9.05	100.00

数据来源：信托公司年报、中建投信托博士后工作站。

对比2018~2020年信托公司固有资产配置结构，交易性金融资产占比持续上升，可供出售金融资产占比逐年下降，其余各类资产规模占比保持稳定（见图4）。交易性金融资产和可供出售金融资产占比发生变化使信托公司投资的金融资产的公允价值的变动更多直接体现在利润中，从而影响信托公司的利润波动情况。

从趋势来看，行业投资资产规模持续上升，交易性金融资产、可供出售金融资产、持有到期投资三者合计规模占比持续上升，在2011~2013年位于30%~40%的范围；2014~2017年在50%左右；2018年和2019年上升至56%以上；2020年进一步上升至59.02%。长期股权投资占比在2011年出现高峰，达到24.39%，2011~2014年逐年下降，随后保持稳定，维持在14%左右，2019年的占比小幅上升。贷款及应收款、货币资产的配置在波动中呈现明显的下降趋势，2019年和2020年的占比基本在10%

图4 2018~2020年固有资产配置结构对比

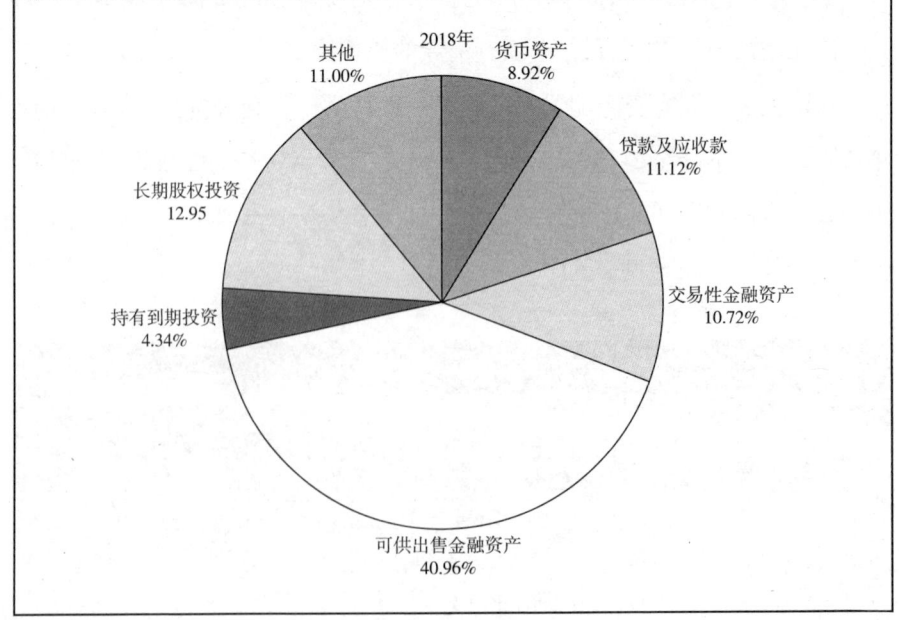

2018年
- 货币资产 8.92%
- 贷款及应收款 11.12%
- 交易性金融资产 10.72%
- 可供出售金融资产 40.96%
- 持有到期投资 4.34%
- 长期股权投资 12.95
- 其他 11.00%

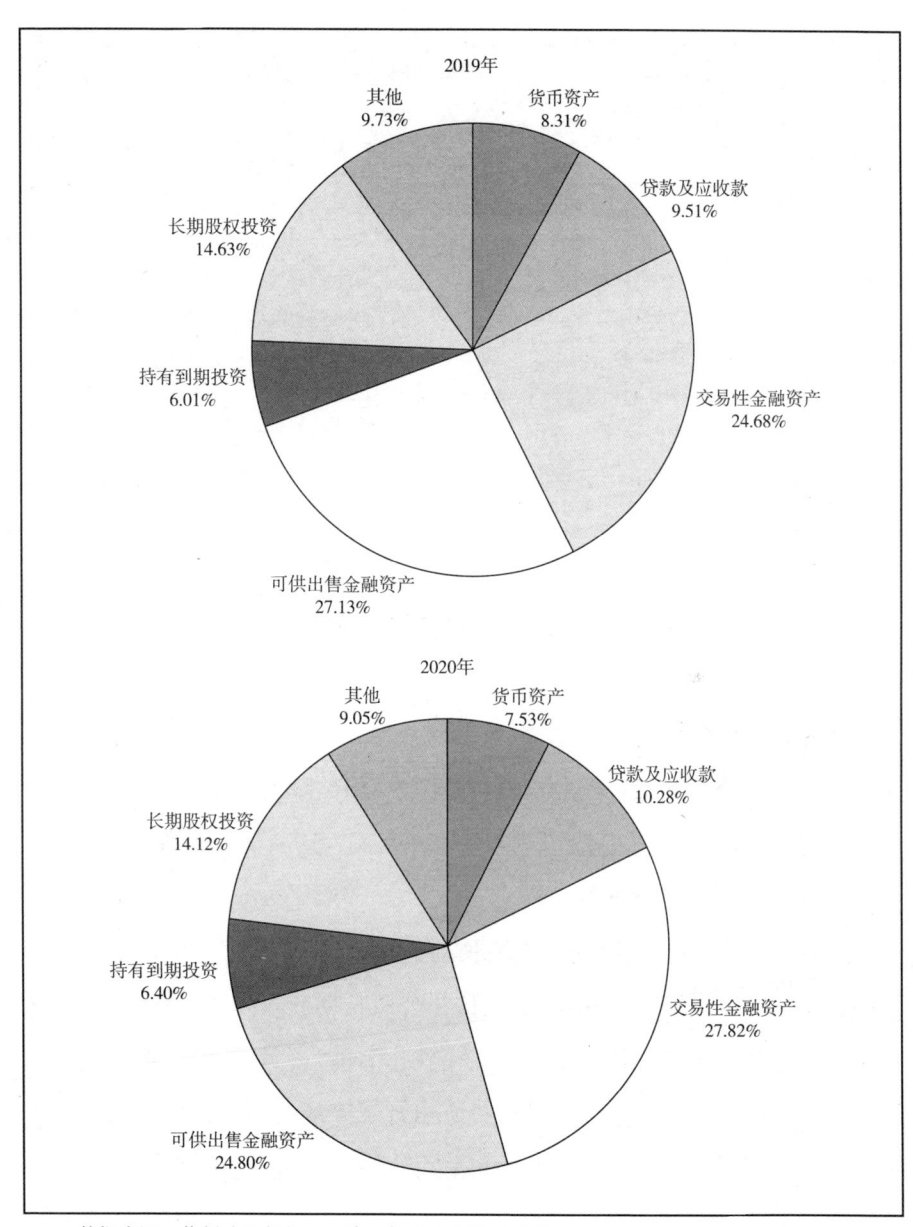

2019年

- 其他 9.73%
- 货币资产 8.31%
- 贷款及应收款 9.51%
- 交易性金融资产 24.68%
- 可供出售金融资产 27.13%
- 持有到期投资 6.01%
- 长期股权投资 14.63%

2020年

- 其他 9.05%
- 货币资产 7.53%
- 贷款及应收款 10.28%
- 交易性金融资产 27.82%
- 可供出售金融资产 24.80%
- 持有到期投资 6.40%
- 长期股权投资 14.12%

数据来源：信托公司年报、中建投信托博士后工作站。

以下（2020年，贷款及应收款占比超过10%）。其他包含其他权益工具投资、固定资产投资、投资性房地产、无形资产等，在固有资产配置中的占比在波动中保持相对稳定，基本在10%左右（见表7）。

表7　2011~2020年信托公司固有资产配置占比

单位：%

类别	2011年	2012年	2013年	2014年	2015年	2016年	2017年	2018年	2019年	2020年
货币资产	21.22	21.15	18.26	14.08	15.34	12.37	10.52	8.92	8.31	7.53
贷款及应收款	16.61	17.3	15.8	17.31	12.68	13.22	14.24	11.12	9.51	10.28
交易性金融资产	3.61	4.65	3.4	6.01	6.81	4.83	4.51	10.72	24.68	27.82
可供出售金融资产	23.43	23.55	29.91	36.05	39.89	44.25	43.37	40.96	27.13	24.80
持有到期投资	3.53	4.39	4.9	2.88	5.22	1.8	2.63	4.34	6.01	6.40
长期股权投资	24.39	21.23	19.08	14.39	13.87	12.88	13.43	12.95	14.63	14.12
其他	7.2	7.73	8.64	9.27	6.19	10.65	11.31	11	9.73	9.05

数据来源：信托公司年报、中建投信托博士后工作站。

（二）长期股权投资占比稳定，聚焦大资管行业

根据已披露年报的62家信托公司的数据，共有42家信托公司配置长期股权投资，合计配置长期股权投资金额为1076.72亿元，这42家信托公司2019年的长期股权投资金额为1038.24亿元，这项资产占固有资产的比重稳定在14%左右的水平。

2020年，长期股权投资实现增长的信托公司有29家，累计增加长期股权投资154.11亿元，其中有7家信托公司长期股权投资增额超过10亿元，华润信托、中融信托、交银国际信托排名前三，长期股权投资同比增加20亿元以上。在13家长期股权投资出现下降的公司中，山东信托、平安信托、中铁信托合计减少长期股权投资91.03亿元，其余公司的变化较小。

2020年长期股权投资规模排名前10的信托公司如表8所示，从中可以发现，配置长期股权投资的信托公司的总资产规模普遍较高，有8家信托公司的总资产规模超过200亿元。在这些信托公司的资产配置中，投资类占绝对性主导地位，除长期股权投资外，交易性金融资产、可供出售金

融资产、持有到期投资三项的占比也较大，其中，5家信托公司的这三项资产合计配置规模排在行业前10，分别是重庆信托、建信信托、平安信托、中诚信托、兴业信托。

表8　2020年长期股权投资规模排名前10的信托公司

排名	信托公司	长期股权投资（万元）	长期股权投资配置占比（%）	总资产规模（亿元）	交易性金融资产（万元）	可供出售金融资产（万元）	持有到期投资（万元）
1	华润信托	1,612,996.78	60.84	265.13	145,452.89	483,915.71	0.00
2	江苏信托	1,508,692.45	53.74	280.74	954,644.70	26,486.18	0.00
3	重庆信托	833,420.66	28.24	295.13	38,679.34	1,603,507.41	0.00
4	建信信托	795,080.11	31.12	255.47	1,476,285.04	0.00	0.00
5	平安信托	765,399.79	22.23	344.25	1,484,682.46	0.00	592,960.06
6	中诚信托	477,506.82	22.33	213.82	9,774.62	1,474,174.18	0.00
7	中融信托	465,214.41	20.71	224.62	761,811.88	0.00	129,070.95
8	国元信托	446,423.49	52.03	85.80	5,124.43	119,211.06	20,000.00
9	兴业信托	404,516.48	19.01	212.81	898,768.64	0.00	705,957.90
10	国联信托	388,751.00	64.47	60.30	2,355.00	64,494.00	56,789.00

数据来源：信托公司年报、中建投信托博士后工作站。

（三）金融机构配比近半，证券市场比例逐步提升

根据银保监会的分类标准，信托公司固有资产投向分别为基础产业、房地产业、证券市场、实业、金融机构和其他资产。2020年，在披露年报的62家信托公司中，除安信信托和山东信托外，其余60家信托公司披露了固有资产的投向情况。

2020年末，金融机构的投向规模第三次稳居第一。60家信托公司投向金融机构的资产规模为3390.74亿元，在所有固有资产投向中所占比例最高，达46.12%，比2019年增加227.70亿元，同比增长7.20%；接着是投向其他资产的规模，为1692.27亿元，占比为23.02%，同比减少71.49

亿元，相应占比进一步下降 2.93 个百分点；投向证券市场的资产规模达到 909.61 亿元，同比增加 261.77 亿元，占总资产的比重由 2019 年的 9.50% 上升至 12.37%。投向实业和房地产业的资产规模保持相对平稳，2020 年末分别为 564.93 亿元和 540.33 亿元，占比分别为 7.68% 和 7.35%。2020 年投向基础产业的资产规模为 254.24 亿元，占比保持在 3.46% 的低位（见表9）。

表9　2020 年末信托行业固有资产投向

单位：亿元，%

类别	基础产业	房地产业	证券市场	实业	金融机构	其他资产	资产总计
规模	254.24	540.33	909.61	564.93	3390.74	1692.27	7352.13
权重	3.46	7.35	12.37	7.68	46.12	23.02	100.00

数据来源：信托公司年报、中建投信托博士后工作站。

2012~2020 年，金融机构作为信托公司固有资金投向的主要部分，占比上升，从 2012 年的 37.01% 上升至 2017 年的 50.88%，增长十分迅猛；2018 年，占比回落至 47.56%，稳中有降，2019 年和 2020 年继续维持在 47% 左右的高位（见表10）。从资产投向行业领域可见，金融机构是各信托公司的主要合作对象，资产主要用于认购各类金融产品，如信托计划、资管计划、银行理财产品等。

表10　2011~2020 年末信托行业固有资产投向占比

单位：%

年份	基础产业	房地产业	证券市场	实业	金融机构	其他资产	总计
2020*	3.46	7.35	12.37	7.68	46.12	23.02	100.00
2019*	3.65	6.49	9.50	8.01	46.40	25.95	100.00
2019	3.43	6.64	9.33	7.47	47.72	25.41	100.00
2018	2.28	6.57	9.40	7.23	47.56	26.95	100.00
2017	2.09	5.67	10.33	6.55	50.88	24.48	100.00
2016	1.27	4.62	13.79	5.30	47.55	27.47	100.00

续表

年份	基础产业	房地产业	证券市场	实业	金融机构	其他资产	总计
2015	1.81	5.30	17.31	4.25	45.35	25.97	100.00
2014	2.06	7.51	15.07	7.53	42.59	25.25	100.00
2013	2.42	7.73	12.23	7.06	40.09	30.47	100.00
2012	3.19	7.63	16.60	7.73	37.01	27.84	100.00
2011	2.64	6.21	14.60	8.20	39.85	28.50	100.00

*2020年数据为统计60家信托公司得出,同时修正2019年数据为可比的60家信托公司数据。

数据来源:信托公司年报、中建投信托博士后工作站。

四、固有资产质量与风险

(一)行业不良资产余额高位上行

2020年,在披露年报的62家信托公司中,除山东信托和中原信托外,其余60家信托公司的年报均披露了不良资产情况,为保持统一口径,本报告以各家公司年报披露的基于风险资产数据计算[①]的所得不良资产率为准。

2020年,60家信托公司年报披露的信用风险资产余额合计6977.37亿元,比2019年的6050.58亿元上涨15.32%,涨幅上升2.21个百分点;不良资产余额合计493.05亿元,比2019年的321.18亿元上涨53.51%,增幅远高于信用风险资产余额的增幅,2020年,新增不良资产余额达171.87亿元,信托公司不良资产余额持续增加。2020年,全行业不良资产率为7.07%,比2019年进一步上升1.76个百分点(见表11)。近年来,信托公司不良资产余额和不良资产率持续明显增加和攀升。

---

① 不良资产率计算公式为:不良资产率=不良资产/风险资产。不良资产=自营资产次级+自营资产可疑+自营资产损失。

表11 2019年、2020年信托风险资产和不良资产余额情况

单位：亿元，%

项目	公式	2020年	2019年	2020年 vs 2019年 金额	增幅
自营资产正常	a	6021.73	5387.97	633.76	11.76
自营资产关注	b	462.59	341.42	121.17	35.49
自营资产次级	c	194.86	92.76	102.10	110.07
自营资产可疑	d	121.51	113.37	8.14	7.18
自营资产损失	e	176.68	115.06	61.63	53.56
信用风险资产余额合计	A=a+b+c+d+e	6,977.37	6,050.58	926.79	15.32
不良资产余额合计	B=b+c+d	493.05	321.18	171.87	53.51
不良资产率	C=B/A	7.07	5.31	—	—

数据来源：信托公司年报、中建投信托博士后工作站。

2020年，根据年报披露的数据，不良资产率超过10%的信托公司有16家，若考虑到2020年由于经营或被接管等原因未能如期披露年报的6家信托公司，则不良资产率超过10%的信托公司的实际数量比2019年进一步增加。比如，2020年未披露年报的四川信托和新华信托，2019年，不良资产率分别高达22.21%和12.00%，而新时代信托、华信信托、雪松信托已连续两年未披露不良资产相关数据。

（二）不良资产分布体现二八定律

2020年和2019年不良资产率超过10%的信托公司都是16家，但这些信托公司有所变化。其中，华宝信托、浙商金汇信托和陕国投不良资产规模下降明显，不良资产率分别下降至2.54%、6.82%和8.06%。同时，5家信托公司的不良资产规模出现较大幅度增长，2020年不良资产率升至10%以上，这5家信托公司的不良资产规模增长总额达到113.79亿元，占2020年全行业不良资产规模增长总额的66.21%，其中，民生信托和渤海信托的不良资产规模增长额分别达到49.47亿元和48.08亿元。

2020年，不良资产率超过10%的16家信托公司的信用风险资产合计

1351.13亿元，比2019年的1224.21亿元增长10.38%，占全行业信用风险资产的比例为19.37%；不良资产余额合计391.64亿元，比2019年的217.86亿元增长79.77%，占全行业不良资产余额的79.43%。不良资产率超过10%的信托公司数量占全行业的23%，它们的不良资产规模占比接近80%，体现了二八定律特征，即行业80%的不良资产规模来自不良资产率较高的20%信托公司。

（三）减值损失同步上升，削弱赢利能力

2020年，披露年报数据的62家信托公司的资产减值损失（含信用资产减值和其他资产减值，下同）合计213.08亿元，按可比口径计算，这62家信托公司的资产减值损失为122.92亿元，同比增长73.35%，与不良资产规模增幅相当。其中，半数以上信托公司（32家）计提的资产减值损失超过1亿元，资产减值损失排名前10的信托公司计提资产减值损失总额为156.36亿元，占行业计提总额的73.38%，与2019年的水平持平。计提资产减值损失额在1000万元以下的信托公司有12家，比2019年减少8家，无资产减值转回的情况。2014~2019年行业资产减值损失走势见图5。

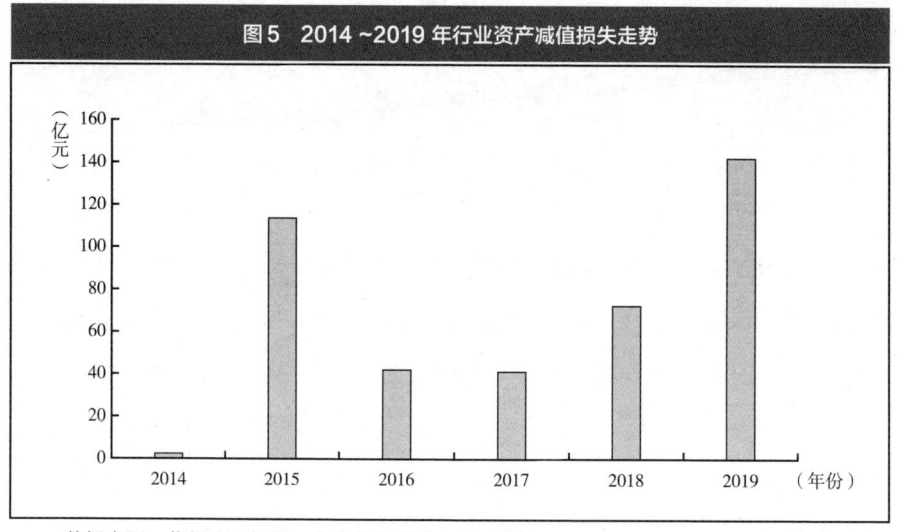

图5 2014~2019年行业资产减值损失走势

数据来源：信托公司年报、中建投信托博士后工作站。

大额的资产减值损失计提对信托行业的利润产生重大影响，安信信托、民生信托在2020年均出现大额亏损；渤海信托2020年实现净利润不足2000万元，处于盈亏边缘（见表12）。风险资产规模的不断上扬，已成为影响信托公司赢利能力的重要因素，鞭笞信托公司更加审慎展业，严控风险。

表12　2019年、2020年资产减值损失排名前10的信托公司

单位：万元，%

序号	2020年 信托公司	2020年 净利润	2020年 资产减值损失	2019年 信托公司	2019年 净利润	2019年 资产减值损失
1	安信信托	−673,044.08	562,688.43	安信信托	−397,120.60	436,166.85
2	渤海信托	1,754.69	210,202.99	渤海信托	111,586.88	57,779.16
3	民生信托	−38,923.20	180,463.31	湖南财信信托	24,550.27	37,378.56
4	中信信托	203,296.93	121,956.61	山东信托	66,390.60	70,178.90
5	山东信托	62,781.80	105,931.30	陕国投	58,152.80	44,493.82
6	中建投信托	54,382.58	94,537.95	兴业信托	121,698.37	71,671.32
7	长安信托	53,596.04	93,180.90	长安信托	51,456.74	124,682.36
8	外贸信托	142,061.86	66,073.72	中诚信托	96,731.65	42,138.24
9	兴业信托	116,370.77	65,774.16	中建投信托	88,800.14	53,212.37
10	中诚信托	97,336.64	62,768.23	中信信托	340,085.06	45,300.43
—	前10合计	19,614.02	1,563,577.60	前10合计	562,331.92	983,002.01
—	行业合计	4,909,235.14	2,130,800.96	行业合计	5,412,083.16	1,229,211.89
—	前10合计/行业合计	0.40	73.38	前10合计/行业合计	10.39	79.97

数据来源：信托公司年报、中建投信托博士后工作站。

但从另一角度来看，信托公司资产减值损失计提为避免行业出清风险提供了基础保证，各家信托公司主动计提资产减值损失，正是出于谨慎的经营策略，对存量项目进行风险排查和认真评估，提前计提拨备以应对可能发生的风险。对比计提资产减值损失额与不良资产增额，2020年，资产减值损失对新增不良资产的覆盖率为123.98%（见表13），资产减值损失的计提能完全覆盖不良资产的增长，部分弥补了2019年不良资产拨备的不足。

表13　2018~2020年行业不良资产拨备对不良资产风险的覆盖

单位：万元，%

项目	公式	2018年	2019年	2020年
不良资产规模	A	151.06	321.18	493.05
不良资产规模增长	B=本年A-上年A	38.69	170.12	171.87
资产减值损失	C	71.16	136.28	213.08
不良资产率	D	3.03	5.31	7.07
资产减值损失对新增不良资产的覆盖率	E=C/B	183.93	80.10	123.98

数据来源：信托公司年报、中建投信托博士后工作站。

五、固有业务收入

（一）行业固有业务收入在波动中小幅下行

中国信托业协会公布的数据显示，2020年全行业实现经营收入1228.05亿元，比2019年的1200.12亿元增长2.33%，收入水平保持平稳。其中，信托业务收入为864.47亿元，同比增长3.68%，固有业务收入为363.58亿元，在2019年大增27.43%的背景下，本年小幅下降0.74%。2020年，固有业务收入占经营收入的比重为29.61%，同比下降0.92个百分点。整体来看，信托公司固有业务收入占经营收入的比重保持在30%的水平，收入结构较为稳定，固有业务收入在波动中小幅下行，行业以发展信托主业为重。

信托行业固有业务自2011年以来经历了一段明显的起伏过程，在2013~2015年，由于资本市场收入的大幅上涨，固有业务收入占比大幅上升，并且于2015年达到峰值41.62%。2016年后，随着资本市场的回调，固有业务收入占比开始下降，回归到30%左右的水平（见图6）。

图6 2011~2020年行业固有业务收入占比走势

年份	占比(%)
2011	30.33
2012	28.96
2013	26.85
2014	32.52
2015	41.62
2016	34.28
2017	32.38
2018	28.07
2019	30.52
2020	29.61

数据来源：信托公司年报、中建投信托博士后工作站。

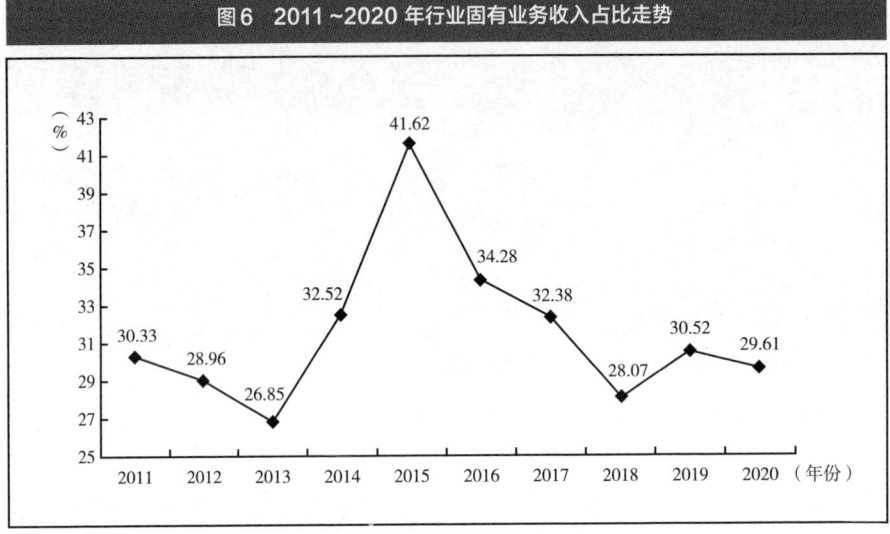

（二）固有业务收入排名前10的信托公司在稳定中有分化

固有业务收入排名前10和后10的信托公司基本保持稳定，两者差距不断扩大、固化，排名前10的信托公司在2018~2020年的平均固有业务收入维持在15亿元左右的水平，而排名后10的信托公司的固有业务收入合计不足1亿元，且在2018年和2019年出现负值。个别信托公司的排名变动幅度较大，主要受股权处置、资本市场波动影响，由营业外收入、公允价值变动损益波动所致。

在2020年固有业务收入排名中，华能信托、华润信托、平安信托、重庆信托、江苏信托、中信信托已经连续5年稳居行业前10，这些信托公司的净利润也大多名列前茅（见表14），固有业务发展的突出表现，对这些信托公司的整体经营起到很好的支撑作用。外贸信托和中诚信托的固有业务收入连续两年排名前10。

从发展趋势来看，各家信托公司的表现不一。重庆信托、华润信托的固有业务表现较为突出，固有业务收入连续五年超过15亿元，稳居行业前

表14　2020年固有业务收入排名前10信托公司的净利润排名

单位：万元

排名	信托公司	2020年固有业务收入	2020年净利润排名	2019年净利润排名
1	华能信托	237,051.93	1	2
2	华润信托	223,129.02	4	3
3	平安信托	184,504.51	2	5
4	上海信托	176,685.32	11	13
5	重庆信托	170,073.47	6	4
6	江苏信托	162,829.86	9	6
7	中信信托	151,192.91	7	1
8	外贸信托	128,818.75	12	11
9	中诚信托	127,794.41	25	21
10	陕国投	119,281.11	28	36

数据来源：信托公司年报、中建投信托博士后工作站。

5，平安信托在2018年开始大幅减员并调整业务结构进而影响固有业务收入，固有业务收入连年小幅下滑，但2020年回到行业第三，全年实现固有业务收入18.45亿元，同比增长39.35%。此外，华能信托固有业务收入逐年稳步增长，5年年均增幅达到37.96%，2020年实现固有业务收入23.71亿元，排名跃居行业第一。与此同时，2019年排名第一的江苏信托的固有业务收入在2020年大幅减少5.5亿元，同比跌幅超过25%，2020年仅位列第6（见表15）。中融信托延续2019年的跌势，固有业务收入从2018年的25.5亿元大幅下挫，2020年为6.21亿元，排在披露年报的62家信托公司的第27位。

表15　2017~2020年固有业务收入排名前10的信托公司情况

单位：亿元

排名	2020年 信托公司	金额	2019年 信托公司	金额	2018年 信托公司	金额	2017年 信托公司	金额
1	华能信托	23.71	江苏信托	21.78	中融信托	25.5	中融信托	26.7
2	华润信托	22.31	华能信托	21.13	重庆信托	16.68	平安信托	23.36
3	平安信托	18.45	华润信托	18.95	华润信托	16.13	重庆信托	21.09
4	上海信托	17.67	重庆信托	18.53	平安信托	15.92	华润信托	16.13
5	重庆信托	17.01	中信信托	15.89	中海信托	15.77	中诚信托	13.21

续表

排名	2020年 信托公司	金额	2019年 信托公司	金额	2018年 信托公司	金额	2017年 信托公司	金额
6	江苏信托	16.28	中融信托	14.12	华能信托	13.32	中信信托	13.02
7	中信信托	15.12	平安信托	13.24	江苏信托	12.39	民生信托	11.71
8	外贸信托	12.88	外贸信托	12.15	中诚信托	10.76	江苏信托	10.07
9	中诚信托	12.78	中诚信托	10.51	中信信托	8.14	华能信托	9.64
10	陕国投	11.93	昆仑信托	9.9	山东信托	8.06	粤财信托	8.85
平均	—	16.81	—	15.62	—	14.27	—	15.38

数据来源：信托公司年报、中建投信托博士后工作站。

2020年新进入行业前10的信托公司是上海信托和陕国投。上海信托2020年的固有业务收入同比较快增长，达到17.67亿元，主要得益于投资收益的增长和投资银行业务的发展。陕国投2020年实现固有业务收入11.93亿元，增幅高达55.54%，固有业务收入排名从行业中游跃居行业前10。

可以发现，各年总有一两家信托公司由于一些特殊事项，突然出现在固有业务收入行业排名前10之列，这些公司的未来发展有待时间检验。从往年情况来看，其中不乏经营稳步向好的信托公司，如华能信托在2017年进入行业前10之后，固有业务收入水平稳步上行，外贸信托也已连续两年列固有业务收入第8名。但也有部分信托公司的排名不能持续，如2018年中海信托大额的营业外收入10.42亿元使其固有业务收入排名突升至行业第5，进入2019年，它的行业排名重新回落至行业中游水平。2016年，雪松信托由于转让控股子公司国盛证券有限责任公司的股权，实现了26.13亿元的股权投资收益，但在其余年份，营收水平均处于行业下游。从2016年开始，华信信托固有业务收入大幅减少，从行业前10跌落至2019年的第50位。2020年，雪松信托和华信信托均未披露年报。

（三）固有业务收入排名后10的信托公司在变化中不断拉大差距

固有业务收入排名后10的信托公司出现较大变化，对于建信信托、中航信托这些信托业务规模较大、净利润实现水平较高的信托公司，2020年，固有业务收入大幅减少，甚至出现负值，可见信托公司固有业务管理水平差异较大。

同时，排名后10的信托公司的固有业务收入与排名前10的信托公司的差距不断拉大，对行业的固有业务收入贡献有限。2017~2020年，固有业务收入出现负值的信托公司维持在三四家，从表16可见，2020年未披露年报的信托公司中有3家出现在往年固有业务收入排名后10的行列中，因此实际差距可能更大。

表16 2017~2020年固有业务收入排名后10的信托公司情况

单位：万元

序号	2020年 信托公司	2020年 金额	2019年 信托公司	2019年 金额
1	云南信托	13,965.10	西部信托	12,954.40
2	华宸信托	13,951.50	中航信托	12,341.83
3	金谷信托	11,478.58	新时代信托	10,504.70
4	浙商金汇信托	9,087.25	浙商金汇信托	8,350.12
5	长城新盛信托	3,654.45	山西信托	7,681.84
6	大业信托	3,122.21	大业信托	5,719.00
7	建信信托	3,043.09	长城新盛信托	3,457.42
8	中海信托	-43.58	华宸信托	-7.47
9	中航信托	-1,950.42	新华信托	-34.48
10	安信信托	-24,132.79	安信信托	-83,740.75
平均	—	3,217.54	—	-2,277.34

序号	2018年 信托公司	2018年 金额	2017年 信托公司	2017年 金额
1	大业信托	8,887.46	浙商金汇信托	10,767.95
2	国民信托	8,337.05	新时代信托	10,258.36
3	国联信托	7,840.00	大业信托	9,746.91
4	陕国投	4,881.34	国民信托	9,641.74
5	华宸信托	4,307.24	云南信托	9,383.93
6	长城新盛信托	2,402.74	西藏信托	7,752.65
7	西藏信托	-2.18	东莞信托	6,333.68
8	中江信托	-17,026.21	国通信托	6,111.12
9	华融信托	-50,867.47	长城新盛信托	2,310.71
10	安信信托	-246,500.84	华宸信托	1,806.55
平均	—	-27,774.09	—	7,411.36

数据来源：信托公司年报、中建投信托博士后工作站。

（四）固信收入比值的个体差异明显

行业固有业务收入和信托业务收入比值（简称"固信收入比值"）较为稳定，除2015年受资本市场利好影响出现固有业务收入近500亿元水平，使该比值大幅上扬突破0.7外，其余各年均维持在0.5左右的水平。2020年，行业固信收入比值为0.42，比上年小幅下降0.02，处于正常水平，各年固信收入比值略有波动但基本保持稳定，行业收入结构变化不大（见图7）。

图7　2011~2020年固有业务收入和信托业务收入关系走势

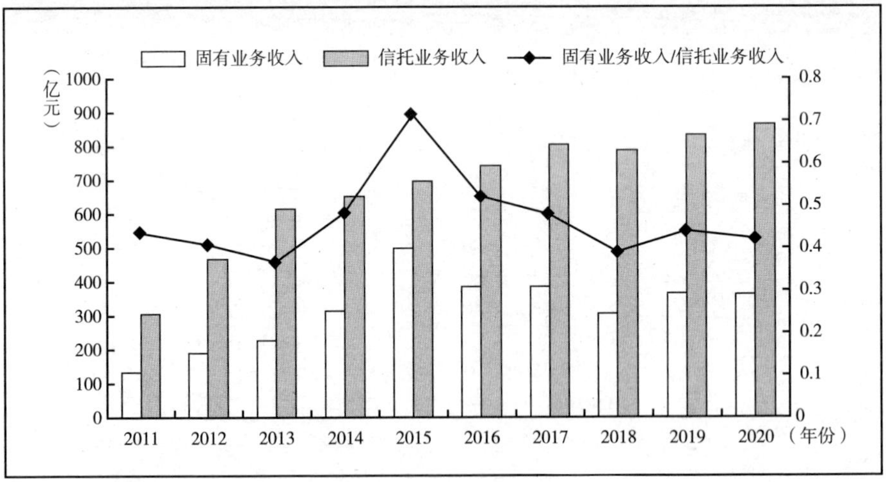

数据来源：信托公司年报、中建投信托博士后工作站。

但从各家信托公司的数据来看，固信收入比值具有较大的差异性。根据已披露年报的62家信托公司的数据，2020年有16家信托公司的固有业务收入超过信托业务收入。其中，7家信托公司连续两年的固有业务收入超过信托业务收入，这些信托公司的经营状况对固有业务收入的依赖性较大。另外，有29家信托公司的固信收入比值低于行业平均水平（0.42），其中，安信信托、中航信托固有业务收入为负值。2020年固信收入比值排名前20的信托公司见表17。

表17　2020年固信收入比值排名前20的信托公司

单位：万元

排名	信托公司	固有业务收入	信托业务收入	2020年固信收入比值	2019年固信收入比值
1	华宸信托	13,951.50	459.40	30.37	−0.02
2	中泰信托	29,951.07	7,187.97	4.17	3.67
3	粤财信托	94,185.06	56,001.26	1.68	1.29
4	江苏信托	162,829.86	105,349.21	1.55	1.89
5	华澳信托	66,579.05	44,712.02	1.49	1.45
6	国元信托	51,435.92	36,608.81	1.41	0.83
7	国联信托	34,370.00	25,092.00	1.37	3.54
8	华润信托	223,129.02	166,371.42	1.34	1.41
9	上海信托	176,685.32	139,783.86	1.26	0.48
10	山西信托	20,764.58	16,472.13	1.26	0.42
11	天津信托	53,628.63	44,223.76	1.21	1.52
12	北方信托	61,264.77	53,237.18	1.15	0.37
13	中诚信托	127,794.41	113,415.57	1.13	0.81
14	昆仑信托	105,477.01	97,570.89	1.08	0.97
15	重庆信托	170,073.47	169,247.55	1.00	0.96
16	山东信托	115,321.10	115,241.90	1.00	0.81
17	陕国投	119,281.11	121,251.94	0.98	0.83
18	湖南财信信托	66,035.00	69,602.00	0.95	0.34
19	西藏信托	39,811.14	42,795.28	0.93	0.56
20	吉林信托	18,170.31	20,129.46	0.90	1.84

数据来源：信托公司年报、中建投信托博士后工作站。

（五）投资收益贡献居首，公允价值变动损益增幅显著

本报告中的固有业务收入包含年报披露的信托公司总收入结构中扣除信托业务收入和计入信托业务收入部分的其他业务收入外的所有收入，有投资收益、利息净收入、公允价值变动损益、其他手续费、营业外收入、

汇兑损益、其他业务收入中未计入信托业务收入部分以及其他收益，为方便统计，本报告将后三项合并列示为其他。

从固有业务收入贡献角度分析，2015年以来，投资收益是固有业务收入中最重要的来源，占比持续稳定在70%以上。图8显示了2020年固有业务收入分布情况。

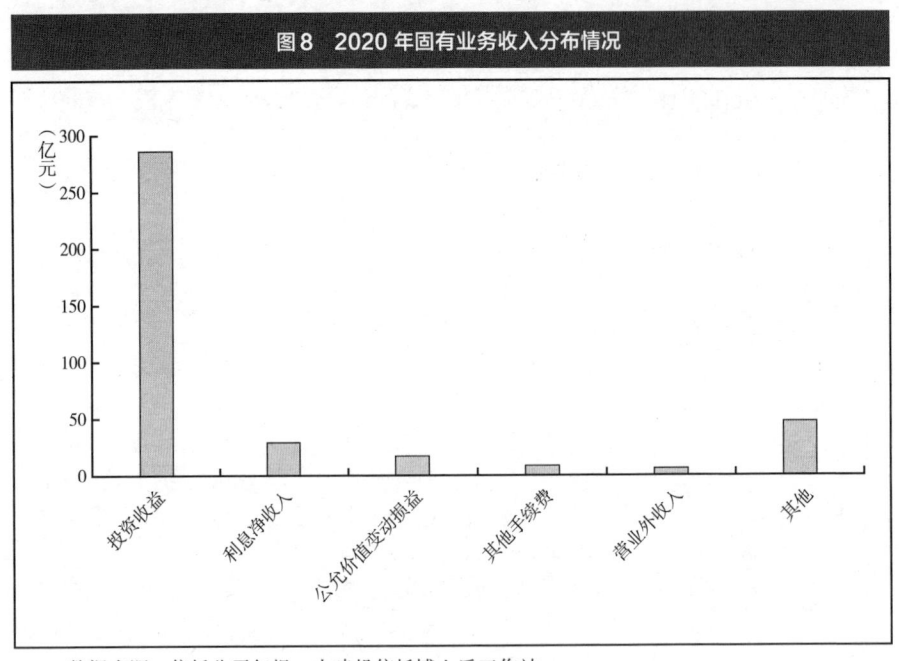

图8　2020年固有业务收入分布情况

数据来源：信托公司年报、中建投信托博士后工作站。

从披露年报的62家信托公司的统计数据来看，2020年实现固有业务收入398.61亿元，高于全行业平均水平（中国信托业协会披露的数据为363.58亿元），同比增长7.06%，从侧面说明行业整体经营水平实质上受到未披露年报的6家信托公司的影响较大。由表18可知，2020年，固有业务收入的增长主要源于投资收益和公允价值变动损益，2020年，62家信托公司实现投资收益285.42亿元，同比增加21.08亿元，增长7.97%，公允价值变动损益则从2019年的9.66亿元增至2020年的18.55亿元。

表18 2019年和2020年固有业务收入构成情况

单位：亿元，%

项目	2020年 金额	2020年 占比	2019年 金额	2019年 占比	同比增幅
投资收益	285.42	71.60	264.34	70.99	7.97
利息净收入	30.03	7.53	33.66	9.04	-10.78
公允价值变动损益	18.55	4.65	9.66	2.59	92.03
其他手续费	9.78	2.45	13.71	3.68	-28.67
营业外收入	6.32	1.59	11.71	3.14	-46.03
其他	48.52	12.17	39.26	10.54	23.59
固有业务收入	398.61	—	372.34	—	7.06

数据来源：信托公司年报、中建投信托博士后工作站。

（六）投资收益来源结构有所变化

信托公司的投资收益主要由股权投资收益、证券投资收益和其他投资收益构成，根据2020年披露年报的62家信托公司的投资收益明细[①]，2020年投资收益中占比最大的仍然为其他投资收益，全年实现159.23亿元，同比上升9.29%。证券投资收益同比实现较快增长，为41.63亿元，比2019年增加24.06亿元，是当年投资收益增长的来源。与此同时，股权投资收益在2019年大幅增加20.17亿元后，在2020年出现回落，全年实现股权投资收益84.55亿元，同比下降12.53%，相应地，占投资收益的比重也跌落至30%以下。

从图9可见，2014~2020年，在信托公司投资收益中，证券投资收益占比最小，基本上低于20%。由于证券投资收益受资本市场波动影响较

---

① 其中部分信托公司没有披露收入结构，或披露了投资收益金额但未披露分项，我们依据这些信托公司的固有资产配置类别进行粗略分类。若以股票、债券、基金投资为主，则将其归入证券类投资收益；若以其他投资为主，则将其归入其他投资收益。

大，信托公司对证券投资并不热衷，对其在资本市场的配置始终秉承"控制总量"的原则，因此，在全行业资产投向中，股票、基金和债券的占比并不高。随着资管新规出台，信托融资类业务发展受限，更多的信托公司开始探索资本市场类业务，加大对资本市场和大类资产配置的研究力度，相应地，固有业务投资结构中的股票、债券、基金所占比重也有所上升，从而带动证券投资收益上行。

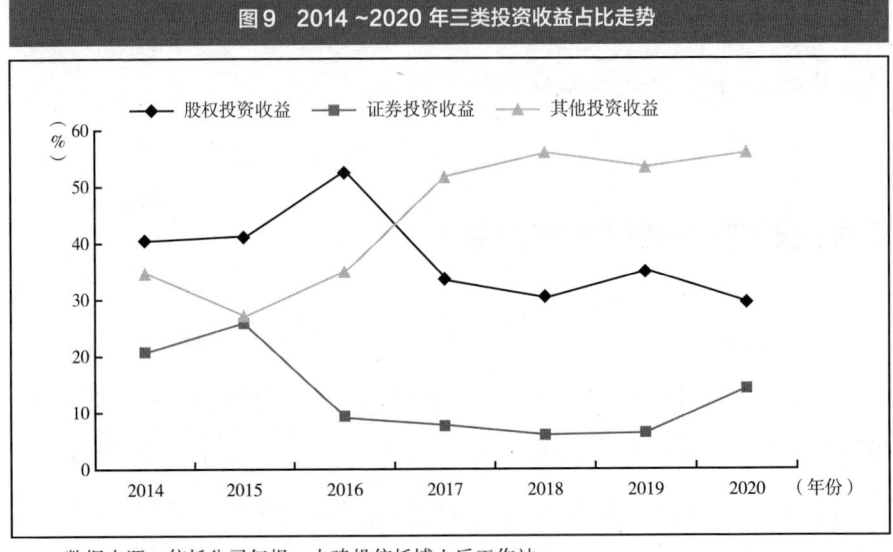

图9 2014~2020年三类投资收益占比走势

数据来源：信托公司年报、中建投信托博士后工作站。

六、固有业务赢利能力

（一）行业固有净资产回报率在低位徘徊，难有突破

2020年，以披露年报的62家信托公司的数据进行计算，信托行业整

体固有净资产回报率为6.67%，比2019年66家的6.40%，小幅上升0.27个百分点，连续两年出现小反弹。按可比口径计算，2019年62家信托公司的平均固有净资产回报率为6.74%，2020年固有净资产回报率则同比小幅下跌0.07个百分点。考虑到未披露年报信托公司对全行业固有净资产回报率的拖累，实际下跌幅度会更大。

固有净资产回报率平均值和中位数的整体走势较为一致，2019～2020年因未披露年报数据的信托公司有所增加，而这些信托公司大多经营状况不尽理想，因此按已披露年报数据统计的固有净资产回报率水平出现小幅攀升，从2018年的5.5%左右上升至2020年的6.6%左右。中位数自2014年以来一直低于行业平均数，2019年和2020年，两者基本重叠。同时，我们发现该项指标的标准差和变异系数波动较大，2018年出现强变异，而2019～2020年又回落到较低水平，说明行业优胜劣汰后，处于正常经营状态的不同信托公司的净资产回报率的差异性有所降低（见图10）。

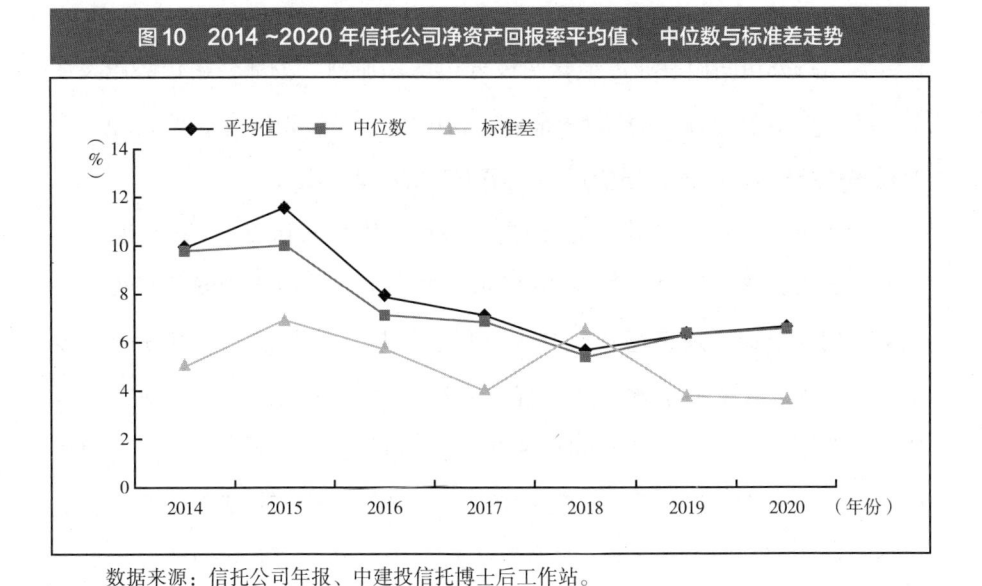

图10 2014～2020年信托公司净资产回报率平均值、中位数与标准差走势

数据来源：信托公司年报、中建投信托博士后工作站。

从信托公司层面来看，2020年，62家信托公司的固有净资产回报率的平均值为6.69%，中位数为6.61%，比2019年均小幅上升。从2016~2020年走势可见，信托公司固有净资产回报率指标一直处于低位波动下行区间（见表19）。

表19　2016~2020年固有净资产回报率对比

单位：%

固有净资产回报率	2020年	2019年	2018年	2017年	2016年
平均值	6.69	6.25	5.69	7.16	7.84
中位数	6.61	6.31	5.43	6.86	7.23
标准差	3.64	3.79	6.55	3.98	5.65
变异系数	0.54	0.61	1.15	0.56	0.72

注：变异系数=标准差/平均值。
数据来源：信托公司年报、中建投信托博士后工作站。

（二）信托公司固有净资产回报率分化加剧，各年波动大

各信托公司间固有业务经营两极分化现象加剧，头部公司优势越发明显。2020年，在披露年报的62家信托公司中，相比2019年，实现净资产回报率增长的有33家，净资产回报率下行的有29家。

2020年，固有净资产回报率超过10%的信托公司有11家，比2019年增加5家，进步明显。如表20所示，这些信托公司除华澳信托外，余下全部信托公司实现正增长，其中，华能信托、山东信托连续3年实现正增长，固有业务收益水平逐年提升，2020年，华能信托固有业务收入位列行业第一，上海信托、陕国投等也名列前茅。与此同时，固有净资产回报率低于3%的信托公司从2019年的4家上升至2020年的8家，这些公司在2018~2020年的固有净资产回报率呈现明显下跌的趋势（见表21）。

表20　2020年固有净资产回报率超过10%的信托公司

单位：万元，%

序号	信托公司	2020年固有业务收入	固有业务收入排名	2020年固有净资产回报率	2020年vs2019年	2019年vs2018年	2018年vs2017年
1	华澳信托	66,579.05	23	15.33	-1.10	3.39	-0.81
2	华宸信托	13,951.50	54	13.39	13.40	-3.99	2.48
3	北方信托	61,264.77	28	12.64	7.92	0.73	-3.10
4	粤财信托	94,185.06	14	12.22	1.93	1.53	-8.38
5	长安信托	90,643.12	16	11.86	3.92	4.99	-4.98
6	厦门信托	63,165.00	26	11.68	3.85	2.30	-3.49
7	山东信托	115,321.10	11	11.54	2.69	0.15	1.96
8	上海信托	176,685.32	4	11.11	5.00	0.13	-0.70
9	华能信托	237,051.93	1	10.91	0.04	2.19	0.35
10	山西信托	20,764.58	49	10.91	6.90	-4.62	0.48
11	陕国投	119,281.11	10	10.48	3.31	6.64	-2.75

数据来源：信托公司年报、中建投信托博士后工作站。

表21　2020年固有净资产回报率低于3%的信托公司

单位：万元，%

序号	信托公司	2020年固有业务收入	固有业务收入排名	2020年固有净资产回报率	2020年vs2019年	2019年vs2018年	2018年vs2017年
1	安信信托	-24,132.79	62	-5.57	2.91	8.97	-19.55
2	大业信托	3,122.21	58	1.41	-1.59	-1.85	-1.04
3	建信信托	3,043.09	59	0.15	-4.90	-1.40	-0.52
4	金谷信托	11,478.58	55	2.80	-5.07	2.30	-4.57
5	民生信托	29,199.78	43	2.79	-5.79	5.22	-7.81
6	中海信托	-43.58	60	-0.01	-7.14	-21.49	16.47
7	中航信托	-1,950.42	61	-0.15	-1.15	-4.81	0.82
8	中原信托	25,317.83	48	2.83	-0.38	-2.03	-2.72

数据来源：信托公司年报、中建投信托博士后工作站。

从行业内各家信托公司固有净资产回报率的所处区间来看，信托公司的固有净资产回报率集中于5%～10%，占比一直超过50%（见图11）。进入2020年，头尾部信托公司占比有所上升。

图11 2017~2020年固有净资产回报率对应的信托公司数量

注：2017年固有净资产回报率为"0以下"对应的信托公司数量为0。
数据来源：信托公司年报、中建投信托博士后工作站。

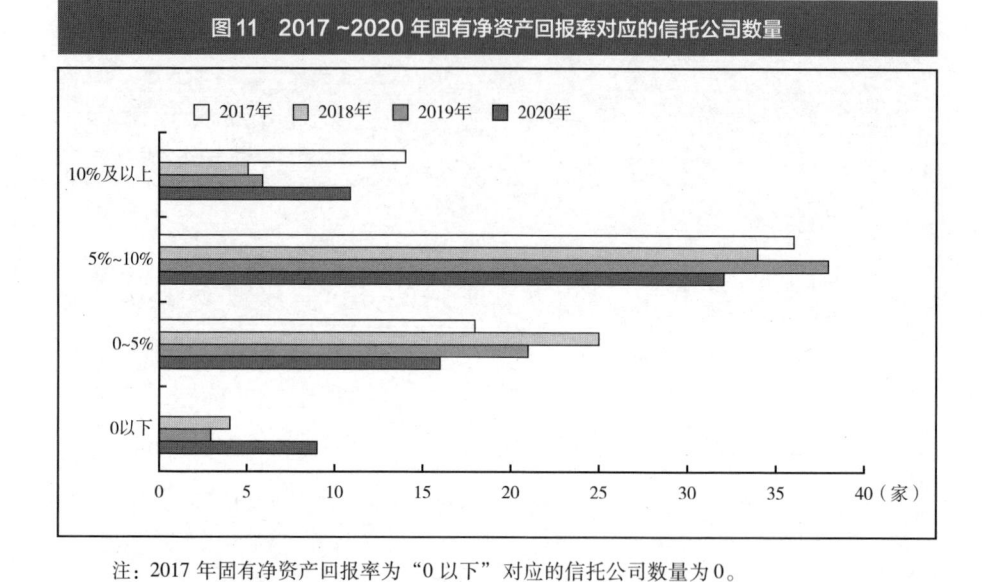

从近年来的发展趋势看，绝大部分信托公司的固有净资产回报率出现波动，占比超过87%。全行业仅有3家信托公司的固有净资产回报率连续三年实现增长，分别是华能信托、山东信托和国通信托，有5家信托公司连续三年出现负增长，分别是建信信托、中融信托、中原信托、天津信托和大业信托。

七、信托固有资金与信托财产的交易

（一）信托固有资金与信托财产交易概况

根据62家信托公司披露的年报数据，2020年共有58家信托公司存在期末信托固有资金与信托财产（简称固信交易）余额，4家信托公司披露不存在固信交易，分别是湖南财信信托、华澳信托、金谷信托和中铁信托，其中，湖南财信信托、金谷信托、中铁信托连续两年未发生固信交易，华澳信托在2019年末的固信交易余额为7000万元，其于2020年已结束。

62家信托公司在2020年初的固信交易金额为2539.14亿元，当年发生额净值为189.00亿元，同比增长8.04%。表22显示了2020年信托行业固信交易发生额（净额）排名前10的信托公司的情况。

表22　2020年信托行业固信交易发生额（净额）排名前10的信托公司

单位：万元，%

序号	信托公司	期初余额	本期发生额	期末余额	期末余额较期初余额增长比例
1	五矿信托	850,479.32	1,147,821.12	1,998,300.44	134.96
2	重庆信托	1,662,961.86	−225,139.44	1,437,822.42	−13.54
3	华能信托	1,761,242.12	−475,132.89	1,286,109.23	−26.98
4	外贸信托	1,269,188.16	−16,250.81	1,252,937.35	−1.28
5	建信信托	895,673.56	285,293.83	1,180,967.39	31.85
6	兴业信托	681,765.55	346,363.72	1,028,129.27	50.80
7	中航信托	1,056,960.65	−173,411.92	883,548.73	−16.41
8	安信信托	643,200.00	230,600.00	873,800.00	35.85
9	江苏信托	513,903.55	342,233.83	856,137.38	66.59
10	上海信托	904,443.27	−135,641.76	768,801.51	−15.00

数据来源：信托公司年报、中建投信托博士后工作站。

从披露固信交易发生额的58家公司来看，37家信托公司的固信交易发生额净增加431.59亿元，与2019年的数额相当，同时有19家信托公司的固信交易发生额净减少242.61亿元，是2019年数额的两倍还多，年末固信交易余额同比出现减少的信托公司不在少数。

（二）信托业务对固有资金的依赖性

资金的获取能力是制约信托公司快速发展的重要原因。资金主要有两个来源：一是对外募集，二是公司固有资金。募资能力强的公司，对公司固有资金的依赖性相对较弱，固有资金有充分的自由以投资其他类别的资产。募资能力弱的公司，对公司固有资金的依赖性相对较强，固有资金以支持信托计划为主要目标，对外投资额度受限。

我们使用"期末固信交易余额/期末主动管理类信托余额"衡量信托业务对固有资金的依赖性，排名前10的信托公司的情况见表23。整体来看，行业各信托公司的信托业务对固有业务的依赖性各年的变化不大，呈现较强的稳定性。华宸信托、大业信托、国通信托、重庆信托、西藏信托、山西信托连续两年排在前10行列。其中，2019年，进入该项指标排名前10的华融信托和新华信托在2020年未披露年报。

2020年新进入前10的信托公司有兴业信托、杭州工商信托、东莞信托、万向信托。同时，华宸信托、大业信托、国通信托的期末固信交易余额/期末主动管理类信托余额比2019年进一步提高。

表23 2020年末信托业务对固有业务依赖性较大的10家信托公司

单位：万元，%

序号	信托公司	2020年固信交易余额	2020年主动管理类信托余额	期末固信交易余额/期末主动管理类信托余额
1	华宸信托	31,001.96	42,216.45	73.44
2	大业信托	280,891.09	2,042,090.98	13.76
3	兴业信托	1,028,129.27	8,932,811.00	11.51
4	国通信托	731,732.22	7,272,705.06	10.06
5	重庆信托	1,437,822.42	14,583,284.60	9.86
6	杭州工商信托	351,795.00	3,728,180.00	9.44
7	西藏信托	360,482.16	3,844,945.37	9.38
8	东莞信托	495,610.52	6,225,078.69	7.96
9	山西信托	132,314.15	1,716,279.60	7.71
10	万向信托	327,028.53	4,496,393.40	7.27

数据来源：信托公司年报、中建投信托博士后工作站。

（三）固有业务对信托业务的依赖性

信托公司的主业是信托业务，上文也已提到，固有业务对信托业务的依赖性往往是由信托公司募资能力决定的。本报告用"期末固信交易余额/期末信托公司总资产"衡量固有业务对信托业务的依赖性。这一指标越高，说明越多的固有资金配置了公司发行的信托，可以自由配置的资金越少，独立性越弱。2020年末固有业务对信托业务依赖性较大的10家信托公司见表24。

表24　2020年末固有业务对信托业务依赖性较大的10家信托公司

单位：万元，%

序号	信托公司	2020年固信交易余额	2020年信托公司总资产	期末固信交易余额/期末信托公司总资产
1	大业信托	280,891.09	280,326.95	100.20
2	万向信托	327,028.53	386,881.08	84.53
3	东莞信托	495,610.52	620,456.88	79.88
4	五矿信托	1,998,300.44	2,502,254.98	79.86
5	浙商金汇信托	199,611.34	269,315.53	74.12
6	国通信托	731,732.22	1,012,151.06	72.29
7	西藏信托	360,482.16	535,228.34	67.35
8	中原信托	652,397.73	992,351.41	65.74
9	外贸信托	1,252,937.35	1,940,402.84	64.57
10	杭州工商信托	351,795.00	552,353.00	63.69

数据来源：信托公司年报、中建投信托博士后工作站。

在披露数据的58家信托公司中，有19家信托公司的固信交易余额超过信托公司总资产的50%，比2019年减少3家。这些信托公司对固有资金的运用相对被动，资金均以支持信托主业为主；从另一角度来讲，这也反映了固信合作的紧密性。信托公司的固有业务和信托业务的关系紧密，固有业务清晰的定位直接影响信托公司的可持续发展情况。信托公司应立足回归本源，在努力提升自身包括资金募集、财富管理、资产配置等综合资产管理能力的同时，充分重视固有业务和信托业务的协同联动，推动公司整体经营朝着更加健康的方向发展。

2020 年信托公司风险管理研究报告

聂雅雯

摘　要：2020年，信托行业信用风险持续上升，金融领域的风险隐患基本充分显现。2020年，信托行业风险项目数量及规模维持增长态势，但涨幅有所趋缓。信托行业整体不良资产率大幅提升，远高于同期金融机构的不良资产率。信托公司存量风险处置压力较大，资产风险状况仍较为严峻，行业转型发展面临机遇和挑战。信托公司应不断提高对行业及公司风险形式的认知水平，严格防范新增风险，重点开展存量风险处置化解工作，进一步推进信托业务结构转型，持续加强全面风险管理体系建设。本报告主要分析2020年信托行业的风险管理状况、不良资产分布情况、诉讼以及风险事件案例、处置化解重点工作以及创新业务风险管理情况，进一步增强信托公司风险防范意识，全面提升风险管理水平，完成稳增长与防风险、调结构与促转型的多重任务。

关键词：风险管理现状　不良资产　诉讼情况　风险事件案例　风险处置

一、信托公司风险管理基本情况分析

（一）净资本管理及风险控制情况

信托公司根据《信托公司净资本管理办法》（中国银行业监督管理委员会令2010年第5号）对净资本相关风险控制指标的要求，进行净资本管理，加强自身抗风险能力。2020年，在68家信托公司中，62家信托公司披露了净资本相关数据，62家信托公司平均净资本规模为78.12

亿元，平均各项风险资本之和为41.3亿元，分别较2019年增长7.4%和4.22%；净资本与净资产比例平均值为69.12%，较2019年下降11.29个百分点。其中，安信信托及吉林信托两家信托公司净资本占净资产比例分别为 -629.93%和24.82%，不符合监管关于净资本不得低于净资产的40%的指标要求；安信信托净资本为 -60.84亿元，不符合监管关于信托公司净资本不得低于2亿元、净资本不得低于各项风险资本之和的100%的指标要求。其余已披露净资本相关数据的信托公司均符合监管关于净资本相关风险指标的要求。净资本相关风险控制指标若不达标，就将影响信托公司可持续经营及抵御风险的能力。

2020年，信托行业整体资本实力持续提升，但各信托公司之间的资本实力差距进一步加大。部分信托公司通过增资扩股及引入战略投资补充资本，或通过调整业务及资产结构减少风险资本，确保固有资产充足并保持必要的流动性。在2020年信托资产规模同比下降的背景下，12家信托公司增资扩股，合计增资额约为266.48亿元，高于2019年的增资额163亿元和2018年的增资额247.15亿元，部分信托公司资本实力进一步增强，有利于扩大信托展业规模，提升风险防控能力。

2020年，48家信托公司的净资本较2019年有所增加，其中，五矿信托、华鑫信托及光大兴陇信托净资本增幅超过50%，主要来自股东增资及当年资本公积和未分配利润转增。14家信托公司的净资本较2019年下降，其中，安信信托、吉林信托、民生信托、长城新盛信托及万向信托净资本降幅均超过20%，大幅削弱公司整体资本实力及抵御风险的能力。

2020年，重庆信托、中信信托及五矿信托净资本列行业前三位，分别为227.64亿元、220亿元和197.66亿元（见表1）；吉林信托、长城新盛信托、华宸信托及安信信托净资本均小于10亿元，分别为9.9亿元、7.64亿元、6.57亿元及 -60.84亿元。

表1 2020年信托公司净资本管理情况统计

单位：亿元，%

信托公司	净资本（≥2亿元）规模	排名	同比	各项风险资本之和 规模	排名	同比	2020年净资本/净资产（≥40%）数值	排名	2020年净资本/各项风险资本之和（≥100%）数值	排名
重庆信托	227.64	1	6.26	70.26	11	−12.70	86.31	12	323.99	6
中信信托	220.00	2	11.11	110.00	3	−3.51	72.25	50	200.00	32
五矿信托	197.66	3	62.63	127.20	1	7.48	87.97	5	155.39	47
华能信托	192.05	4	7.82	97.52	4	15.86	83.43	25	196.94	34
平安信托	191.84	5	6.31	84.04	10	−1.09	72.84	49	228.27	22
江苏信托	174.47	6	4.93	119.03	2	33.34	78.21	40	146.57	51
中融信托	162.52	7	0.67	95.71	7	−1.74	85.26	16	169.81	41
外贸信托	159.51	8	3.90	85.06	9	35.47	84.03	21	187.53	36
建信信托	156.38	9	3.43	97.17	6	10.89	75.73	43	160.93	43
华润信托	140.63	10	15.69	54.63	17	3.38	56.61	60	257.42	14
兴业信托	140.51	11	0.74	63.61	12	−11.39	78.81	39	220.89	25
上海信托	139.35	12	6.27	57.51	15	−3.32	84.03	20	242.32	18
光大兴陇信托	131.92	13	51.02	97.45	5	31.54	100.00	2	150.52	48
中诚信托	128.35	14	11.72	55.90	16	−2.00	69.67	54	229.60	21

续表

信托公司	净资本（≥2亿元）			各项风险资本之和				2020年净资本/净资产（≥40%）			2020年净资本/各项风险资本之和（≥100%）		
	规模	排名	同比	规模	排名	同比	数值	排名	数值	排名
中航信托	121.15	15	11.81	89.30	8	−1.84	86.94	9	135.67	56
昆仑信托	115.01	16	5.61	47.89	20	−7.21	82.23	29	240.14	19
交银国际信托	113.85	17	2.90	61.12	14	−29.61	86.20	13	186.27	38
渤海信托	92.67	18	−7.92	63.22	13	−24.48	70.07	53	146.58	50
陕国投信托	86.43	19	6.89	50.40	18	7.65	73.28	45	171.49	39
英大信托	86.15	20	10.83	20.40	41	22.83	87.87	6	422.30	3
20家平均	148.90	—	—	77.37	—	3.48	80.09	—	208.63	—
62家平均	78.12	—	—	41.30	—	−3.22	69.12	—	227.18	—

注：表中数据转换时，因四舍五入可能存在差距。

数据来源：信托公司年报、中建投信托博士后工作站。

根据信托公司年报数据，62家信托公司各项业务风险资本合计2560.65亿元，其中，排名前20的信托公司的各项业务风险资本合计830.40亿元，较2019年排名前20的信托公司的各项业务风险资本之和780.17亿元增长6.44%。其中，五矿信托、江苏信托及中信信托各项业务风险资本之和分别为127.2亿元、119.03亿元和110亿元，位列行业前三。

2020年，信托行业持续压降融资类及通道类业务规模，信托业务规模逐年下降，固有业务风险资本占比持续上升。在68家信托公司中，20家披露了风险资本的分布情况，其中，17家信托公司的风险资本主要来自信托业务，3家主要来自固有业务。从风险资本占比来看，信托业务风险资本占比较高，但逐年下降。2020年，信托业务风险资本占比为58.1%，较2019年下降6.45个百分点；固有业务风险资本占比为41.81%，较2019年上升6.43个百分点；其他业务风险资本平均占比为0.08%，基本持平。从风险资本规模来看，信托公司之间风险资本规模相差较大，2020年，排前10的信托公司平均风险资本规模为100.25亿元，排后10的信托公司平均风险资本规模仅为8.04亿元。各信托公司风险资本分布比例呈现差异化态势，中融信托、光大兴陇信托及陕国投的信托业务风险资本占各项风险资本之和的比例分别为87.09%、86.58%和67.82%，华宸信托、东莞信托和安信信托的固有业务风险资本占各项风险资本之和的比例分别为89.09%、57.47%和54.02%（见表2）。

同时，行业净资本与风险资本比例有所上升，根据信托公司年报数据，2020年，各信托公司合计净资本占风险资本的比重为189.15%，较2019年上升5.61个百分点，行业整体资本实力对潜在风险事件的覆盖能力增强。

（二）信用风险资产五级分类及不良资产情况

2020年，信托公司持续压降融资类和传统通道类业务规模，探索业务

表2 2020年信托公司风险资本分布情况统计

单位：亿元，%

信托公司	风险资本	排名	固有业务风险资本	占比	信托业务风险资本	占比	其他业务风险资本	占比
光大兴陇信托	97.45	1	13.08	13.42	84.37	86.58	—	—
中融信托	95.71	2	12.33	12.88	83.35	87.09	0.03	0.03
外贸信托	85.06	3	32.07	37.70	52.99	62.30	—	—
平安信托	84.04	4	40.24	47.88	43.80	52.12	—	—
华润信托	54.63	5	23.93	43.81	30.70	56.19	—	—
陕国投	50.40	6	16.22	32.18	34.18	67.82	—	—
安信信托	48.87	7	26.40	54.02	22.47	45.98	—	—
昆仑信托	47.89	8	23.50	49.06	24.40	50.94	—	—
百瑞信托	45.82	9	15.63	34.11	30.19	65.89	—	—
民生信托	45.20	10	22.54	49.87	22.66	50.13	—	—
北京信托	42.34	11	20.13	47.53	22.22	52.47	—	—
粤财信托	34.48	12	12.87	37.33	21.04	61.02	0.56	1.62
中铁信托	27.49	13	11.16	40.60	16.33	59.40	—	—
东莞信托	19.03	14	10.94	57.47	8.09	42.53	—	—
紫金信托	17.93	15	6.61	36.85	11.32	63.15	—	—
北方信托	13.69	16	6.30	46.00	7.39	54.00	—	—
浙商金汇信托	9.83	17	3.98	40.49	5.85	59.51	—	—
国民信托	8.67	18	2.97	34.27	5.70	65.73	—	—
长城新盛信托	0.99	19	0.31	31.71	0.68	68.29	—	—
华宸信托	0.90	20	0.80	89.09	0.10	10.91	—	—
20家合计/平均	830.40	—	301.99	41.81	527.81	58.10	0.59	0.08
62家合计	2,560.65	—	—	—	—	—	—	—

注：表中数据转换时，因四舍五入可能存在差距。

数据来源：信托公司年报、中建投信托博士后工作站。

转型及创新发展方向，监管机构加大对重点领域的排查力度和深度，叠加新冠肺炎疫情影响和经济下行压力，社会整体信用风险暴露概率增大，部分房地产企业、政信平台及实体企业经营或运转困难的压力传导到信托行业，信托公司在过去累积的风险进一步加速暴露，个别信托公司前期累积的风险点加速显现。在未披露2020年年报的信托公司中,安信信托、华信信托、新华信托、新时代信托、四川信托和雪松信托均出现大量信托产品集中违约事件。其中,安信信托破产重组,2019年的不良资产率为82.4%;华信信托业务被监管叫停,大连银保监局配合大连市人民政府、联合地方金融管理部门派驻工作组;新华信托、新时代信托均被银保监会实施接管;四川信托因多只TOT产品逾期引发兑付危机,由四川银保监局和地方金融管理局成立联合小组正式接管入驻,2019年的不良资产率为22.21%;雪松信托逾期项目风险化解难度大。

根据2020年年报数据,68家信托公司中有61家披露不良资产数据,规模合计493.05亿元,较2019年末不良资产规模增加137.79亿元,增幅达38.79%。其中,次级、可疑和损失类资产分别为194.86亿元、121.51亿元和176.68亿元,占不良资产合计规模的比例分别为39.52%、24.65%和35.83%,较2019年次级、可疑和损失类资产分别增加78.43亿元、1.96亿元和57.41亿元。

从不良资产规模来看,2020年,11家信托公司不良资产规模大于10亿元,合计占比达74.82%,不良资产规模集中度进一步提高,3家信托公司不良资产规模超过40亿元,安信信托(不良资产为95.06亿元,下同)、渤海信托(58.95亿元)和民生信托(49.47亿元)不良资产规模列行业前三位。从不良资产增量情况来看,民生信托和渤海信托不良资产规模在2020年的增量超过40亿元,较2019年分别增加49.47亿元和48.07亿元。从不良资产涉及的五级分类情况来看,33家信托公司涉及次级类和可疑类不良资产,32家信托公司涉及损失类不良资产。

2020年,68家信托公司平均不良资产率约为7.07%,平均不良资产率逐年递增,较2019年增加1.41个百分点。根据信托公司披露的年报情况,7家信托公司未披露不良资产率数据;11家信托公司的不良资产率为0;11家信托公司的不良资产率为0~1%;16家信托公司的不良资产率为1%~5%;11家信托公司的不良资产率为5%~10%;7家信托公司的不良资产率为10%~20%；3家信托公司的不良资产率为20%~30%，包括中粮信托（不良资产率为29.72%，下同）、长安信托（25.67%）和爱建信托（25%）；不良资产率超过30%的信托公司有4家，包括安信信托（98.47%）、民生信托（55.06%）、华宸信托（44.19%）和大业信托（36.50%），远高于同期金融机构的不良资产率。2020年，信托行业资产风险状况仍较严峻，信托公司承受较多风险资产处置压力，考虑到未披露年报信托公司的风险状况，行业不良资产规模和不良资产率可能大于、高于已公布数据。伴随行业风险持续暴露，信托公司应进一步加强风险防控能力，促进转型发展，回归信托本源。

（三）一般风险准备及信托赔偿准备情况

信托公司根据监管要求，定期对资产质量进行五级分类，对承担风险和损失的资产提取坏账准备，及时准确反映公司资产质量情况，并为风险化解储备资金支持。信托公司风险准备包括一般风险准备及信托赔偿准备。2020年已披露的62家信托公司合计提取风险准备419.14亿元。51家信托公司披露风险准备具体构成情况，合计提取风险准备328.49亿元，其中，提取信托赔偿准备合计225.23亿元，占比约为68.57%，提取一般风险准备合计103.26亿元，占比约为31.43%。信托公司一般按照税后利润的5%~10%计提信托赔偿准备，2020年信托公司风险准备与2019年基本持平，信托赔偿准备占比大幅提升，信托赔偿准备占净资产的比重也逐年提升，准备覆盖程度及行业整体抗风险能力提升。中信信托、平安信托和中铁信托风险准备规模分别为21.71亿元、19.76亿元和19.20亿元，其中，中信信托、平安信托和交银国际信托的信托赔偿准备规模分别为16.27亿元、15.07亿元和11.53亿元，位列行业前三（见表3）。

表3 2020年信托公司风险准备情况统计

单位：亿元，%

信托公司	风险准备（合计）	排名	一般风险准备规模	一般风险准备占比	信托赔偿准备规模	信托赔偿准备占比
中信信托	21.71	1	5.45	25.08	16.27	74.92
平安信托	19.76	2	4.69	23.73	15.07	76.27
中铁信托	19.20	3	NA	NA	NA	NA
上海信托	18.22	4	NA	NA	NA	NA
江苏信托	15.64	5	4.15	26.56	11.48	73.44
华润信托	14.57	6	3.43	23.53	11.14	76.47
交银国际信托	13.69	7	2.16	15.79	11.53	84.21
中融信托	13.35	8	3.27	24.50	10.08	75.50
华能信托	12.85	9	3.85	29.96	9.00	70.04
重庆信托	12.34	10	4.67	37.81	7.68	62.19
北京信托	12.15	11	2.15	17.71	10.00	82.29
华宝信托	11.69	12	NA	NA	NA	NA
五矿信托	11.63	13	7.91	67.99	3.72	32.01
外贸信托	10.62	14	3.00	28.29	7.61	71.71
国投信托	9.68	15	NA	NA	NA	NA
中航信托	9.43	16	3.21	34.05	6.22	65.95
国通信托	8.57	17	5.82	67.90	2.75	32.10
爱建信托	7.79	18	1.58	20.33	6.21	79.67
兴业信托	7.25	19	1.55	21.41	5.70	78.59
安信信托	7.20	20	NA	NA	NA	NA
20家合计/平均	257.36	—	56.90	—	134.46	—
62家合计/平均	419.14	—	103.26	—	225.23	—

注：NA指信托公司年报中未披露相关信息，未计入合计之中；表中数据转换时，因四舍五入可能存在差距。

数据来源：信托公司年报、中建投信托博士后工作站。

（四）2020年信托公司诉讼案件情况

在2020年信托公司年报中，32家信托公司存在且具体披露诉讼事项。2020年，3家信托公司新增披露重大诉讼相关事项，包括山东信托、杭州工商信托和浙商金汇信托。3家信托公司历史重大诉讼事项已全数解决，包括兴业信托、陆家嘴信托和紫金信托，2020年年报披露信息中无相关重大诉讼案件。

2020年，信托公司诉讼案件数量有所下降，诉讼规模略有上升。信托公司已披露的诉讼案件数量合计219个，较2019年减少2个，规模合计484.28亿元，较2019年增长19.05%（见表4）。其中，涉诉案件数位列前三的信托公司分别为安信信托（涉诉案件为50件，下同）、财信信托（20件）和百瑞信托（19件），涉诉规模位列前三的信托公司分别为安信信托（涉诉规模为184.91亿元，下同）、百瑞信托（49.09亿元）和长安信托（41.75亿元）。山西信托、长安信托、中粮信托和百瑞信托披露的诉讼规模降幅均超过20%；披露诉讼规模增幅明显的信托公司包括东莞信托、重庆信托、云南信托和安信信托。

表4 2018~2020年信托公司重大诉讼事项情况统计

单位：件，亿元

信托公司	2020年 案件数	2020年 规模	2019年 案件数	2019年 规模	2018年 案件数	2018年 规模
安信信托	50	184.91	28	129.11	5	17.52
财信信托	20	20.27	25	24.43	23	20.84
百瑞信托	19	49.09	26	66.93	2	10.00
长安信托	18	41.75	17	68.43	11	32.30
云南信托	11	22.29	6	11.63	NA	NA
东莞信托	9	39.44	10	10.79	5	7.60
山东信托	9	10.83	0	0	2	29.25
吉林信托	8	NA	6	NA	NA	NA
五矿信托	8	23.50	NA	NA	13	38.98
中原信托	7	NA	5	NA	4	NA
华宸信托	6	NA	8	NA	NA	NA
中粮信托	6	32.25	16	48.90	12	24.47
国通信托	5	NA	6	NA	5	2.20
重庆信托	5	25.09	3	9.20	3	9.20
金谷信托	4	NA	11	NA	4	NA
昆仑信托	4	NA	7	26.73	4	12.20

续表

信托公司	2020年 案件数	2020年 规模	2019年 案件数	2019年 规模	2018年 案件数	2018年 规模
万向信托	3	NA	10	NA	6	NA
国联信托	3	4.57	3	4.57	2	1.30
爱建信托	3	3.74	2	NA	3	11.24
光大兴陇信托	3	0.38	3	NA	5	0.62
中泰信托	2	NA	7	NA	3	NA
交银国际信托	2	NA	1	NA	1	NA
江苏信托	2	17.85	1	NA	NA	NA
陕国投	2	1.74	2	NA	3	9.30
苏州信托	2	1.66	2	NA	3	2.80
西部信托	2	1.33	2	NA	2	1.33
厦门信托	1	NA	2	NA	2	NA
杭州工商信托	1	NA	0	0	NA	NA
浙商金汇信托	1	NA	0	0	NA	NA
山西信托	1	2.28	1	4.74	3	11.20
渤海信托	1	1.24	1	1.24	1	1.24
国投信托	1	0.07	1	0.07	2	2.03
32家合计/平均	219	484.28	221	406.77	129	245.62
62家合计/平均	228	484.28	245	441.38	162	252.79

注：NA指信托公司年报中未披露相关信息，未计入合计之中。
数据来源：信托公司年报、中建投信托博士后工作站。

从诉讼类型来看，信托公司以原告案件为主，但规模占比逐年下降。原告案件规模占比超过50%，较2018年的占比89%及2019年的占比59%均出现下降。被告案件规模占比为45%，较2018年的占比8%及2019年的占比33%增幅明显。第三人案件规模占比为3%。涉诉规模排名前10的信托公司的诉讼规模合计456.43亿元，诉讼案件合计148个，诉讼涉及信托公司较为集中（见表5）。涉诉案件类型包括合同纠纷、财产保全、破产清算、资产冻结以及强制执行、债权偿还等。

表5 2020年信托公司诉讼案件情况统计

单位：亿元，件

信托公司	2020年诉讼规模	2020年诉讼案件数	被告规模	被告案件数	原告规模	原告案件数	第三人规模	第三人案件数
安信信托	184.91	50	184.91	50	0	0	0	0
百瑞信托	49.09	19	26.38	12	22.71	7	0	0
长安信托	41.75	18	NA	1	41.75	17	0	0
东莞信托	39.44	9	0	0	39.44	9	0	0
中粮信托	32.25	6	1.18	1	19.02	4	12.05	1
重庆信托	25.09	5	0	0	22.09	4	3.00	1
五矿信托	23.50	8	0	0	23.50	8	0	0
云南信托	22.29	11	0	0	22.29	11	0	0
财信信托	20.27	20	0	0	20.27	20	0	0
江苏信托	17.85	2	0	0	17.85	2	0	0
山东信托	10.83	9	1.39	4	9.45	5	0	0
国联信托	4.57	3	0	0	4.57	3	0	0
爱建信托	3.74	3	0.87	1	2.87	2	0	0
山西信托	2.28	1	2.28	1	0	0	0	0
陕国投	1.74	2	0	0	1.74	2	0	0
苏州信托	1.66	2	0.16	1	1.50	1	0	0
西部信托	1.33	2	0.03	1	1.30	1	0	0
渤海信托	1.24	1	0	0	1.24	1	0	0
交银国际信托	1.09	2	0	0	1.09	2	0	0
光大兴陇信托	0.38	3	0	0	0.38	3	0	0
国投信托	0.07	1	0.07	1	0	0	0	0
21家合计	485.36	177	217.27	73	253.05	102	15.05	2
62家合计	485.36	228	217.27	80	253.05	128	15.05	3

注：NA指信托公司年报中未披露相关信息，未计入合计之中。
数据来源：信托公司年报、中建投信托博士后工作站。

二、2020年信托行业风险事件统计及分析

2020年信托行业持续严监管政策,维持风险排查强度及频率,加大风险监测和监管处罚力度,信托行业风险事件持续显现,风险项目数量及规模维持增长态势。据统计,截至2020年第一季度末,信托行业风险项目数量合计1626个,较2019年的1547个增长5.11%;风险项目规模合计6431.03亿元,较2019年的5770.47亿元增长11.45%(见图1)。中国信托业协会未公布2020年风险项目数量及规模数据,随着行业风险充分暴露,预计信托风险项目规模变化将趋于平稳,行业整体风险也将逐步呈现收敛趋势。

图1 2014年至2020年第一季度末风险项目数量及规模

数据来源:中国信托业协会。

2020年,新增及年末存续风险项目仍集中在非上市民营企业及地方政府融资平台公司。根据信托公司年报及市场数据,从企业自身性质看,在已披

露涉诉或风险项目交易对手中，非上市民营企业和地方政府融资平台公司的占比约为71.72%和16.16%，与2019年的占比73.49%和14.46%基本持平。

在2020年新冠肺炎疫情冲击叠加经济下行、金融去杠杆的背景下，房地产企业实力分化加剧，集中度进一步提升，行业整合趋势更加明显。2020年，超过250家中小型房地产企业发布破产相关信息。在千亿元规模房企中，华夏幸福和泰禾集团因高杠杆扩张、资金链紧张出现违约，部分中小型房企由于战略定位偏差、资产质量下沉及融资环境收紧等原因出现违约，如银亿、协信、中国地产和秀兰等，多家小型地方房企破产清算并逐渐清退。

地方政府融资平台公司受金融严监管、政策持续收紧的影响，融资渠道减少，融资成本上升，尤其是政府财政实力薄弱地区的平台公司，地方及企业债务压力增加，担保方和增信措施相对薄弱，地方融资环境出现恶化，区域流动性风险更加明显。继河北最大的担保公司河北融投破产后，2020年，省属重点国企青海省投及大型国企天津物产进行破产重整，这主要是由于企业混改失败、赢利能力差和高杠杆激进扩张等内部因素，叠加经济下行压力、市场资金支持意愿分化及地方政府信用支撑减少等外部因素。

从资金投向行业看，除房地产行业以外，2020年，违约或涉诉事件主要集中在建筑业、制造业及能源行业等工商企业类项目，相关行业的政策趋严或市场低迷加剧企业陷入流动性危机。部分多元化民企集团或行业龙头在公开市场发行的债券或非标产品出现违约，例如闽兴医药、新华联控股、南京建工、东方金钰及方正集团等企业集团；化工、煤炭、有色金属、电力等能源行业风险频发，涉及交易对手包括宝塔石化、方正镁业、云南金塔矿业、白银有色金属、新疆天基水泥和内蒙古锋威新能源集团等民营或小微企业；另外，多家上市公司或退市企业出现违约事件，例如，已退市的中概股武汉金凰珠宝发生债务违约及假黄金质押事件，涉及保险、银行、信托及融资租赁等多家金融机构。交易对手主体信用风险是工商企业类项目风险的主要来源，该类项目具有涉诉金额集中、行业覆盖范围广、处置难度大及化解周期长等特点。

从区域分布情况看，2020年，已披露违约或涉诉事件主要集中在湖南、江苏、北京、河南、贵州及上海。部分信托公司具有区域展业集中的特点，因此，违约或涉诉事件也具有较高的区域集中度，例如，财信信托涉诉项目主要集中在湖南省内非上市民企及地方国企，百瑞信托相关涉诉主体主要集中在河南省及湖北省内非上市及退市民企。此外，政信项目逾期的主体主要集中在中西部经济欠发达地区，比如西南地区的贵州等。

三、信托公司风险管理重点工作进展

2020年，受新冠肺炎疫情冲击，宏观杠杆率阶段性上升，信托行业信用风险持续攀升，部分企业信用风险加快暴露，金融领域风险隐患呈现逐步收敛的态势，但仍不可忽视，信托公司面临转型发展之变局。信托公司应不断提高对行业及公司风险形势的认知水平，严格防范新增风险，重点开展存量风险处置化解工作，进一步推进信托业务结构转型，持续加强全面风险管理体系建设。

在新增风险防范方面，各信托公司建立全面风险及专项风险排查机制、项目存续期管理机制、项目到期前管理机制、压力测试工作机制、定期风险监控机制、风险信号预警机制及风险指标监测机制等，实现风险排查常态化，切实掌握风险底数，充分计提资产减值准备，确认预计负债，确保风险可防控、可承受，进一步夯实表内外资产质量。此外，信托公司把风险监控结果反向运用于前端展业，制定业务准入指引、负面清单和集中度限额管理相关制度，提高风险管理精细化能力及管控制度规范化水平。

在存量风险处置化解方面，各信托公司采取有效应对措施，消除预警项目的潜在风险隐患，加大对重点风险项目的处置力度，通过设立风险专项处置团队，明确管理责任，认定风险责任，强化清收责任方法，建立风险资产压降激励约束机制，加大考核问责力度，持续推进风险项目处置工作。信托公司综合采取追加增信、项目展期、高频催收、司法诉讼、资产保全、抵押物处置、公证强制执行、债务和解、债务重组、债权转让、设立特殊资产机会基金、推动企业破产重整、推进融资兼并重组、引入第三方融资置换、资产核销等多样化风险资产处置策略，一事一策、多措并举地推进存量风险处置化解并取得实质性进展。同时，信托公司根据监管要求定期开展信用资产五级分类工作，对承担风险和损失的资产提取坏账准备，做到足额提取各项准备，为风险化解储备资金支持，有效提高公司的风险防御能力。

在信托业务结构转型方面，信托公司进一步回归本源业务，行业创新转型格局逐渐显现。2020年，信托公司在业务转型及风险管理方面进行一系列尝试与探索，主要包括以下几个方面。一是加强创新业务风险研究和专业力量投入，加强对宏观策略、细分行业、区域市场等领域的研究，理解创新业务风险管控逻辑，充分识别风险特征，通过外引内培，打造专业化管理和研究团队。二是加强创新类业务风险管理制度建设，出台相关创新业务规范和指引，明确准入标准及管控要求。三是加强期间监测和投后管理，将创新业务纳入信托公司全面风险管理体系，逐渐健全创新业务风险管理工作机制，同时加强对资产端和资金端的统筹管理，提高运营支持和服务水平。四是加强系统建设，打通系统壁垒，提升信息化建设水平，防范操作风险，提升创新业务管理质效。五是持续完善创新转型考核机制，强化战略引领和执行。

在全面风险管理体系建设方面，信托公司进一步优化风险管理组织架构，多家信托公司成立风险处置化解部门；持续完善专项风险管控工具及量化管理体系，逐步推进信用评级体系和相关模型在核心业务板块的应用，持续建设集中度风险监测与过程管控机制；全面梳理风险管理制度体系，完善风险合规全周期管理机制；整合各项运营职能，打造数字化风险管理和运营平台，全面提升风险管控科技化及精细化水平。

2020 年信托行业监管动态报告

陈境圳

摘　要：2020 年，金融风险频发，资管新监管框架初步形成，催化资管行业及其业务结构发生深刻变化。监管机构为大力推动信托业高质量发展、防范化解风险，从公司治理、业务规范及转型、消费者权益保护等方面持续强化对信托公司的机构监管、功能监管与行为监管。展望未来，信托公司治理机制进一步完善，资产证券化、标品投资、财富管理等转型业务发展将进一步深化。在此过程中，信托行业的风险管控能力面临持续挑战，需要完善公司内控机制，提升产品管理能力，加强金融科技建设。

关键词：高质量发展　公司治理　社会责任

一、信托业监管环境

（一）资管业务结构发生明显转变

《中国人民银行　中国银行保险监督管理委员会　中国证券监督管理委员会　国家外汇管理局关于规范金融机构资产管理业务的指导意见》（以下简称《资管新规》）推出至今，资管市场规模并没有显著增加。据波士顿咨询和光大银行的统计，2020 年末，我国资管市场总规模达到 121.6 万亿元，与 2017 年末的 119.2 万亿元基本持平。但国内资管机构的市场份额和竞争格局正在发生变化，资管产品的结构出现大幅调整。

从细分行业看，不同资管机构的资产管理规模呈现分化态势，公募基金、私募基金、银行理财规模实现增长，坚持净值型产品运作的公募基金规模扩张最快，银行理财规模平稳增长，而资金信托、券商资管、基金资管规模则保持收缩状态（见图1）。

从业务结构特征来看，公募基金的增量部分以股票基金为主，私募基金以证券投资基金的增加为主，银行理财产品中净值型产品大幅增长。在《资管新规》等监管规则的引导下，以非标债权为特征的资管产品逐步萎缩。

具体到信托业产品结构，根据中国信托业协会发布的数据，事务管理类信托规模从2019年末的10.65万亿元压降至2020年末的9.19万亿元，从《资管新规》颁布前2018年3月末余额15.14万亿元算起，降幅接近40%，规模占整个信托行业的比重从59%降至45%左右。房地产信托规模从2018年3月末的2.37万亿元降至2020年末的2.28万亿元。标品投资信托发力明显，2020年末规模为2.59万亿元，同比增长11%。

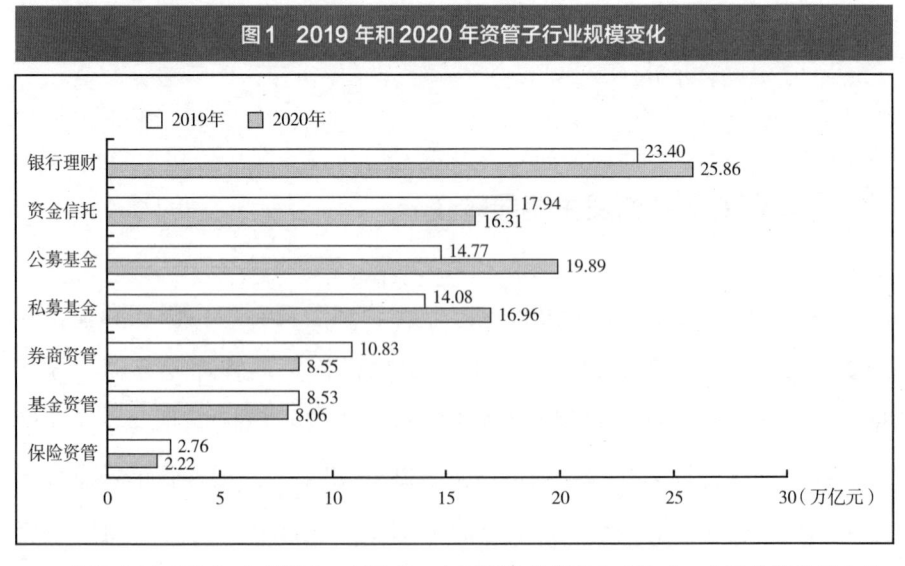

图1　2019年和2020年资管子行业规模变化

子行业	2019年	2020年
银行理财	23.40	25.86
资金信托	17.94	16.31
公募基金	14.77	19.89
私募基金	14.08	16.96
券商资管	10.83	8.55
基金资管	8.53	8.06
保险资管	2.76	2.22

（万亿元）

数据来源：Wind、银保监会、证监会、中国证券投资基金业协会、中建投信托博士后工作站。

（二）金融风险频繁暴露

近年来，我国经济增长中枢下行，经济面临的风险压力加大，一些区域性、行业性的风险持续暴露，资本市场和资管产品的违约、逾期、延期情况明显增多。

根据光大证券的统计，截至2020年12月11日，银行间和交易所共有26家新增违约人，分布于13个行业，其中，房地产、汽车、建筑装饰等新增违约企业较多。[①] 2020年，18家民企违约，与2019年同期34家违约主体相比明显减少，同时违约债券余额出现较大降幅。2020年，民企违约余额为603.74亿元，同比下降45%；8家国企违约，与2019年的7家并无太大差异，但违约余额由2019年的129.3亿元增加到2020年的518.97亿元，它们在违约前均具有AAA评级，永城煤电、华晨集团等大型国企违约冲击了市场对国企信用的信仰。

资管行业风险积聚爆发，风险资产增长有加速趋势。根据第一财经的统计，2020年全年集合信托产品共发生310多起违约事件，涉及违约项目金额超过1600亿元。[②] 根据中国信托业协会披露的数据，截至2020年第四季度末，信托赔偿准备金为321.54亿元，比2019年第四季度末291.24亿元增长10.40%，信托赔偿准备金占所有者权益比例为4.79%。2020年有4家信托公司被监管实施接管或者管控，这是自信托公司新"一法两规"出台以来，首次出现信托公司被监管停业的情况。

（三）资管行业监管框架初步形成

《资管新规》作为资管行业整顿、转型发展的纲领，确立了基本监管方

---

① 《2020年债券违约手册——债券违约专题研究之十五》，光大证券，2020年12月13日。
② 陈洪杰：《2020年集合信托违约超1600亿，未来3年还有9.2万亿信托到期》，第一财经，https://www.yicai.com/news/100911459.html。

向，明确要求消除多层嵌套，禁止违规通道业务，逐步实现净值化管理，打破刚兑预期，推动资管行业转型。具体资管产品的后续配套制度的制定以此为指导精神，不断完善监管体系，截至2020年末，各资管细分领域对应的配套监管制度均已发布，资管行业监管框架已基本形成（见图2）。

新资管监管框架覆盖银行理财、证券期货资管、保险资管以及信托等资管产品，从产品设计、尽职调查、项目推介销售、适当性管理、存续期管理、信息披露等方面规范资管产品全周期运作，并且针对各类资管公司运作、风险管理指标等出台监督管理办法以进行规范。2019~2020年资管行业主要监管政策见附表2。

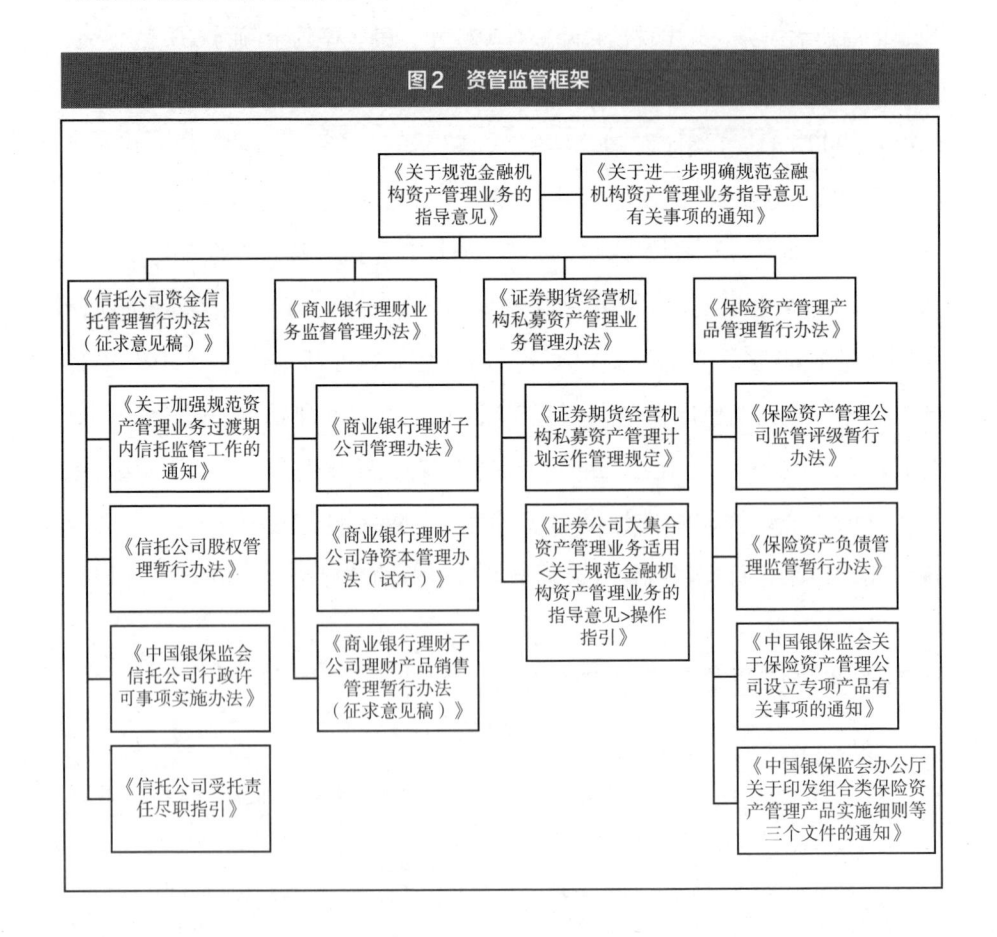

图2 资管监管框架

（四）金融审判司法制度不断完善

2019年11月，《全国法院民商事审判工作会议纪要》发布，明确了金融民商事审判工作重大疑难问题的裁判标准，规范金融消费者权益保护纠纷案件的审理标准，分别针对证券纠纷、营业信托纠纷、财产保险合同纠纷等金融审判案件制定具体裁判标准。会议纪要中明确要求资管行业纠纷处理应贯彻落实"卖者尽责、买者自负"基本原则，关注金融机构是否履行适当性义务，加强对金融消费者权益的保护，审理信托纠纷案件应当审查受托人是否"受人之托，忠人之事"，是否恪尽职守，履行谨慎、有效管理等法定或者约定义务，诸多要点对金融机构的民事责任认定具有重大影响，指明了2020年资管行业的金融民商事审判工作方向。

2020年7月，《最高人民法院 国家发展改革委员会关于为新时代加快完善社会主义市场经济体制提供司法服务和保障的意见》《全国法院审理债券纠纷案件座谈会纪要》等文件发布，相关金融司法规则陆续出台，既明确了金融审判工作基本原则，也解决了金融民商事审判案件裁判标准不明确、不统一等疑难问题，金融消费者的司法救济途径得到进一步完善，金融机构的民事法律责任追究路径进一步清晰。

二、信托业年度监管动态

2019年12月30日，《中国银保监会关于推动银行业和保险业高质量发展的指导意见》[①]发布，作为未来五年发展规划，其着力化解金融供给

---

① 内容可总结概括为：一是培育非银行金融机构特色优势，信托公司要回归"受人之托、代人理财"的职能定位，积极发展服务信托、财富管理信托、慈善信托等本（转下页注）

与需求之间不平衡不适应的矛盾，致力于在 2025 年形成多层次、广覆盖、有差异的银行保险机构体系。信托业 2020 年相关监管重点工作内容总结如下。

（一）督促完善公司治理

健全公司治理是实现高质量发展的基础和首要任务，监管机构督促信托公司完善、健全公司治理机制，做好金融机构违法违规的防范机制建设。

1. 全面检查信托公司治理情况

银保监会开展"回头看"专项检查工作，[①] 针对信托公司的治理乱象，要求股东信息透明化，确保股东资质及其行为符合监管规定，股东不得滥用权力或不履行义务，关联方识别以及关联交易管理应当准确、规范，确保不存在利益输送，"两会一层"应当严格履职尽责，规范董监高任职管理，完善激励约束机制等。

（接上页注①）源业务；二是发挥银行保险机构在优化融资结构中的重要作用，有效发挥理财、保险、信托等产品的直接融资功能，培育价值投资和长期投资理念，改善资本市场投资者结构；三是丰富社会民生领域金融产品供给，支持银行、信托等开发养老型储蓄和理财产品；四是精准有效防范化解银行保险体系各类风险，有序化解影子银行风险，银行保险机构要落实规范金融机构资产管理业务的指导意见，推动业务平稳过渡、规范转型，逐步清理压缩不合规的表外理财非标资产投资、表内特定目的载体投资、同业理财等业务规模，严控银信类通道业务；五是加强重点领域风险防控，银行保险机构要落实"房住不炒"的定位，严格执行房地产金融监管要求，继续做好地方政府隐性债务风险化解；六是建立健全中国特色现代金融企业制度，将党的领导融入公司治理各环节，严格规范股权管理，加强"三会一层"建设；七是强化金融消费者合法权益保护，建立和完善消费者权益保护有关工作机制、考核机制和监督机制，持续优化消费者投诉处理流程，积极参与金融纠纷多元化解工作，健全销售行为可回溯制度，加强对金融消费者的宣传教育，银行保险机构要主动履行社会责任，提升消费者金融素养和风险意识。

① 涉及检查事项包括：股东信息是否透明，股东资质及其行为是否违法违规，股东是否滥用股东权利或不履行义务，关联方识别以及关联交易管理是否准确、规范，是否存在利益输送，董监高任职管理是否规范，激励约束机制是否合理等，具体检查内容见《中国银保监会关于开展银行业保险业市场乱象整治"回头看"工作的通知》。

2. 加强股权管理，规范股东行为[①]

一是机制建设方面，明确股权穿透监管框架，强化董事会责任等制度安排，从信托公司股东、信托公司、监管部门三方主体出发，明确从股权进入到退出各个阶段的股权管理职责；二是具体股东行为方面，强化入股资质要求及对其资金来源进行审查，严格规范信托公司股权质押行为，在公司章程中明确股东管理职责以及股东权利与义务。

（二）强化业务合规管理

经过前几年的重点整治工作，违法违规资管业务已得到有效遏制，为进一步巩固整治成果，银保监会开展检查工作，要求压降违规业务规模，惩前毖后，以进一步加强业务合规管理。

1. 核查信托业务合法合规性

银保监会开展"回头看"专项检查工作，[②] 要求信托公司严格落实国家宏观政策，执行房地产信托监管政策，不得违规向地方政府融资平台提供融资，不得要求、接受地方政府及其所属部门的各种形式担保。

2. 严格要求整改违规业务[③]

银保监会要求信托公司严格管控违法违规融资类业务以及以监管套利、规避监管为目的的金融同业通道业务，严格按照监管要求的进度、时点完成压降指标、整改任务。

[①] 主要监管政策包括：《信托公司股权管理暂行办法》《中国银保监会信托公司行政许可事项实施办法》。

[②] 涉及检查事项包括：是否严格执行房地产信托贷款监管政策，是否违法违规向地方政府融资平台提供融资或要求、接受地方政府及其所属部门的各种形式担保等，具体检查内容见《中国银保监会关于开展银行业保险业市场乱象整治"回头看"工作的通知》。

[③] 具体内容见《关于信托公司风险资产处置相关工作的通知》。

（三）督促信托业务转型

1. 管控、压降融资类、通道类业务规模

监管窗口指导意见要求，信托公司严格落实监管下达的融资类、通道类业务规模管控、压降任务，进行余额规模管控，并定期报送规模管控情况。

2. 统一标准化债权资产认定标准[①]

明确《资管新规》下发后的非标债权与标准化债权资产界限及其细化认定标准、规则，规范有序引导市场预期，推动金融市场平稳过渡。

3. 发布《信托公司资金信托管理暂行办法（征求意见稿）》

银保监会发布《信托公司资金信托管理暂行办法（征求意见稿）》，进一步推动资金信托回归"卖者尽责、买者自负"的私募资管产品本源，明确资金信托的定义，重点推动发展有直接融资特点的资金信托，加强资金信托投资非标债权资产的管理工作，对非标债权投资按照资产占比进行规模管控，按照信托公司净资产比例对单一融资主体进行集中度管控，明确信托公司固有资产投资于其管理的单一、全部资金信托的比例限制。

（四）加强消费者权益保护

1. 完善消费者权益保护制度

监管机构在 2020 年颁布了一系列相关监管规定，[②] 重点内容包括：一

[①] 具体内容见《标准化债权类资产认定规则》。
[②] 主要监管规定包括：《中国人民银行 中国银行保险监督管理委员会 中国证券监督管理委员会 国家外汇管理局关于进一步规范金融营销宣传行为的通知》《银行业保险业消费投诉处理办法》《中国人民银行金融消费者权益保护实施办法》《银行保险机构涉刑案件管理办法（试行）》等。

是建立健全保护金融消费者权益监管体系，系统梳理消保工作要点，明确监管要求，压实主体责任，切实保护消费者权益；二是进一步规范金融营销宣传资质及其行为，明确监管机构职责及其对营销行为违法违规采取的监管措施；三是完善投诉处理机制，畅通投诉渠道，明确消费投诉事项及其处理程序，压实金融机构职责，便民高效化解投诉，强化监管机构督查及对外披露，对处理不力的机构加大监管和问责力度；四是加强涉刑案件管理工作，对于侵犯银行保险机构或客户合法权益的刑事犯罪案件，需依法及时报送、有效处置。

2. 强化社会公众监督

一方面，银保监会消费者权益保护局定期发布关于消费者投诉情况的通报，明确重点投诉对象、事项以及统计数据；另一方面，针对侵害社会公众利益的重大风险，银保监会及时予以特别提示，发布相关公告。[1]

3. 开展专项宣传活动

监管机构开展内容丰富、形式多样、寓教于乐的宣传活动，持续推动金融消费者教育和保护工作，进一步增强金融消费者风险防范意识，强化法治意识和契约精神，引导树立理性投资、价值投资观念。[2]

（五）压实社会责任

2020年初，新冠肺炎疫情暴发，监管机构高度重视，密集发文，颁布一系列措施，保障金融服务顺畅，维持金融基础设施有序稳定运行，开辟绿色通道以提供疫情防控金融支持，总结经验以建立突发事件应对长效机

---

[1] 典型的通报案例包括：提示公众注意甄别直播营销金融产品的相关风险；提示警惕网络平台诱导过度借贷风险；严格依法查处"原油宝"产品风险事件并披露相关侵害消费者权益事项；进行关于招联消费金融公司侵害消费者合法权益的通报等。

[2] 例如，中国人民银行、银保监会、证监会和国家网信办于2020年开展"金融知识普及月　金融知识进万家　争做理性投资者　争做金融好网民"活动。

制，规范应对突发事件的经营活动、金融服务。①

要求金融机构落实疫情防控金融重点措施包括：一是确保信贷资源合理充裕，满足疫情防控合理融资需求，充分发挥金融逆周期调节功能；二是简化业务审批程序，提高业务效率，提供便民惠民高效金融服务，加强科技赋能，创新服务方式，提高线上工作效率，优化丰富"非接触式服务"渠道，确保应急资金划转通畅，提高保险理赔效率，合理调整理赔标准，做到应赔尽赔；三是加大扶持政策精准力度，保障疫情防控重大项目资金支持，加大对受困企业的支持力度，不盲目抽贷、断贷和压贷；四是减费让利，压降综合融资成本，适当下调贷款利率，减免费用，提供合理优惠政策，灵活调整信贷还款安排，合理调整延后还款期限；五是积极支持复工复产，加大对重点行业复工复产的信贷支持力度，加大对产业链核心企业的金融支持力度，优化产业链上下游企业金融服务，完善考核激励和风险控制；六是推动国内消费市场释放需求，督促对受疫情影响严重的消费服务业的信贷支持，推动消费提质扩容，加快释放良性消费潜力。

（六）加强监管法治体系建设

监管机构坚持监管工作有法可依、立法先行，不断夯实现代金融监管体系法治基础，为构建、完善现代金融监管制度提供法治保障。

---

① 相关监管政策包括：《关于加强银行业保险业金融服务配合做好新型冠状病毒感染的肺炎疫情防控工作的通知》《中国银保监会党委办公室关于动员系统各级党组织和党员干部积极投身新型冠状病毒感染肺炎疫情防控阻击战的通知》《中国人民银行　财政部　中国银行保险监督管理委员会　中国证券监督管理委员会　国家外汇管理局关于进一步强化金融支持防控新型冠状病毒感染肺炎疫情的通知》《中国银保监会办公厅关于进一步做好疫情防控金融服务的通知》《中国人民银行　银保监会　财政部　国家发展改革委　工业和信息化部关于进一步对中小微企业贷款实施阶段性延期还本付息的通知》《中国银保监会办公厅关于加强产业链协同复工复产金融服务的通知》《银行保险机构应对突发事件金融服务管理办法》。

2020年，银保监会完善金融监管法治体系的相关工作主要包括：[1] 一是明确规范性文件制定程序，提高立法质量，提升依法监管水平；二是统一规范机构改革后的行政处罚程序，加大执法力度，明确当事人合法权益保护机制；三是合理划分监管事权，简政放权，提升准入许可质效，规范、统一行政许可实施行为，推进许可行为标准化、科学化。

（七）行政处罚

根据银保监会披露的信息，2020年，银保监会处罚3178家次，处罚责任人员4554人次，罚没金额合计22.75亿元，其中，信托业罚单共20份[2]，涉及罚没金额2188万元，涉及针对个人处罚的有9单。[3] 根据中国人民银行披露的信息，对SX信托、JL信托及其相关责任人予以行政处罚，涉及罚没金额合计192.48万元。[4] 主要处罚特点总结如下，具体处罚事由见附表1。

1. 罚单数量和罚没金额

2019年，银保监会开出的罚单为35份，罚没金额超过2000万元，2020年的罚单下降至20份，但罚没金额仍居高不下，过去的监管工作取得有效成果，但监管仍持续高压，对违法违规行为加大打击力度。

2. 处罚事由

对信托公司的内部治理不健全、违规事项等进一步加大处罚力度；关于

---

[1] 主要监管规则包括：《中国银保监会规范性文件管理办法》《中国银保监会行政处罚办法》《中国银保监会非银行金融机构行政许可事项实施办法》《中国银保监会行政许可实施程序规定》。
[2] 2020年披露罚单共21份，但其中一份罚单已于2018年做出处罚决定，2020年予以披露，故不纳入本年度统计范围。
[3] 具体涉及11人，其中有6份罚单分别针对单位和个人出具，但处罚事项、理由保持一致。
[4] 监管处罚的依据包括：《银行业监督管理法》第二十一条、第四十五条、第四十六条、第四十八条，《反洗钱法》第三十二条，《银行业金融机构董事（理事）和高级管理人员任职资格管理办法》第二十九条，《信托公司管理办法》第五十条、第六十二条，《信托公司集合资金信托计划管理办法》第四十八条、第五十条。

业务的处罚事项涉及业务全生命周期流程，从项目设计、推介、存续期管理到风险资产处置，全面审视信托项目的合法合规性；对房地产、政府平台以及通道信托项目的监管力度持续加大，对融资类项目的管控力度持续加码。

三、信托业监管趋势展望

（一）以完善公司治理为起点推动信托业高质量发展

2020年，监管发文、监管处罚中均多次提及信托公司的内部治理情况。监管机构认为，信托公司股权管理不到位，公司治理不健全，内部控制制度不完善，未严格有效落实内控制度，均对信托业转型、高质量发展造成重大阻碍。回顾过去几年信托业风险暴露事件，混乱的股权结构以及公司治理机制，是重要诱因。大股东利用自身优势地位，运用信托公司金融牌照违法违规开展金融业务，进行不当利益输送，导致金融市场风险传染、乱象频发。

加强信托公司治理机制建设是整治信托业乱象、巩固整治成果的基础性工作，未来监管机构将开展专项工作，进一步规范管理信托公司股权及其股东行为，督促完善关联交易管理，健全董事、监事以及高管的履职评价体系，提升履职质效，要求信托公司开展信托文化建设专项工作，[①] 促使信托公司建立起符合高质量发展五年规划目标的中国特色现代金融企业制度。

---

① 2020年6月，中国信托业协会发布《信托公司信托文化建设指引》，明确了信托文化的基本内涵，即信托公司以信托关系为基础，以受益人合法利益最大化为目标，回归信托本源，服务实体经济，满足人民群众日益增长的财富管理需求，形成"诚信、专业、勤勉、尽职"的良好价值理念。

（二）推动信托业务转型提质增速

《资管新规》的过渡期原定于2020年底结束，由于新冠肺炎疫情的冲击，资管业务转型压力增加，为顺利平稳过渡，过渡期延长至2021年底结束。信托公司在未来需要继续严格落实监管关于融资类业务、通道类业务的规模管理、合规管理要求，按时保质保量管理融资类业务规模、通道类业务规模，加强对房地产信托、政府融资平台信托合规管理，摒弃与监管以开展"猫鼠游戏"的心态不断试探监管红线的行为。

银保监会在2020年不断完善、填补业务监管空白，陆续完善相关配套制度。近年来的业务结构转变态势日趋明显，结合年度监管检查、处罚重点来看，监管机构坚决引导、督促信托业转型发展，信托业回归本源势在必行，未来融资类、通道类业务规模将进一步压降，服务信托、标品信托、资产证券化信托等转型业务将有望获得更多政策支持。信托公司需要充分运用信托制度特有优势，增强核心竞争力，提供特色服务，避免陷入同质化恶性竞争中。

1. 稳步推进净值化改造

《资管新规》要求对所有资管产品进行净值化改造，产品净值化是破除刚兑的重要基础，净值化改造工作目前正在信托业有条不紊地开展，中信登等机构对于非标准化债权类资产、附回购特征的资产收（受）益权类资产的估值标准做了有益尝试。[①] 为有条不紊地推进净值化改造工作，可以加强对投资者的教育，主动引导投资者具有对产品净值化的接受程度，提高投资者对资管产品合同、产品风险的辨识程度。

[①] 根据公开报道，中国信托登记有限责任公司与中国信托业协会、中债金融估值中心有限公司等联合制定的《信托公司信托产品估值指引》（征求意见稿），向部分信托公司征询意见；中国信托登记有限责任公司于2020年9月发布《中国信托登记有限责任公司信托估值信息服务指南（试行）》，明确相关操作流程；与中债金融估值中心有限公司于2020年10月30日发布《中债-中信登信托资产估值编制说明（试行）》。

2. 提升资产证券化业务精细化管理水平

过去几年，监管机构大力支持信托公司开展资产证券化业务，信托公司在资产证券化业务中的重要功能已在过去几年的发展中得到充分验证，虽然信托公司以不同身份在其中发挥不可替代的重要功能，但仍面临一些亟须改进的地方，例如通道思维根深蒂固、尽调工作较为被动、风险研判及应对措施不充分、内部业务制度不健全、风险精细化管理存在不足、项目存续期管理较为被动等，诸多方面均有待未来改进，监管机构可对信托公司参与资产证券化业务提出一些新的更高要求，引导信托公司更为积极、主动地开展资产证券化业务，提升信托公司资产证券化业务管理的精细化水平。

3. 支持丰富标品投资产品类型

监管机构鼓励信托公司开展标品投资业务，发挥信托的直接融资功能，在资本市场引入长期资金、价值投资资金。资本市场投资品种的多样性，为标品投资信托的发展提供了肥沃土壤，具体投资品种除了常见的股票、债券外，还包括 ABS、ABN、ABCP 以及 REITs 等投资品种。值得注意的是，在股票、金融衍生品以及量化交易等领域，信托公司的投研能力、投资策略制定与执行水平均有待提升，并且未来监管也将采取必要措施以防范投资产品融资化。

4. 促成满足居民财富管理需求

居民财富管理需求不断增长。我国人均国内生产总值已跨越 1 万美元关口，中等收入群体超过 4 亿人，招商银行和贝恩公司发布的《2021 中国私人财富报告》显示，2020 年，中国个人可投资资产总规模达 241 万亿元，2018～2020 年年均复合增长率为 13%；预计到 2021 年底，可投资资产总规模将达 268 万亿元。居民个人资产配置的需求快速上升，高净值客户以及超高净值客户的多元化财富管理需求开始显现，随着我国经济转型、人口老龄化趋势加快以及财富阶层多元化，财富管理目标将更加多元化。

未来有望进一步出台涉及财富管理的相关监管制度、配套制度，进一步加强对家族信托等具有特定功能的财富管理工具的监管，改变资产管理产品单一、同质化的情况，满足居民的财富管理定制化需求、财富保护传承需求。

（三）支持鼓励履行社会责任

《中共中央关于制定国民经济和社会发展第十四个五年规划和二〇三五年远景目标的建议》明确指明了国家发展目标，监管机构积极引导金融机构有所作为，主动承担社会责任，除上文提及的疫情防控支持政策外，还针对不同行业、领域发布诸多政策文件,[①] 对金融机构承担社会责任、服务实体经济、促进社会发展提出明确要求。

信托公司在其中大有可为，也应有所作为，应当积极履行社会责任，有所侧重地将自身经营发展融入国家发展、实现规划目标的过程中，切实履行社会责任的信托业务类型主要体现为慈善信托及服务信托。

1. 有望出台慈善信托配套支持制度

2020年，慈善信托在助力疫情防控、支持企业复工复产等方面发挥积

---

① 主要包括《民政部 财政部 银保监会关于进一步加强社会救助资金监管工作的意见》《住房和城乡建设部等部门关于加强和改进住宅物业管理工作的通知》《工业和信息化部 国家发展和改革委员会 科学技术部 财政部 人力资源和社会保障部 生态环境部 农业农村部 商务部 文化和旅游部 中国人民银行 海关总署 国家税务总局 国家市场监督管理总局 国家统计局 中国银行保险监督管理委员会 中国证券监督管理委员会 国家知识产权局关于健全支持中小企业发展制度的若干意见》《中国人民银行 银保监会 国家发展改革委 工业和信息化部 财政部 市场监管总局 证监会 国家外汇管理局关于进一步强化中小微企业金融服务的指导意见》《关于进一步规范信贷融资收费降低企业融资综合成本的通知》《中国银保监会办公厅关于深化银行业保险业"放管服"改革 优化营商环境的通知》《关于促进应对气候变化投融资的指导意见》《中国人民银行 工业和信息化部 司法部 商务部 国资委 市场监管总局 银保监会 国家外汇管理局关于规范发展供应链金融 支持供应链产业链稳定循环和优化升级的意见》《关于进一步促进服务型制造发展的指导意见》《推动物流业制造业深度融合创新发展实施方案》《住房和城乡建设部等部门关于加快新型建筑工业化发展的若干意见》《住房和城乡建设部等部门关于推动智能建造与建筑工业化协同发展的指导意见》《中国人民银行 中国银行保险监督管理委员会关于建立银行业金融机构房地产贷款集中度管理制度的通知》等。

极作用,①"十四五"规划要求"发挥第三次分配作用,发展慈善事业,改善收入和财富分配格局"。慈善信托单数的增长体现了大众参与公益、慈善的积极性,未来,慈善信托的发展还有赖配套制度的健全,例如税收、财产登记、信息公示等,相关配套政策、激励措施可能会陆续出台。

2. 引导服务信托满足社会大众需求

一是涉众性资金服务信托。近年来,各类预付式消费商家跑路事件频发,涉及理发、健身、租房、共享单车以及教育等行业,涉众性社会资金的管理矛盾突出,加强涉众性资金监管具有一定的紧迫性。信托公司可以充分发挥信托制度优势,承担资金监管、流动性管理、收支管理等职责,提供资金增值服务,进行合理分配以及披露相关信息,通过搭建灵活的交易模式满足不同服务背景下的需求,从而缓解矛盾、调节社会关系。

二是养老服务信托。近年来,我国面临的人口老龄化压力增加,养老服务需求增加,开展养老服务信托有助于老龄化群体的财产分配及消费意愿目标实现,有利于切实保障老龄群体的利益。

(四)督促信托公司提升风险研判能力

信托业务转型对信托公司的风险管理能力提出新的挑战,新型项目、领域的风险特征有别于传统信托项目,需要提高风险研判能力,准确识别行业风险、市场风险以及操作风险等。

2021年1月1日《民法典》及配套司法解释正式实施,对过往的司法规则做出较大调整,对信托公司法律风险管控能力提出更高要求,并且,近年来,司法判例呈现监管规则司法化的重大变化趋势。未来,监管机构

---

① 根据中国慈善联合会慈善信托委员会公布的数据,2016~2020年,我国共备案慈善信托537单,总规模为33.19亿元,2020年底同比新增257单。

将加大对信托公司风控能力的审视力度，信托公司需采取应对措施，全面梳理关键节点风险，注意避免监管风险向法律风险转变。

四、发展建议

（一）完善公司内控管理，加强信托文化引领

进一步加强公司内部制度建设，梳理、修订各类管理制度，评估各项制度、机制的科学性、有效性，总结经验，补齐短板，做到制度先行，强化顶层设计，加强精细化管理。确保信托公司运行规范，事前制度清晰，权责明确，有章可循；事中跟踪落实，确保各项制度、机制落实到位；事后定期评估，有效追责，不断完善公司治理、运行机制，提高公司业务发展质效。

将信托文化建设融入信托公司治理、业务发展等各个关键环节中，开展内容丰富、形式多样的文化建设活动，确保信托文化深入公司每个员工内心，使之成为行动理念、共识。

（二）丰富产品类型，加强管理能力

信托公司应避免对过往业务的路径依赖，进一步开展产品净值化改造工作，抓住业务转型先机，加快转型升级，尽早取得行业优势。进一步提升主动管理能力，推动直接融资业务发展，避免投资业务融资化，加大对标品投资业务领域的投入力度，补齐短板，丰富产品类型，加强投资研判能力建设，加快相关人才队伍建设，培养、引入对应配套人才，强化业务协同，完善产品体系，研发差异化、有特色的信托产品。

（三）积极履行社会责任，探索业务结合点

1. 慈善信托。信托公司应积极建言献策，促成出台、完善慈善信托配套制度、激励机制，加大对慈善信托的宣传力度，让民众深入了解信托制度，激发民众参与的积极性；探索将家族信托与慈善信托相结合，满足委托人的个性化公益需求，实现个体利益与公益相结合。

2. 涉众性资金服务信托。充分运用信托制度优势，设计科学、灵活的交易结构，确保涉众性资金的安全性，保障公众交易安全；探索提供增值服务的内容，进行闲置资金运营，提高资金运用效率，兼顾各方交易主体的利益、诉求。

（四）强化科技赋能，提升业务质效

通过科学技术手段，促成业务管理质效提升，进一步加快信托公司数字化转型，将金融与科技相融合，促使业务变革，着力化解业务转型痛点，如信托产品估值、业务关键节点管控、信息自动提示以及外部系统对接等关键环节的痛点。努力使金融科技成为自身发展的优势，通过科技手段提高风险管控能力，提升服务效率，以更好地为委托人提供高效的服务。

附表1　2020年信托业行政处罚事由

类型	事由
1. 公司治理与反洗钱	未经核准提前履行高管职责
	违规设立子公司
	未按规定报送案件风险信息
	未按照规定履行客户身份识别义务
	未按照规定报送可疑交易报告

续表

类型	事由
2. 信托产品设计	抵押物评估严重不审慎
	违规开展非标准化理财资金池等具有影子银行特征的业务
	违规提供融资相关服务
	违规开展融资平台业务
	尽职管理不到位,向政府购买服务负面清单项目提供融资
	违规提供隐性的第三方金融机构信用担保,向监管部门报送虚假业务报告
3. 信托产品销售推介	违规承诺信托财产不受损失或保证最低收益
	推介信托计划时存在对公司过去的经营业绩做夸大介绍的情况
	推介信托计划未充分揭示风险
4. 信托产品存续期管理	部分信托项目未真实、准确、完整披露信息
	未按监管规定及时进行信息披露
	违规将部分信托项目的信托财产挪用于非信托目的
	信托资金未按约定用途使用
5. 通道业务	违规为银行提供通道服务
	未严格审核信托目的的合法合规性,为银行规避监管提供通道
	违规接受保险资金投资事务管理类信托计划
	作为受托人,为委托人提供通道发放贷款
	尽职管理不到位,严重违反审慎经营规则
6. 风险处置	资金池垫付风险项目未按要求计提减值准备
	信贷资产转让严重违反审慎经营原则

附表2 2019~2020年资管行业主要监管政策

发布时间	文件名称	主要内容
2019年12月20日	《中国人民银行 中国银行保险监督管理委员会 中国证券监督管理委员会 国家外汇管理局关于进一步规范金融营销宣传行为的通知》(银发〔2019〕316号)	进一步规范市场主体金融营销宣传行为,保障金融消费者合法权益:一是明确金融营销宣传资质要求,二是明确监管部门职责,三是明确金融营销宣传行为规范,四是明确对违法违规金融营销宣传活动采取相应监管措施

续表

发布时间	文件名称	主要内容
2019年12月30日	《中国银保监会关于推动银行业和保险业高质量发展的指导意见》（银保监发〔2019〕52号）	1. 信托公司要回归"受人之托、代人理财"的职能定位，积极发展服务信托、财富管理信托、慈善信托等本源业务 2. 有效发挥理财、保险、信托等产品的直接融资功能，培育价值投资和长期投资理念，改善资本市场投资者结构 3. 加强养老保险第三支柱建设，鼓励保险机构发展满足消费者终身、长期领取需求的多样化养老保险产品，支持银行、信托等开发养老型储蓄和理财产品 4. 逐步清理压缩不合规的表外理财非标资产投资、表内特定目的载体投资、同业理财等业务规模，严控银信类通道业务
2020年1月3日	《中国银保监会规范性文件管理办法》（中国银行保险监督管理委员会令2020年第1号）	1. 规范银保监会规范性文件的制定程序，提高立法质量和依法监管水平 2. 遵循《中华人民共和国立法法》确定的立法原则，符合上位法规关于立法的规定，严格执行评估论证、征求意见、合法性审查、集体审议决定、公开发布等程序
2020年1月14日	《银行业保险业消费投诉处理办法》（中国银行保险监督管理委员会令2020年第3号）	1. 银行保险机构应当畅通投诉渠道，健全完善溯源整改机制，切实注重消费者消费体验，提升服务水平 2. 明确消费投诉事项，明确投诉处理程序，完善投诉处理制度，便捷高效处理投诉，强化监管督查和对外披露 3. 维护消费者权益方面新举措：简化受理程序；加强投诉核查，推进纠纷调处；对处理不力的机构加大监管力度和进行问责

续表

发布时间	文件名称	主要内容
2020年1月20日	《信托公司股权管理暂行办法》（中国银行保险监督管理委员会令2020年第4号）	1. 加强信托公司股权管理，规范信托公司股东行为，促进完善公司治理机制建设，依法对信托公司股权实施穿透监管，强化董事会股权事务责任等重要制度安排。突出信托公司股东、信托公司、监管部门三方主体从股权进入到退出各个阶段的股权管理职责，更加贴合监管实际，突出治理机制要求，力求解决突出问题 2. 明确股东责任，明确信托公司职责，加强股权监督管理，明晰法律责任
2020年3月1日	《银保监会 中国人民银行 国家发展改革委 工业和信息化部 财政部关于对中小微企业贷款实施临时性延期还本付息的通知》（银保监发〔2020〕6号）	明确对于2020年1月25日至6月30日中小微企业需支付的贷款利息，银行业金融机构应根据企业延期付息申请，结合其受疫情影响的实际情况，给予企业一定期限的延期付息安排。贷款付息日期最长可延至2020年6月30日，免收罚息。对于少数受疫情影响严重、恢复周期较长且发展前景良好的中小微企业，银行业金融机构可根据实际情况与企业协商确定另外的延期安排
2020年3月18日	《保险资产管理产品管理暂行办法》（中国银行保险监督管理委员会令2020年第5号）	1. 保险资管产品包括债权投资计划、股权投资计划、组合类产品和银保监会规定的其他产品 2. 保险监管产品可以投资于国债、地方政府债券、中央银行票据、政府机构债券、金融债券、银行存款、大额存单、同业存单、公司信用类债券，在银行间债券市场或者证券交易所市场等经国务院同意设立的交易市场发行的证券化产品，公募证券投资基金、其他债券类资产、权益类资产和银保监会认可的其他资产 3. 投资限制：保险资管产品不得直接投资于商业银行信贷资产；同一保险资产管理机构管理的全部组合类产品投资于非标准化债权类资产的余额，在任何时点不得超过其管理的全部组合类产品净资产的35% 4. 简化产品发行程序

续表

发布时间	文件名称	主要内容
2020年5月8日	《信托公司资金信托管理暂行办法（征求意见稿）》	1. 目的：推动资金信托回归"卖者尽责、买者自负"的私募资管产品本源，发展有直接融资特点的资金信托，保护资金信托投资者合法权益 2. 制定原则：坚持私募定位，聚焦《关于规范金融机构资产管理业务的指导意见》，严守风险底线，促进公平竞争 3. 分类：资金、服务和公益信托 4. 非标债权集合资金信托计划业务规模受限：信托公司管理的全部集合资金信托计划向他人提供贷款或者投资于其他非标准化债权类资产的合计金额在任何时点均不得超过全部集合资金信托计划合计实收信托的百分之五十 5. 信托公司管理的全部集合资金信托计划投资于同一融资人及其关联方的非标准化债权类资产的合计金额不得超过信托公司净资产的百分之三十 6. 信托公司以自有资金参与单只本公司管理的集合资金信托计划的份额合计不得超过该信托实收信托总份额的百分之二十。信托公司以自有资金直接或者间接参与本公司管理的集合资金信托计划的金额不得超过信托公司净资产的百分之五十
2020年5月18日	《中国银保监会 工业和信息化部 国家发展改革委 财政部 中国人民银行 市场监管总局关于进一步规范信贷融资收费 降低企业融资综合成本的通知》（银保监发〔2020〕18号）	银保监会会同相关部委持续关注企业信贷融资收费问题，不断推动降低企业融资综合成本
2020年5月24日	《中国银保监会行政许可实施程序规定》（中国银行保险监督管理委员会令〔2020〕7号）	为规范银保监会及其派出机构实施行政许可行为，明确行政许可程序，提高行政许可效率，保护申请人的合法权益 1. 增加了中止审查和恢复审查程序 2. 明确了申请人、利害关系人申请听证的权利和程序 3. 提升行政审批规范化、便利化水平，如明确申请人提交材料以及送达文书等可以"电子传输"这一方式实现

续表

发布时间	文件名称	主要内容
2020年6月15日	《中国银保监会行政处罚办法》（中国银行保险监督管理委员会令2020年第8号）	1. 目的：规范银保监会及其派出机构行政处罚行为，维护银行业保险业市场秩序 2. 整合优化银行业、保险业行政处罚程序 3. 从处罚管辖、查处衔接、处罚适用、人员问责以及纪法衔接等方面加大执法力度 4. 从构建"审查分离"工作机制、明确回避规则、规范调查取证、规定事先告知以及明确权利救济途径等方面落实保护当事人合法权益的措施
2020年6月23日	《中国银保监会关于开展银行业保险业市场乱象整治"回头看"工作的通知》（银保监发〔2020〕27号）	1. 目标任务：落实"六稳"和"六保"；依法严查，防止乱象反弹回潮，落实政策；持续整治，减少违法违规行为，完善内控合规长效机制，提升金融服务实体经济质效 2. 主要内容：涉及主体责任是否落实到位，实体经济是否真正受益，整改措施是否严实有效，违法违规是否明显遏制，合规机制是否健全管用 3. 工作要求：严格自查自纠；依法问责处理；构筑监管合力
2020年6月	《关于信托公司风险资产处置相关工作的通知》	加大对表内外风险资产的处置力度，压降信托通道业务规模，逐步压缩违规融资类业务规模
2020年7月3日	《标准化债权类资产认定规则》（中国人民银行 中国银行保险监督管理委员会 中国证券监督管理委员会 国家外汇管理局公告〔2020〕第5号）	明确标准化债权类资产和非标准化债权类资产（以下简称"非标资产"）的界限、认定标准及监管安排，引导市场规范发展。标准化债权类资产是指依法发行的债券、资产支持证券等固定收益证券。其他债权类资产被认定为标准化债权类资产的，应当同时符合以下条件：等分化，可交易；信息披露充分；集中登记，独立托管；公允定价，流动性机制完善；在银行间市场、证券交易所市场等国务院同意设立的交易市场交易

续表

发布时间	文件名称	主要内容
2020年9月9日	《银行保险机构应对突发事件金融服务管理办法》（中国银行保险监督管理委员会令2020年第10号）	规范银行保险机构应对突发事件的经营活动和金融服务，保护客户的合法权利，增强监管工作的针对性，维护银行业保险业安全稳健运行
2020年9月11日	《金融控股公司监督管理试行办法》（中国人民银行令〔2020〕第4号）	规范金融控股公司行为，加强对非金融企业等设立金融控股公司的监督管理，防范系统性风险，是对《国务院关于实施金融控股公司准入管理的决定》的进一步细化与落实
2020年9月15日	《中国人民银行金融消费者权益保护实施办法》（中国人民银行令〔2020〕第5号）	保护金融消费者合法权益，规范金融机构提供金融产品和服务的行为，维护公平、公正的市场环境，促进金融市场健康稳定运行。对与金融消费者息息相关的八项权利进行重点突出、有的放矢的规范。重点内容：在公平交易权与自主选择权方面提出更为明确的要求；对营销宣传进行有针对性的规范；在延续原有的金融信息保护的基础上，以实现保护金融消费者信息安全权为目的，从信息收集、披露和告知、使用、管理、存储与保密等方面进行优化
2020年11月16日	《中国银保监会信托公司行政许可事项实施办法》（中国银行保险监督管理委员会令2020年第12号）	1. 规范银保监会及其派出机构实施信托公司行政许可行为，明确行政许可事项条件、程序和期限，保护申请人合法权益 2. 在强化股东监管方面明确了以下要求：一是强化非金融企业入股信托公司资质要求，二是强化股东入股资金来源审查要求，三是严格规范信托公司股权质押，四是明确信托公司股东管理、股东的权利义务等相关内容应按照有关规定纳入信托公司章程 3. 引导信托公司转型发展方面：一是鼓励信托公司开展本源业务，调整信托公司"特定目的信托受托机构资格"准入条件，适当放宽对信托公司经营年限和监管评级的要求；二是引导信托公司强化合规经营理念，新增信托公司合规总监任职资格条件及许可程序内容；三是优化信托公司治理机制，强化独立董事监管，提高独立董事履职的独立性，明确要求独立董事在同一家信托公司任职时间累计不得超过6年

续表

发布时间	文件名称	主要内容
2020年12月28日	《中国人民银行 中国银行保险监督管理委员会关于建立银行业金融机构房地产贷款集中度管理制度的通知》（银发〔2020〕322号）	对房地产贷款集中度提出监管要求，采取分类分档等多种安排，提高银行业金融机构稳健性，防范金融体系对房地产贷款过度集中带来的潜在系统性金融风险
2020年12月30日	《中国银保监会办公厅关于深化银行业保险业"放管服"改革 优化营商环境的通知》（银保监办发〔2020〕129号）	1. 推进银行业保险业简政放权、优化服务，更大激发市场活力，推动营商环境持续改善 2. 主要内容：营造公开、公平、公正的银行业保险业市场准入环境，持续推动银行业保险业监管简政放权，进一步提升事中事后监管效能，切实提高银行保险机构金融服务质效

第二部分
专题研究

以信托制度服务传承和公益需求
　　——特殊需要信托在我国的探索与尝试　／153

监管规则司法化背景下信托公司法律风险管理研究　／173

浅析信托公司参与不良资产市场的业务路径　／201

家族信托中的资产配置探讨　／223

我国保险金信托业务模式分析与创新方向　／247

信托公司转型标品 TOF 业务及其核心能力建设　／271

信托公司内部信用评级体系
　　——以房地产主体评级为例　／287

以信托制度服务传承和公益需求

——特殊需要信托在我国的探索与尝试

李合怡

摘　要："增进民生福祉""健全国家公共服务制度体系"是"十四五"规划和2035年远景目标的重要组成部分，我国为维护特定人群的福利保障和身心健康，在《民法典》提出了成年人意定监护和法定监护制度，但该制度的施行与行为能力直接相关，现行的监护和社会救助保障体系仍无法妥当地保护特殊需要人群的权益。这类人群不仅包括未成年的身心障碍者，还包括由先天性缺陷导致的智能及发展障碍人群和失智失能的高龄老人，"幼育和养老"问题也关系每个家庭的获得感、幸福感、安全感。基于我国的人口老龄化和未成年人财产保障问题，本报告提出以下建议：在我国现行信托法框架下，引入特殊需要信托、发挥信托制度在补充监护制度中的作用、加大对身心障碍人群的监护和财产权利的保护力度。

关键词：身心障碍者　老龄化　监护制度　特殊需要信托

一、特殊需要信托的研究背景

根据不完全统计，我国国内患有智力障碍、自闭症谱系障碍、唐氏综合征等基于先天性缺陷导致的智能及发展障碍的人为1200万～2000万人，直接影响家庭人数为5000万～8000万人。在老龄化快速发展阶段，预计"十四五"期间，我国老年人口将突破3亿人，其中，失智失能的高龄老年人占比将超过10%。在现有的社会保障和服务体系中，障碍者的照料责任主要由家长和亲属承担，这样的支持体系脆弱且不可持续，身心障碍者的家庭往往因为不堪重负而发生一些极端事件，这种情况屡见不鲜。多数特殊家庭的成员有些许共同的忧虑：养老和幼育之间的平衡问题；父母离世后，下一代无法独立生活，为照料子女而留下的资产储备如何用于保障子女的日常生活问题；如何保障这类遗产不被侵占，以长期用于解决这类特殊人群的特定需求问题。

特殊需要信托（Special Needs Trust）也称补充需要信托（Supplemental Needs Trust），是由信托公司、非营利组织或政府依据相关法律为有特殊需要的人群而设立的一种信托形式，旨在为这类人群的护理、残疾设施等生活基础需求水平的提升提供信托资金的支持。特殊需要信托发端于20世纪80年代的美国，与其国内的医疗救助制度相互补充，这种信托具有一般民事信托的特点，同时不影响信托受益人的社会福利资格，以满足特殊人群有质量、有尊严的生存发展需要。近年来，国内学者对于通过信托制度实现多元化财产传承的研究较多，但对于特殊需要信托尚缺乏有针对性的研究和探索。本报告在分析我国监护制度现实不足的基础上，借鉴美国特殊需要信托制度，力求为我国的监护制度引入特殊需要信托提供路径导向，使特殊需要信托与成年监护方式相结合，从而加大对身心障碍人群的身心监护和财产权利的保护力度。

二、特殊需要信托的实践与应用

在美国、英国、澳大利亚、中国台湾和中国香港等国家和地区，特殊需要信托已经成为满足包括身心障碍者在内的残障人士、老年人等特殊需要群体的特殊需要的重要补充。这些国家和地区已经形成了相对完善、系统的特殊需要信托产品和服务，并在连接特殊人群所需服务，连接医疗、社保等公共福利体系方面形成了可资借鉴的良好实践经验。

（一）美国

美国特殊需要信托制度产生的背景是已有的公共救助制度，如医疗救助制度、社会安全补助金制度，无法满足身心障碍者全方位的生活需要，在政府机构和个人积极探索合法途径保留救助资格的前提下，提高生活质量。综观美国特殊需要信托发展历程，1985年之前，个人可以通过起草信托，保护自有资产从而保留以基本生活需求为基础的公共福利资格。但在1985年之后，该行为被认为违反公共政策。"医疗补助资格信托"被《1985年统一综合预算协调法案》（COBRA 85）废除。虽然社会救助制度为残障人士家庭提供了多种福利，如医疗补助、住房补贴、康复护理和交通援助等，但这仅涉及日常生活所需，无法满足残障人士对生活质量的追求。此外，对大多数特殊需要家庭来说，对于照顾身心障碍人士的费用，公共福利并不足以充分覆盖。在这种情况下，起补充作用的特殊需要信托应运而生，这一信托制度起到的是补充作用，而非取代公共福利。

美国的特殊需要信托建立在公共救助制度之下，是其重要补充，主要分为单方特殊需要信托和第三方特殊需要信托。第三方特殊需要信托中的信托财产不是来自欠缺行为能力人或无行为能力人，而是来自他们的父母、祖父母或者其他家庭成员，这些财产通过继承而取得；单方特殊需要信托则是基于医疗救助制度和社会安全补助金制度的创新。由于第三方特殊需要信托的结构类似于家庭和家族信托，受托资产主要来自赠予和继承，与公共救助和监护体系关联较少，因此下文主要介绍美国的单方特殊需要信托制度。

单方特殊需要信托基于有关欠缺行为能力人或无行为能力人的诉讼或判决产生的收益而设立。由于美国的公共救助制度对申请人的家庭或个人收入有严格的标准，对于特殊需求人群，一旦从人身伤害等诉讼中得到可观的赔偿，个人资产就会远超公共救助制度对资产的限制标准，从而被取消获得救助的资格；对于长期需要治疗的行为能力丧失者来说，不依靠公共救助，仅使用赔偿，仅能支付基本的医疗费用，而挤压正常的生活支出，因此，对于此类情形，最优的解决方案就是设立特殊需要信托，将对财产的管理权转移到受托人手中，这样既不会影响受益人继续享有公共救助，也能将信托财产用于其他生活消费，改善生活。单方特殊需要信托可以在身体残疾者或行为能力丧失者基于人身伤害诉讼、医疗事故索赔或其他请求而获得赔偿时得以设立，受益人在获得赔偿之外，可以继续接受公共救助，同时信托财产在严格的限定下进行分配。受益人过世后，剩余财产不得为任何人所继承，而应上交国家，国家在剩余信托财产中获得等同于受益人生前获得的公共救助费用。因此，特殊需要信托可以维护他们潜在或者实际的利益。

（二）中国香港

中国香港在借鉴美国集合信托的基础上，建立了符合香港本土情况的特殊需要信托，运作逻辑基于"生前信托+遗嘱"的法律架构。委托人在世时设立信托，并订立遗嘱。委托人身故后，遗嘱执行人变卖委托人的资产，并将所得资金转移到"特殊需要信托"账户，信托正式开始运作。中国香港特区行政长官林郑月娥在2017年10月的《施政报告》中指出："政府已决定牵头成立特殊需要信托，由社会福利署署长担任受托人，在特殊需要家庭的家长离世后管理他们遗留下的财产，按照他们的意愿定期向其子女的照顾者或机构发放款项，以确保他们的家庭财产继续用于满足其子女的长远生活需要。"

中国香港的特殊需要信托以政府的强大公信力为依托，香港是首个由政府机构担任特殊需要信托受托人的地区，在充分考虑私人信托收费高昂和大多数特殊需要家庭的经济情况后，采取了类似集合信托的方式，为特殊需要人士服务。2019年，香港特区政府公布的特殊需要信托的门槛为22.5万港元，这对经济困难家庭来说是一笔很大的费用，与采用集合信托方式的初衷相悖，因此，若采用集合信托方式，则需要在资金准入门槛上多做考虑。

（三）中国深圳

2020年9月8日，深圳市残疾人联合会和深圳市地方金融监督管理局发布了《关于促进身心障碍者信托发展的指导意见》，率先为身心障碍者创设"财产管理+公益"的信托服务，打造弱有众扶的帮扶体系。在指导意见中，为破解身心障碍者照料服务机构和社会服务机构有效对接难题，鼓励设立第三方中介组织，负责连接信托各相关方资源和力量。该中介组织可协助受托人遴选能够满足委托人和受益人需求的专业服务机构，并定期对其开展评价考核。专业服务机构应登记注册为商事主体或社会组织，并依据信托文件，为受益人提供医疗、康复、特殊教育、就业、托养、养老、文体、基本生活照料、殡葬、遗嘱、法律等个性化支持服务。其业务范围及收费标准将向社会公布，并接受身心障碍者信托各方和社会的监督。

通过上述的分析可以发现，相关信托产品的设立基于信托的财产管理服务功能对现有监护制度的补充和完善。针对身心障碍者庞大的需求，仅仅被动等待社会福利支持既不能满足多样化的家庭需求，也不利于促进社会服务体系发展，因此，需要多种方法齐头并进，共同推动相关社会问题解决。

三、对现行法律制度下我国监护环境的审视

我国的监护制度和相关配套制度还不甚完善，是引入特殊需要信托的主要动因，本部分主要从我国现有社会救助保障体系、监护制度和社会照

顾机制等方面分析身心障碍者所处的生活环境，阐释如何通过引入特殊需要信托，弥补现有制度的不足，维护身心障碍者和其家庭的双重利益。

（一）我国现有社会救助保障体系的不足

首先，我国目前的社会救助对象主要分为三类，即最低生活保障家庭成员、特困供养人员、县级以上人民政府规定的其他特殊困难人员。从法条规定[①]来看，当前，我国医疗救助的对象限于享有困难资格认定的家庭。医疗救助的手段分为给予医疗保险个人缴费部分补贴，以及给予难以承担的医疗自负费用补助。该救助手段限于医疗费用的补贴，且更关注重大疾病治疗费用的补贴，忽视对特殊生活需求的补助，救助内容并不全面。

其次，从身心障碍的未成年人角度来看，目前，我国社会救助以最低生活保障、重度残疾人基本生活补助、农村五保和城镇"三无"对象集中供养、孤儿和困境儿童基本生活费发放等为主。其中，孤儿和困境儿童主要是指失去父母以及因父母或其他监护人无力履行抚养义务造成生活陷入困境的未成年人，年人均收入超过低保标准150%的重度残疾人以及未陷入生活困境的未成年人不纳入社会救助范围。对于具有较好家庭条件的身心障碍未成年人而言，如果其父母去世后直接留给其资产，或者因被侵害而获得赔偿金，其就将丧失社会救助资格；如果为获得社会救助资格而放弃上述财产，则并非身心障碍未成年人本人及其父母之所愿。达到既能保留社会救助资格，又能获得额外的资金资助以得到更好的生活照顾的目的，在当前救助政策和监护制度下还缺少有效手段。

我国目前的社会救助保障体系仍存在救助对象范围过窄以及救助手段不足的缺陷。社会保障制度的完善有赖国家社会经济的发展，随着我国经济实力增强和医疗水平提高，身心障碍者越来越重视对生活品质的追求。

---

① 《社会救助暂行办法》（中华人民共和国国务院令第649号），自2014年5月1日起实施。

虽然现在我国对成年身心障碍者的保护程度与美国有差距，但是改善被救助者的生活品质将成为重要的社会救助理念，这既是积极应对人口老龄化的必要举措，也是我国社会主义社会保障理念的核心内涵。特殊需要信托制度可以使身心障碍者获得更好的生活，是社会救助的有力保障。

（二）监护制度与行为能力直接挂钩的缺陷

当前，我国面临老龄化社会的现实需求，这驱动引入特殊需要信托制度以充分发挥监护制度的价值。1986年公布的《民法通则》将成年监护对象限制为精神病人；2012年修改的《老年人权益保障法》第二十六条将成年监护对象扩大到了老年人，首次提出老年人意定监护制度[①]；2017年颁布的《民法总则》在成年监护制度的顶层设计上有所完善，在一定程度上消除了原有监护体系的残缺：将成年监护的范围由精神病人扩展到成年人，新增成年人意定监护和法定监护制度，确认了成年监护的两项基本原则，即尊重被监护人的真实意愿和最有利于被监护人。在2017年后，我国成年监护制度的规则和体系初具雏形。现有的成年监护制度依然存在缺陷，如意定监护人和被监护人之间的权利与义务内容不清晰，缺乏对意定监护人法律责任的规制，无法落实对成年被监护人的生活保障；有关丧失行为能力的成年人的身心和生活监护、财产管理问题等未能得到解决，特别是我国当前成年监护制度与行为能力全面"挂钩"，严格区分"失能"（即失去生活自理能力）与"失智"（即辨识能力不足），将监护对象限制为失智成年人，而不包含仅身体上残疾，囿于生活自理和财产管理，但具有完全行为能力的成年人。

借鉴相关国家和地区成年监护制度的实践经验，纯粹以行为能力为监

---

① 老年人意定监护是指：被监护人在有意识能力时为自己任选监护人，并将自己的人身照顾和财产管理等事宜委托给监护人，待被监护人丧失意识能力后，由监护人按照被监护人的意愿处理生活照管、医疗救治、财产管理、维权诉讼和死亡丧葬等监护事宜的制度。

护启动依据的成年监护制度无法保障仅存在身体障碍人士的利益。德国单设成年照管制度，以实现对身体残疾、智力健全人士的保护，《德国民法典》规定，若身体残障导致成年人不能自主处理事务，则成年人可以申请选任照管人。法国限制纯粹的身体障碍人群适用监护规则，若身体障碍成年人没有表意障碍，则可以适用扶养法的相关规则以保护其利益；当身体障碍阻碍意愿表达时，被监护人可以寻求获得民法中的监护措施的保障。日本新监护法规定了辅助人制度，为由于精神障碍而丧失事理辨识能力的人提供保护，成年监护对象包含事理辨识能力逐渐衰退的老年人。这些国家通过进行制度设计，将社会监护覆盖失智和失能成年人。我国现有成年监护制度忽视了对虽具健全认知能力，但由于身体原因需要特殊照顾的残疾人士的保护，无法保障失能成年人的权益。在老龄化的背景下，将成年监护范围扩大到所有身心障碍成年人，是我国新时代社会保障体系发展的必然趋势，是落实国家政策、立足失智失能群体照顾需求现状的重要表现。

（三）我国身心障碍者社会照顾机制的缺失

我国成年身心障碍者的社会照顾机制尚存欠缺，现有以法定监护人为主的监护机制，给成年身心障碍者家庭带来了沉重的负担。由广东省智力残疾人及亲友协会、广州市扬爱特殊孩子家长俱乐部发起，广州市残疾人联合会参与支持的《2019年成年心智障碍人士就业状况和需求调研报告》显示：超过半数的成年身心障碍者的监护人已经年迈，依靠退休金维持家庭生活；家庭收入来源仅依赖退休金及其他各项补贴的比例高达46%。一方面，成年身心障碍者的生活自理能力差，需要照顾者投入更多的金钱和时间，照顾者身体和心理上存在较大负担；另一方面，照顾者可能自身年纪偏大，开始进入老年阶段，在其去世之后，身心障碍的成年子女面临无人照顾的困境。现实中，因缺乏有效的监管机制，法定监护人侵占被监护人财产、虐待被监护人的现象多发，被监护人的身心照护和财产安全未能得到保障，法定监护人的义务和责任未能充分履行和承担。当前，我国部分城市，如深圳，吸收借鉴了中国台湾和香港地区的服务理念，已尝试提供成年身心障碍者社区化服务，由民办非营利机构为身心障碍人士提供生活和就业上的帮助。但是，其在运作上依然存在不可忽视的问题，如民办非营利机构的责任无法规制，无法帮助身心障碍者管理财产。近年来，越来越多的成年身心障碍者家庭希望能通过一种可靠合理的机制来保障成年身心障碍子女未来的生活品质。2018年12月27日发布的《中国心智障碍者保障现状及其保障需求调研报告》显示：一方面，我国存在14.81%的心智障碍者无任何社会保险保障的现象，大部分家庭认为，社会保险对于康复机构费用的报销只不过是杯水车薪；另一方面，很多保险公司主张把心智障碍人群纳入商业保险的免赔范围，商业保险未能发挥应有的补充保障作用。相关国家和地区采用不同的信托模式保障特殊人群的利益，如日本的特别障碍者扶养信托、英国的保护信托等，目前，我国市场上已有专门针对身心障碍者的保险信托产品，如中信信托与壹基金合作的保险金信托。可见，信托能够作为一个在成年监护中发挥重要作用的工具。我国台湾地区的安养信托对保障高龄者生活安养发挥重要作用，如建立了老人财产信托制度，身体健康的老人以自愿方式设立财产信托，失智、失能老人则强制设立信托。从美国发展起来的补充医疗救助制度的特殊需要信托不失为一个改变中国成年身心障碍者保护现状的重要路径，它既能改善成年身心障碍者的身心和生活状态，也能以信义义务约束照顾者，避免家庭预期风险，给成年身心障碍者的亲属不留后顾之忧。

四、我国特殊需要信托制度的构建

特殊需要信托制度，在设立之初，主要依托美国的社会救助制度，而我国社会医疗救助体系尚处于初级阶段，因此，我国有必要立足于国情，探索本土化的特殊需要信托制度，让信托能够在特殊需要人群监护领域发挥应有的优势和功能。

（一）引入特殊需要信托制度以作为监护制度的补充

特殊需要信托以自身的优势在我国成年监护领域具有适用空间。特殊需要信托具有普通信托的灵活性和多功能性，信托的财富传承、财产管理、安全保障和社会福利与公益事业的促进功能，与监护制度的需求不谋而合。第一，特殊需要信托一方面可以预防成年人在丧失行为能力后无人照顾的情况，满足老龄化人口的需求，也可以消除当前成年监护对象不包括"失能"成年人的弊端；另一方面可以保证在家庭成员去世后，未成年身心障碍者成年后的生活继续得以维持。第二，特殊需要信托可用于满足身心障碍成年人的需要。特殊需要信托能够较好地为受益人提供教育、照顾及娱乐等多方面的服务，提高受益人的生活质量。第三，社会救助往往无法满足身心障碍成年人的全部需求，特殊需要信托通过对信托财产的运作，使其保值增值，从而获得更多的资金来满足受益人的相关需求。同时，更多的剩余信托资金能够通过"补偿条款"减轻政府的财政支出压力。第四，基于信托财产的独立性，对比监护财产，信托财产在保护身心障碍成年人财产权益方面更具优势。信托的独立性使信托财产免受三方当事人及债权人的追索。监护财产的排他效力明显落后于信托财产，监护人形式上占有监护财产，监护人若违背监护人之宗旨，侵占被监护人的财产，或侵占后将其转化为其他财产形态，则被监护人不能或无能力追及被侵害的财产，财产安全难以得到保障。然而，若受托人违背替成年身心障碍者妥善管理财产的义务，未将财产用于提高成年身心障碍者的生活质量，而是将财产挪作他用，为自己谋利，则其不仅需要承担信义义务违反的责任，而且在担任监护人的情况下，还要承担违反监护义务的责任。

在我国现有法律架构下，特殊目的信托只能由信托公司参照民事信托模式推进，但由于资金量小、事务性工作量大，以及进行全周期管理的要求，信托公司的参与动力不足，因此，在完善社会救助制度方面，需要社会各界协调和配合。

首先，在法律制度层面，《民法典》新增了有关成年人意定监护的内容，反映了我国面对老龄化社会需求的法律回应，为保障丧失行为能力成年人的生活探索了新的合适路径，也为特殊需要信托的引入提供了契机，但在制度落实方面仍有待细化，例如，意定监护人和被监护人之间的权利与义务的界定、对意定监护人法律责任的规制等。其次，基于社会结构从家庭向个人的变化趋势，成年监护显现出社会化、专业化、职业化的特点，不再局限于家庭内部，更多强调社会参与。引入特殊需要信托，既需要由职业受托人为被监护人提供专业化服务，也需要配置承担监管职能的第三方机构，如非营利组织或基金会等，这顺应了成年监护制度监护事务专业化以及监护人职业化的改革趋势。

（二）建立适合我国国情的特殊需要信托制度

特殊需要信托制度应与社会保障制度配套使用，我国没有相应的公共救助制度与之匹配，因此，需要探索建立适合中国国情的特殊需要信托制度，发挥信托的优势。美国的模式具有独特的价值，单方特殊需要信托可以对身心障碍成年人的赔偿金进行充分管理和利用；集合特殊需要信托可以减少专业受托人的费用，将多个信托资金汇集起来，有利于信托财产增值；第三方特殊需要信托可以使父母的遗产得到充分分配和使用，以保障父母去世后未成年身心障碍者成年后的生活。考虑到我国现有信托制度和社会救助制度的发展阶段，应建立适合我国国情的特殊需要信托制度以符合我国成年监护制度保护身心障碍者之现状。身心障碍受益人可以划分为三种类型：身心障碍且自始至终无行为能力的受益人、因侵权事件或患精神疾病或年老而丧失行为能力的受益人、身体障碍但具有完全行为能力的受益人。交易架构如图1所示。

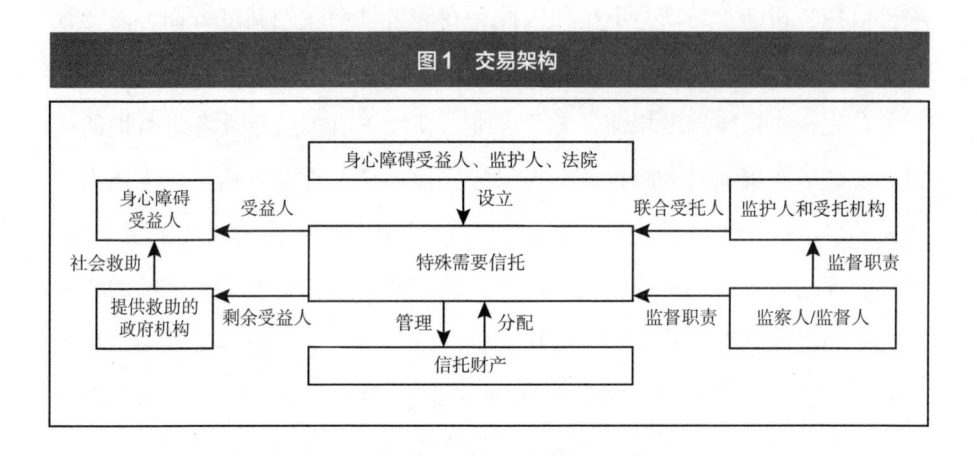

图1 交易架构

```
                    身心障碍受益人、监护人、法院
                              ↓设立
   身心障碍         受益人              联合受托人      监护人和受托机构
    受益人    ←────────┐        ┌──────────→
                      │        │                        ↑
   社会救助           特殊需要信托                    监督职责
      ↑                                                 
  提供救助的    剩余受益人    管理↓  ↑分配    监督职责    监察人/监督人
  政府机构    ←────────┐        ┌──────────→
                         信托财产
```

①委托人可以是身心障碍受益人、法定监护人、意定监护人或法院。法院作为设立人通常出现在人身损害侵权之诉和继承纠纷场合，出于对身心障碍受益人利益的考量，认为确有必要为其设立信托时，可主动设立。法院设立此种信托的正当性基础以保护身心障碍者的利益为导向。

②信托财产可以来自身心障碍受益人自身或第三方。信托财产应作为对公共福利的补充，受托人认为符合受益人的最佳利益时，可以分配信托财产而取代公共福利；信托财产为身心障碍受益人提供补充需要，而非基础生活需要，以提高其生活质量为目的。

③受益人是身心障碍者，剩余受益人是提供社会救助的政府机构（若信托财产来源于身心障碍受益人，则存在政府作为剩余受益人的情况）。在受益人去世之后，剩余信托财产若未被指定用于其他身心障碍受益人，则应当补偿给政府，以减轻政府的财政压力，满足类似成年被监护人的需要，这是此类信托具有的公益性使然，借公益信托之近似规则所为的一种构设。

④由监护人和职业受托人共同担任受托人。由监护人担任受托人更能了解被监护人的具体需求，而职业受托人能够弥补监护人专业知识的不足，专业的特殊需要信托受托人应当具备成年监护法律、社会救助法律、会计、投资等方面的专业知识和技能，以进行复杂的信托财产管理和运作。

⑤采用集合信托的运作模式。考虑到我国需要社会福利救助的家庭大多为经济困难家庭、受托人的费用较高以及单个家庭信托财产较少的情况，适宜采用集合信托的方式，每个信托设单独的账户，受托人统一运用信托资金进行投资，实现增值，从而满足受益人的个性化需求。

⑥制定严格的监督程序。在涉及成年监护的特殊需要信托制度中，监督显得尤为重要，因为其涉及对社会弱势群体利益的保障。现实中可能存在受托人为了私人利益而不同程度地侵犯欠缺行为能力成年人利益的情形，身心障碍者作为受益人无法监督受托人。因此，在没有政府充当剩余受益人的情况下，应当授予他人监督权，如设立监察人制度，赋予他人监察人资格，或在监护人不担任受托人时，行使对受托人的监督权。

虽然在现行信托法框架下，我国还不能实现特殊需要信托的法律效果，但随着相关法律法规的完善，我们可以期待其将发挥广泛的社会作用。鉴于美国特殊需要信托制度与社会救助制度的契合性，我国应当加快对社会救助制度的改革，完善社会救助政策及税收等配套制度，提高政府保护社会特殊人群的积极性，协助设立特殊需要信托，推动特殊需要信托发展，以更好地保护身心障碍成年人的合法权益。

五、对信托公司开展特殊需要信托的展望与建议

受传统家庭思想的影响，对于身心障碍者，我国普遍采取家庭监护的模式，没有形成将监护权交由专业机构行使的理念。在英美法系国家，信

托制度已经成为成年监护制度的有力补充。在财产管理越发重要、专业分工趋于细化的现代社会，信托制度比一般的监护制度能更好地弥补监护人在财产管理方面的不足，从而实现被监护人的利益最大化。

（一）业务定位

首先，从业务模式来说，目前，国内的信托业务仍以商事信托为主，其中，投融资类的资金信托占比超过50%，民事信托仍处于发展初期。我国《信托法》规定了公益信托，《慈善法》第一次把信托公司作为单独的法律主体写进法律，建立了与《信托法》中公益信托的联系。在民事信托，特别是服务于身心障碍者的特殊需要信托方面，可以借鉴国外丰富的信托产品，如扶养信托、遗嘱信托、保险金信托等，推出更多适于进行财产管理的信托产品，以满足被监护人的相关需求。

其次，在业务收益方面，民事信托收益率较低，资金来源较少，信托机构开展相关业务的动力不足，因此需要政府和非营利机构扶持，鼓励信托机构广泛参与特殊需要信托。政府可以给予信托机构一定的优惠政策，支持信托监护制度构建，如免税经营优惠政策、财政补贴等优待；对于为提高成年身心障碍者生活水平而设立的公益信托进行税收优惠减免。

（二）完善信托监督机制

现行监护监督机制并不完善，信托制度的适用能够降低监督制度的立法成本。在信托替代适用于财产的监护之后，信托监督机制也将替代监护监督机制发挥作用。然而，我国目前的信托监督机制仍然有待改进。设立信托意味着委托人会失去财产控制权，由于老龄者和精神病患者等的身体机能和智力水平弱化，他们难以监督受托人，也没有能力向失职的受托人追偿。因此，在适用信托时，必须建立严密的监督制度以保障成年身心障碍者的权益。

第一，参考《信托法》中的公益信托监察人制度，对于适用于监护方面的信托也应当设立信托监察人。学者指出，应该在受益人群特殊，比如受益人为无民事行为能力人或者限制民事行为能力人的情况下设立信托监察人。信托监察人一般由当事人选定或由法院任命，监察人以自己的名义，监督受托人的履职行为，并代替受益人处理有关诉讼事务。

第二，发挥监护人的监督作用。比如，当受托人未及时履行信托收益交付义务时，监护人应催告其按照规定配发信托利益，或者协助被监护人提起诉讼，形成监护人与受托人相互监督与制衡的关系。

第三，引入公权力监督。对于老龄者和精神病患者而言，其监护人未必有能力监督受托人的履职行为，而聘请律师、会计师等作为信托监察人又意味着要拿出一笔不菲的费用，因此，法院等公权力机关有必要承担一定的监督职责。借鉴国外监督机制，民事信托可以由法院来监督，信托行业由行政主管部门监督，公益信托由公益事业管理部门监督。

第四，结合审计制度进行监督。根据《审计法》的规定，审计机关对国家的事业组织和使用财政资金的其他事业组织的财务收支状况，进行审计监督。政府机构应对特殊需要信托予以扶持，包括财政拨款、政策优待等，因此，如果信托机构接受政府扶持，就应当将其纳入审计范围，进行审计监督，确保做到专款专用。

六、总结

随着经济社会发展和人口结构变化，我国的"幼育和养老"问题开始凸显，我国的监护制度尚处于初步发展阶段，《民法典》中虽然首次引入成年人意定监护和法定监护制度，但在制度设计上还存在明显不足。为了使被监护人的合法权益不受侵犯，将信托引入监护制度，可以补充财产监护的功能，为我国监护制度的完善提供了一个很好的思路。

监护制度设计的初衷是为"失智"的身心障碍者提供保护措施，维持其生存或生活资源所必需，也是当前积极应对老龄化的必然要求。此外，我们也应当看到更多"失能"成年人的渴求，应当使成年监护与行为能力"脱钩"，实现对所有身心障碍人士的关爱，扩大监护制度以及在监护制度下特殊需要信托的服务范围，补充监护制度的财产监护功能。

通过对相关国家和地区监护制度和信托制度的研究，笔者认为，将信托引入我国的监护制度具有诸多优势，它在兼顾人身监护属性的同时发挥了财产信托制度的优点，更加有利于管理被监护人财产、使被监护人财产免于侵害、降低监护监督立法成本等，较遗赠扶养协议、住房反向抵押贷款等监护方式更加灵活、有效。从宏观层面来看，特殊需要信托制度能够响应国家积极应对人口结构的变化的号召，满足失智失能老龄群体照护服务质量提高的要求，推动服务经济发展；从微观层面来看，它能够更好地改善身心障碍者的生活品质，实现当事人意思自治，弥补监护人财产管理能力不足，避免滥用财产管理权力等，进而维护成年被监护人的利益，满足身心障碍者的福利扩大化需求。在经济社会结构不断变革的现状下，信托制度可以在监护中更好地管理财产，在新形势下进一步完善我国的监护制度。

参考文献

方嘉麟：《信托法之理论与实务》，中国政法大学出版社，2004。

寇茜玥：《试论我国监护信托制度的构建》，《法制与社会》2014 年第 34 期。

孙海涛、曲畅：《财产信托制度在美国成年监护制度中的应用》，《北京工业大学学报》（社会科学版）2010 年第 2 期。

杨立新：《我国老年监护制度的立法突破及相关问题》，《法学研究》2013 年第 2 期。

赵国富：《特殊信托制度在未成年人监护中的应用——以美国特殊信托制度为例》，

《青少年犯罪问题》2015年第5期。

朱娴、郑庆:《论信托监护制度的建构》,《法制博览》2017年第3期。

Katherine B. McCoy, "The Growing Need for Third-party Special Needs Trust Reform", *Case Western Reserve Law Review*, 2014, 65 (2).

Ruthann P. Lacey, Heather D. Nadler, "Special Needs Trust", *Family Law Quarterly*, 2012, 46 (2).

监管规则司法化背景下信托公司法律风险管理研究

柯有为　陈境圳

摘　要：基于近年来监管规则司法化，以及金融审判裁判标准的出发点和落脚点为维护金融安全、防范系统性风险的背景，本文系统梳理、辨析金融监管与金融审判的关系，就如何协调二者关系提出可遵循的基本原则和可采取的基本措施。在此基础上，进一步辨析监管风险向民事法律风险传导的路径，金融监管规则可直接作为认定缔约过失责任、违约责任、侵权责任的裁量标准，其蕴含的监管精神可引入公序良俗范畴对行为效力予以价值评价。在明确各类义务下的法律责任类型后，类型化阐明信托公司民事法律风险易发行为对应的监管规则、司法规则以及司法裁判要点，并提出对应不同阶段的风险防范思路。

关键词：金融审判　民事法律责任　适当性义务　事务管理

一、监管规则司法化的演化路径分析

（一）背景及趋势——监管规则对司法审判的浸入

近年来金融审判[①]工作越发主动地向金融监管政策靠拢[②]，法官在释明

[①] 若无特别说明，本文语境下的金融审判均指民商事领域的金融审判。
[②] 2017 年《关于进一步加强金融审判工作的若干意见》（法发〔2017〕22 号）明确提出，金融制度作为经济社会发展中重要的基础性制度，法院要引导、规范金融交易，服务、保障金融改革，推动形成统一完善的金融法治体系，支持金融监管机构依法履职，加强二者的协调配合，强化金融监管和金融审判的衔接配合。2020 年《关于为新时代加快完善社会主义市场经济体制提供司法服务和保障的意见》（法发〔2020〕25 号）明确提出，规范金融市场投融资秩序，要按照"穿透监管"的要求，认定多层嵌套下的真实交易关系；要按照功能监管的要求，对金融违规行为下的实际法律关系认定合同效力　（转下页注）

裁判标准、理由时主动提及金融监管规则①、监管精神、监管目标等内容的频次显著增加。

这一发展趋势对传统理论关于司法权与行政权的边界限定造成一定冲击，招致一些不同观点。一些观点认为这可能导致司法丧失中立地位、超越其必要权限参与金融监管行政、抑制金融创新、损害市场效率等弊端。因此，需要进一步分析金融监管与金融审判的关系，讨论该趋势变化的合理性、必要性以及有效性，从而据此提出如何更好地协调二者关系的解决路径。

（二）金融监管与金融审判的关系分析

金融监管属于行政、公法领域，倾向于维护市场秩序、防范市场风险；金融审判属于司法、私法领域，崇尚法无禁止即可为、契约自由、尊重市场主体的意思自治。传统理论中二者泾渭分明、各司其职，一方对另一方的贸然介入，都是对其固有保护法益的破坏。

司法的独立性原则决定了应由司法机关自主裁量决定审判时对金融监管规则的适用空间、尺度，而非由金融监管机构指令司法机关如何裁判，故现有的趋势应认定系司法机关主动引导、有意为之。对比其他行业的审判工作，并未像金融行业这般如此突出监管规则对司法裁判的影响，进一步分析其背后的原理，监管规则司法化的考量因素具体如下。

1. 合理性——目标的一致性赋予其合理性理论基础

金融制度是国家重要的基础性制度，金融安全是国家安全的重要部分，推进、落实金融风险防范及处置措施，是国家金融安全的有效保障。

金融监管方面。近年来国家加强金融管理工作，将金融安全问题上升

（接上页注②）和权利义务；要主动加强与金融机构的沟通协调，支持、促进监管机构履职，加强金融行政与司法审判的衔接。

① 若无特别说明，本文语境下的监管规则包含法律、行政法规、规章、部门规范性文件、行业自律规则等。

至新的高度，2017 年 7 月国务院金融稳定发展委员会宣布成立，习近平同志在会上强调，要强化金融监管部门职责，确保金融安全与稳定发展，加强金融监管协调，补齐监管短板，强化综合监管，突出功能监管和行为监管，监管部门要努力培育恪尽职守、敢于监管、精于监管、严格问责的监管精神。[①] 2017 年以来银监会密集发文[②]，响应国家政策要求，强化监管工作，切实提高防范金融风险能力。2018 年 4 月中国人民银行等四部门联合发布《关于规范金融机构资产管理业务的指导意见》（银发〔2018〕106 号）（以下简称《资管新规》），开宗明义提出金融监管工作要坚持严控风险底线思维，把防范和化解风险放到更重要的位置，减少存量风险，严防增量风险，严格规范引导，防止加剧风险跨行业、跨市场、跨区域传递。2019 年银保监会再次发文[③]，检查、巩固、提高监管工作及其成果。

金融审判方面。《关于进一步加强金融审判工作的若干意见》、《关于为新时代加快完善社会主义市场经济体制提供司法服务和保障的意见》和《全国法院审理债券纠纷案件座谈会纪要》（以下简称《债券纠纷纪要》）均明确提出金融审判的方向在于维护国家金融安全，促进金融良性循环、健康发展，法院须服从、服务于防范和化解金融风险的国家大局，以法律和行政法规为依据，将法律规则的适用与监管政策目标的实现相结合。

---

① 《习近平：深化金融改革　促进经济和金融良性循环健康发展》，新华网，2017 年 7 月 15 日，http://www.xinhuanet.com/fortune/2017-07/15/c_1121324747.htm。
② 主要包括《中国银监会关于提升银行业服务实体经济质效的指导意见》（银监发〔2017〕4 号）、《中国银监会关于集中开展银行业市场乱象整治工作的通知》（银监发〔2017〕5 号）、《中国银监会关于银行业风险防控工作的指导意见》（银监发〔2017〕6 号）、《中国银监会关于切实弥补监管短板提升监管效能的通知》（银监发〔2017〕7 号）、《中国银监会办公厅关于开展商业银行"两会一层"风控责任落实情况专项检查的通知》（银监办发〔2017〕43 号）、《中国银监会办公厅关于开展银行业"违法、违规、违章"行为专项治理工作的通知》（银监办发〔2017〕45 号）、《中国银监会办公厅关于开展银行业"监管套利、空转套利、关联套利"专项治理工作的通知》（银监办发〔2017〕46 号）、《中国银监会办公厅关于开展银行业"不当创新、不当交易、不当激励、不当收费"专项治理工作的通知》（银监办发〔2017〕53 号）。
③ 主要包括《中国银保监会关于开展"巩固治乱象成果促进合规建设"工作的通知》（银保监发〔2019〕23 号）、《中国银保监会关于推动银行业和保险业高质量发展的指导意见》（银保监发〔2019〕52 号）。

2017年最高人民法院审判委员会专职委员杜万华在公开会议讲话中提出，金融审判工作的重点在于防范、化解金融风险，建立科学防范、早期识别、依法处置的金融风险防范机制。①

近年来国家进一步统筹金融监管重大事项，研究维护金融稳定的政策，金融监管机构为防范系统性风险不断强化监管，司法部门认真学习、贯彻落实相关政策，正确处理契约自由与契约正义的关系，完善金融法治体系。突破行政监管与民商事审判理应泾渭分明的传统理论桎梏，二者所追求的价值目标在进一步维护更高位阶法益——保护金融安全、防范系统性风险方面得到统一，趋势和目标具体体现为司法裁判与金融监管合作应对系统性金融风险，联手治理金融市场乱象。目标的一致性赋予了监管规则司法化合理性的理论基础。

2. 必要性——金融领域的特征赋予其必要性

金融市场及其风险不同于其他领域，其自身的高风险性、高破坏性等特征决定了金融审判工作将不同于其他领域。

（1）金融风险的专业判断在一定程度上依赖于监管机构

金融市场及其工具、产品能够对各类资产的价格、期限、风险等要素进行再调整、再配置，由于各类金融资产本身透明度不高，即便是金融市场的直接参与者也无法全面、清晰地辨别资产的性质、风险。金融市场及其风险的复杂性、隐蔽性以及破坏性导致司法部门无法准确识别、判断，相关交易行为的法律性质认定、事实认定在一定程度上依赖于金融监管机构的专业判断。

（2）金融市场的灵活性要求及时调整其规制规则

司法规则的制定存在滞后性，需要进行一定的社会实践后才能够总结、颁布。而金融市场瞬息万变，其灵活性与司法滞后性的矛盾极为突

---

① 《明确指导思想　加强金融审判　为建设现代化经济体系提供有力司法保障——杜万华出席中国审判理论研究会金融审判专委会并讲话》，中国法院网，2017年12月6日，https://www.chinacourt.org/article/detail/2017/12/id/3101771.shtml。

出，现实中金融市场的有效引导、规范离不开可及时应对市场变化的金融监管规则，故司法的滞后性要求在金融审判中引入更为适时有效的规则，在审理纷繁复杂的金融交易纠纷时，《民法典》等法律法规可能无法满足金融审判的现实需求，不可避免地需要参照或参考适用于金融监管部门规章或效力层级更低的其他监管规则。

3. 有效性——司法审判是实现监管目标的有效路径

（1）司法审判是对秩序维护、权利保护的有效补充

金融监管行为是对金融市场参与者的管理，最终法律责任体现为行政处罚。一方面，从违法违规成本角度看，行政处罚金额受到现有法律法规的限制，大多金融违法违规成本小于其收益，二者的不对等性不利于金融监管发挥充分行为引导功能和金融秩序维护功能；另一方面，从权利保护主体看，因金融违法违规行为遭受损失的民事主体未得到赔偿，其权利保护需采取进一步措施。司法审判正是违法违规行为人民事责任的有效追究路径，充分发挥民事责任的震慑违法功能和填补损失功能，将进一步起到维护金融安全、防范系统性风险的作用。

（2）司法审判保障金融法治的社会效益最大化

金融行政监管是行政机关基于国家公权力赋予的职权对金融市场参与民事主体的管理活动，二者是管理与被管理、命令与服从的不平等关系。行政权力的强制性以及行政机关的超然地位决定了被管理者可能对监管处理结果的信服度有限。尽管被管理方可通过行政复议程序予以申述、抗辩，但二者地位不平等，且行政复议行为本质上仍属于以行政主体为中心的行政权力运行，天然不能自行、终局式地判定自身监管行为的合法性、合理性，故可能无法显著提高被管理者对处理结果的信服度。

司法部门属于独立第三方，有权审查监管机构的行政行为，司法权的独立性确保了司法裁判的终局性和权威性，通过司法裁判可以定纷止争，对金融纷争的解决、金融秩序的维护起到权威的终局判定作用，从而最大限度地发挥金融法治的社会效用。

（三）金融监管与金融审判关系的协调

前文分析了监管规则司法化的理论基础，具体如何协调金融监管与金融审判之间的关系则需要遵循有效的原则与方法。

1. 基本原则

（1）坚持司法中立

金融审判应当坚持司法中立原则，坚持依法办事、居中裁判，审判机构对金融监管机构应当保持谦让与克制[1]，既不能无视金融监管机构的行政行为，亦不能以监管处理结果为唯一审判导向，应当保持自身定力，认清定位，坚持民事责任的追究最终由民事法律制度来解决，才能最大限度地保障司法的权威性和金融法治的效益。

（2）避免教条主义

金融审判工作并非机械地将法律规定作为裁判的唯一"标准答案"，亦非"精确复述法律已经明确宣布之规则"[2]，尤其是在复杂的金融市场、交易中，更应当避免教条主义，警惕以法条主义为要旨的形式主义，要综合市场操作、民商事法律规范、金融监管维度全面、综合、系统地思考[3]，通过穿透式审判思维，查明当事人的真实意思，探求真实法律关系；把握好外观主义的适用边界，避免泛化和滥用，探索背后的实质正义，避免固执己见和不尊重金融监管机构的专业性判断。

（3）平衡契约自由与契约正义

金融审判工作应当以维护金融安全、防范系统性风险为出发点和落脚点，既要尊重意思自治，也要关注个案影响、社会影响及效益，平衡好契

---

[1] 周荃：《金融领域中监管与司法的博弈与融合》，《法律适用》2020年第8期，第31~42页。
[2] 周荃：《金融领域中监管与司法的博弈与融合》，《法律适用》2020年第8期，第31~42页。
[3] 张桦：《金融司法理念的嬗变：从形式主义到实质主义——兼论〈全国法院民商事审判工作会议纪要〉的创新》，《经济法论坛》2020年第1期。

约自由与契约正义的关系，准确把握金融安全与金融创新的关系，实现合法性与社会效益、市场效益最大化的统一。

2. 基本措施

（1）裁判依据的选择

司法裁判的直接依据应为法律、行政法规，不应直接援引效力层级较低的金融监管规范性文件的具体规定作为唯一裁判标准，对于司法规则明确且可引以参考或参照适用的规章、规范性文件亦应当谨慎，需要进一步考量其是否与上位法的具体规定、立法宗旨相抵触。

尤其是在审判效力问题时，应当首先考察行为是否违反法律、行政法规的效力性强制规定。在没有违反法律、行政法规的效力性强制规定时，才可引入规章考察其是否违反公序良俗；在规章缺乏明确规定时，才能引入其他规范性文件作为参考，进一步考量其具体规范、基本精神是否与上位法相抵触，各环节的论证工作应当充分翔实。

（2）行为价值评价标准

金融市场主体行为价值评价在金融审判疑难问题中最为突出的问题是，是否因违背公序良俗而被认定无效，或因其行为违背以公序良俗为基础的注意义务而被认定侵权，故应当探析金融审判下的公序良俗判断标准。

金融审判下的公序良俗判断标准应当以维护金融安全、防范系统性风险为基础，《全国法院民商事审判工作会议纪要》（以下简称《九民纪要》）阐述的考量方面包括规范对象、监管强度、交易安全保护以及社会影响等，最高人民法院编著的《〈全国法院民商事审判工作会议纪要〉理解与适用》明确阐述了其具体内涵。[①]

[①] 最高人民法院民事审判第二庭编著《〈全国法院民商事审判工作会议纪要〉理解与适用》，人民法院出版社，2019，第256页。具体内涵如下。一是要考察规范对象。一般来说，规范对象是交易行为、市场主体准入条件时，可能影响合同效力，而对监管对象的合规要求，一般不影响合同效力。二是要考察交易安全保护因素。如果仅规范一方行为的，在确定合同效力时还需要考虑交易相对人保护问题。三是要考察监管强度。如果违反监管的行为可能构成犯罪，表明监管强度较强，在认定合同效力时要予以考（转下页）

综合近年来金融风险暴露及其监管对策与上述司法机关的观点，公序良俗考量标准的具体内容包括六个方面：金融机构准入及基本经营监管规定，股权管理监管规定，股东资质及出资监管规定，关联交易管理监管规定，杠杆率及借贷利率监管规定，金融消费者保护监管规定。①

（3）演绎方法

金融审判作为民商事领域的裁判工作，应当探求当事人真实意思表示，将当事人的行为、交易目的分层次、分次序地逐一纳入法律、行政法规具体规则审查其法律责任；如未有明确法律、行政法规的，转为由公序良俗介入，考虑其是否超越公序良俗的规制目的、破坏法益、损害社会利益，具体的规章、规范性文件等金融监管规则可作为探究的重要参考依据；如非必要，不应轻易否定交易行为的效力，可适当引入缔约过失责任和侵权责任解决对行为人的追责困境；最终综合当事人真实意思、交易行为、行为结果以及社会效应，准确认定其责任性质、责任金额。法院裁判时应主动履行前述释明过程，释明说理应当精准、清晰、逻辑自洽，并在裁判文书中完整展示。

二、民事法律责任类型化分析

前文分析了监管规则司法化大趋势的合理性、必要性等理论基础，针对如何协调金融监管与金融审判的关系提出了基本的方法论，下面将进一步在上述理论分析框架下，研究监管风险向法律风险传导的路径，并据此分析信托公司的民事法律责任。

（接上页注①）虑。四是要考察社会影响。只有当违反规章的行为可能造成严重的社会后果，如导致系统性金融风险时，才能以违背公序良俗为由认定合同无效。

① 赵霞、王德明：《围绕防范系统性风险界定公序良俗的范围》，《法律适用》2020年第24期，第103~114页。

（一）违反先合同义务下的法律责任类型——缔约过失责任

1. 违反适当性义务

近年来金融领域的法律法规、监管规则逐渐确立了金融机构应当履行适当性义务[①]的相关机制，逐渐将原本的道德义务转化为法定义务，并且在司法规则中明确金融机构的赔偿责任，但所承担的具体民事法律责任性质存在争论，究竟属于侵权责任还是缔约过失责任？笔者以"适当性义务"为关键词检索各地法院的裁判案例，发现部分地区法院较为明确的观点包括：湖南地区法院观点[②]为侵权责任说，北京地区法院观点[③]、广东地区法院观点[④]以及江苏地区法院观点[⑤]均为缔约过失责任说。

适当性义务是金融机构在销售金融产品、缔约阶段的先合同义务、诚信义务，根据民事法律基本原理，违反先合同义务的民事责任为缔约过失责任，故笔者认为金融机构违反适当性义务应当承担的民事法律责任类型为缔约过失责任，需赔偿投资者基于信赖利益的直接损失。

2. 合同（条款）因违背公序良俗而无效

直接否定合同效力的司法审查依据限于法律及行政法规的效力性强制规定，目前大多监管规则因效力层级较低而未达此标准，故合同效力的审查落入法律基本原则——公序良俗的范围。在此情形下，金融领域合同效力判断标准的难点归结于公序良俗的边界认定。

《九民纪要》规定，在合同违反规章的情形下，除非该规章涉及公序

[①] 适当性义务的基本含义：金融机构在推介、销售、提供金融产品及服务时，应了解客户、产品及服务，将适当的产品及服务销售或提供给适合的金融消费者。
[②] 详见判决书：（2020）湘民申2380号；（2020）湘02民终591号。
[③] 详见判决书：（2020）京04民初1017号；（2020）京01民终8093号。
[④] 详见判决书：（2019）粤0104民初4973号；（2019）粤0391民初2634号。
[⑤] 详见判决书：（2019）苏01民终7576号。

良俗的内容规范，否则不应依据该规章认定合同无效，需注意考量规章内容是否涉及金融安全、市场秩序、国家宏观政策等，具体适用时需要慎重考量的因素包括规范对象、监管强度、交易安全保护以及社会影响等。①

由此，金融审判工作通过公序良俗原则这一路径将金融监管规则引为合同效力的裁判标准，此时监管规则并非作为直接的效力判定依据，其仅作为金融领域公序良俗标准的具象化规定而予以参照或参考，最终的出发点和落脚点仍应为公序良俗标准。例如，关于禁止保底、刚兑具体规定的最高效力层级仅为部门规章《信托公司管理办法》，而《九民纪要》中关于保底或刚兑条款无效的规定便是上述原理的基本演绎；在司法实践中，（2017）最高法民终529号案件判决标志着正式将金融市场秩序纳入公序良俗、公共利益的评判范围。

金融机构作为专业管理机构，合规、审慎经营是其基本要求。确保合同（条款）合法合规，保障合同（条款）基本效力不存在法律瑕疵，是其签订合同前必须注意履行的先合同义务。在合同（条款）因违背公序良俗而无效的情形下，金融机构需承担缔约过失责任。具体法律后果可能涉及财产返还和损失赔偿，财产返还、损失赔偿的范围根据诚实信用原则、各方过错程度等在当事人之间合理分配。

3. 采用格式条款而被认定为不成为合同内容或无效

格式条款是近现代经济社会发展的产物，在一定程度上体现了合同订立双方地位的不平等，是对民事"契约自由"的破坏。金融机构向金融消费者提供产品或服务时，出于经济效益以及产品设计目的等考量，大多未

---

① 《九民纪要》第31条"违反规章的合同效力"规定，一般情况下，违反规章不影响合同效力，但该规章的内容涉及金融安全、市场秩序、国家宏观政策等公序良俗的，应当认定合同无效。人民法院在认定规章是否涉及公序良俗时，要在考察规范对象的基础上，兼顾监管强度、交易安全保护以及社会影响等方面进行慎重考量，并在裁判文书中进行充分说明。

经协商直接采用格式条款，可能导致金融机构利用专业性强等优势地位制定不平等合同条款的问题，故为进一步加强金融消费者的权利保护，监管规则应进一步强化金融机构使用格式条款的规范要求。①

根据《民法典》的相关规定，若金融机构采用格式条款未履行提示、说明义务，或格式条款符合法定无效条件的，该格式条款将被认定为不成为合同内容或无效，金融机构应当承担缔约过失责任。②

（二）违反信义义务下的法律责任类型——多种责任形式

《信托法》③《信托公司管理办法》④《信托公司集合资金信托计划管理办法》⑤均对信托受托人的信义义务做出了原则性规定，要求信托公司开展信托业务应当守法履约，为受益人利益最大化行事，但具体标准、要求并未予以明确。《资管新规》⑥规定了金融机构违反信义义务应当承担赔偿责任。由中国信托业协会颁布的《信托公司受托责任尽职指引》⑦（以下简称《尽职指引》）进一步细化了受托人勤勉尽责、受托履职的具体要求，但其仅为自律规则，存在效力层级较低的天然弊端。在司法规则层面，

---

① 详见《中国人民银行金融消费者权益保护实施办法》第二十一条。
② 若金融机构已提示，但无法证明其全面履行说明义务，达到一般理性人认知和当事人理解能力的程度，对格式条款存在两种以上解释的，将做出不利于提供方的解释。
③ 第二十五条规定，受托人应当遵守信托文件的规定，为受益人的最大利益处理信托事务。受托人管理信托财产，必须恪尽职守，履行诚实、信用、谨慎、有效管理的义务。
④ 第四条规定，信托公司从事信托活动，应当遵守法律法规的规定和信托文件的约定，不得损害国家利益、社会公共利益和受益人的合法权益。
⑤ 第四条规定，信托公司管理、运用信托计划财产，应当恪尽职守，履行诚实信用、谨慎勤勉的义务，为受益人的最大利益服务。
⑥ 第八条第二款规定，金融机构未按照诚实信用、勤勉尽责原则切实履行受托管理职责，造成投资者损失的，应当依法向投资者承担赔偿责任。
⑦ 第三条规定，信托公司开展信托业务，应当以受益人合法利益最大化为宗旨。信托公司开展信托业务，应当遵循卖者尽责、买者自负原则，按照信托文件约定的信托目的，恪尽职守，履行诚实、信用、谨慎、有效管理的义务。信托公司开展信托业务不得为委托人、受益人违法违规提供便利。

《九民纪要》第 94 条①规定，受托人无法证明自己已履行勤勉尽责、公平对待客户等义务的，需对委托人承担相应赔偿责任。

上述规定阐明了受托人信义义务的基本内涵及外延，但关于信义义务的法律性质以及违反信义义务后的法律责任类型存在较大争议。部分观点认为信义义务属于法定义务，无论信托文件中如何约定受托人的义务，受托人行为均受到相关法律法规的规范；部分观点认为信义义务属于约定义务，受托人行为规制仅限于信托文件的约定条款。另外，还有部分观点认为信义义务是一种复合义务，一方面，信托当事人可在信托合同中具体约定受托人的职责；另一方面，该合同约定不得违背效力性强制规定，不得主动约定排除受托人法定义务，且若合同未清晰约定受托人应履行的法定职责的，将由相关规则予以补强。② 笔者支持信义义务是一种复合义务的观点，对由此导致的法律责任类型分析如下。

1. 违约责任与侵权责任竞合

从信义义务的产生依据看，信义义务的来源包括合同约定和法律规定，《九民纪要》提出营业信托纠纷中应当审查受托人是否履行法定或约定的义务，故投资者既可以选择受托人违反合同约定提起诉讼要求其承担违约责任，亦可以选择受托人违反法定义务存在违法行为侵害受益人权利要求其承担侵权责任。

2. 侵权责任与缔约过失责任

信义义务的内涵包含适当性义务，将合适的产品推介、销售给合适的客户，既是适当性义务的核心要求，亦是受益人利益最大化的基本要求，两者义务均产生于投资者与金融机构接触洽谈信托关系订立时，故从这个

---

① 《九民纪要》第 94 条"受托人的举证责任"规定，资产管理产品的委托人以受托人未履行勤勉尽责、公平对待客户等义务损害其合法权益为由，请求受托人承担损害赔偿责任的，应当由受托人举证证明其已经履行了义务。受托人不能举证证明，委托人请求其承担相应赔偿责任的，人民法院依法予以支持。
② 蒋琪、田大鹏、何云凤：《〈九民纪要〉背景下信托受托人信义义务再审视》，中国律师网，2020 年 8 月 10 日，http：//www.acla.org.cn/article/page/detailById/30361。

义务产生时点的角度看存在竞合，并且司法实践中部分法院亦认为违反适当性义务构成侵权。但鉴于相关规则规范以及理论自洽的完备性、可适用性，实践中诉至法院时主张承担缔约过失责任更为高效。

（三）对第三方的责任——违约和侵权

关于与第三人（非信托当事人）之间的法律责任，受托人因管理信托财产而违反与第三人签署的合同约定，或受托人行为对第三人构成侵权的，需要按照《民法典》合同编或侵权责任编的相关规定承担责任，自无须赘言。但实践中有个问题需要予以特别注意，即违反事务管理职责下的注意义务，涉及违约和侵权责任。

受托人在事务管理类项目中的功能角色大多仅作为信托资产的通道，依照委托人/受益人的指令处理信托事务，受托人在项目存续期间可能疏于评估其行为对外部第三人利益的潜在影响，且信托合同中关于受托人免责的条款无法对抗第三人的权利主张。

一方面，若受托人未全面履行以其名义签署的资产端合同，需承担违约责任；另一方面，若受托人未尽基本注意义务而侵害第三人权利的，如委托人或投资顾问利用受托人名义向第三方募集资金、受托人出具期间管理报告内容不审慎误导第三方等情形，甚至在信托财产可能发生重大损失时实际管理人未采取措施，受托人消极对待的，均可能因此承担侵权责任。

（四）证券虚假陈述——侵权

《证券法》明确规定信息披露义务人应当及时披露，确保信息真实、准确、完整，通俗易懂，不得有虚假记载、误导性陈述或重大遗漏，若违反相关规定导致投资者遭受损失的，应当承担赔偿责任。鉴于证券市场的重要程度以及复杂程度，法律法规特别重视证券市场秩序公开、公平以及公正的维护，加大证券虚假陈述的打击力度。

资产支持票据、信贷资产证券等金融产品的发行和交易流通场所为全国银行间债券市场，关于其是否应当适用《证券法》等相关规定的问题，此前存在一定争议，在《债券纠纷纪要》出台后已明确应当适用。① 信托公司在此类项目中可扮演受托人、特定目的载体管理机构、尽职调查人以及承销商等角色，根据《银行间债券市场非金融企业资产支持票据指引》、《非金融企业资产支持票据业务尽职调查指引（试行）》和《银行间债券市场非金融企业债务融资工具信息披露规则》（以下简称《债务工具信披规则》）② 等的相关规定，信托公司属于法定的信息披露义务人，但鉴于信托公司在此类项目中的话语权以及相关经验等方面的限制，可能无法严格落实相关业务规则要求，牵涉虚假陈述的风险较大。

《最高人民法院关于审理证券市场因虚假陈述引发的民事赔偿案件的若干规定》（以下简称《审理虚假陈述规定》）明确规定，涉嫌虚假陈述的民事责任属于侵权责任，并详细说明了虚假陈述侵权责任的行为、过错、损害事实和因果关系4个构成要件。另外，《九民纪要》第85条"关于重大性要件的认定"规定，若已被监管部门处罚的虚假陈述行为，应当认定为具有重大性的违法行为。

---

① 从监管规则层面看，中国人民银行、中国证监会、国家发改委联合发布的《关于进一步加强债券市场执法工作的意见》明确规定证监会有权对银行间债券市场、交易所债券市场开展统一执法工作，对涉及非金融企业债务融资工具等债券品种的信息披露违法违规、内幕交易等行为的，依据《证券法》相关规定处理。从司法规则层面看，《债券纠纷纪要》明确规定要根据法律、行政法规的基本原理，对具有还本付息这一共同属性的公司债券、企业债券、非金融企业债务融资工具适用相同法律标准。

② 第三十二条规定，为债务融资工具发行和交易提供中介服务的相关中介机构及经办人员所出具的文件含有虚假记载、误导性陈述或重大遗漏，给他人造成损失的，应当就其负有责任的部分依法承担民事责任。

三、法律风险行为类型化分析

下文将在上述信托公司民事法律责任分析的基础上,进行法律风险行为类型化分析,重点总结各类行为下的监管要求、司法规定以及司法审判要点。

(一)不当推介、销售金融产品的民事法律风险

1. 监管要求

(1)适当性义务

金融机构推介、销售金融产品监管要求的核心体现为金融机构应当全面履行适当性义务。2013年国务院办公厅发布的《关于进一步加强资本市场中小投资者合法权益保护工作的意见》(以下简称《投资者保护意见》)明确要求建立健全投资者适当性制度,严格落实并强化监管,对于违反适当性义务造成投资者损失的,要依法追究责任。为全面贯彻落实《投资者保护意见》相关要求,自2013年以来,银行业关于金融消费者权益保护的一系列规定相继出台。[①] 2018年《资管新规》规定,金融机构应当坚持"了解产品"和"了解客户"的经营理念,加强适当性管理。2020年修订

[①] 主要包括:2013年《银行业消费者权益保护工作指引》(银监发〔2013〕38号),2015年《国务院办公厅关于加强金融消费者权益保护工作的指导意见》(国办发〔2015〕81号),2016年《中国人民银行金融消费者权益保护实施办法》(银发〔2016〕314号)、《中国银监会关于规范商业银行代理销售业务的通知》(银监发〔2016〕24号),2019年《银保监会关于银行保险机构加强消费者权益保护工作体制机制建设的指导意见》(银保监发〔2019〕38号)、《关于进一步规范金融营销宣传行为的通知》(银发〔2019〕316号),2020年《银行业保险业消费投诉处理管理办法》(中国银行保险监督管理委员会令2020年第3号)、修订的《中国人民银行金融消费者权益保护实施办法》(中国人民银行令〔2020〕第5号)。

后的《中国人民银行金融消费者权益保护实施办法》①（以下简称《金融消保办法》）正式实施，金融产品销售相关管理规范要求的效力层级从规范性文件上升为部门规章，对相关规范、要求予以进一步明确和完善。

（2）对格式条款的提示、说明义务

《金融消保办法》明确规定，金融机构使用格式条款的，应采取显著方式提示金融消费者注意与其有重大利害关系的内容，并根据其要求予以说明，格式条款的内容不得包括对金融消费者不公平、不合理的规定。②

2. 司法规定

2015年《最高人民法院关于当前商事审判工作中的若干具体问题》明确规定，金融消费者权益保护是审判工作的重要内容，金融机构应严格履行适当性义务，否则须承担赔偿责任。2019年《九民纪要》规定，金融消费者以卖方机构未履行适当性义务为由起诉请求其承担赔偿责任的，由卖方机构承担证明自身已履行适当性义务的举证责任，若卖方机构证明金融消费者不适当购买产品或服务系其提供虚假信息、拒绝听取建议等自身原因导致的，则卖方机构免除相应责任。

根据《民法典》相关规定，金融机构未采取合理方式提示金融消费者注意对其有重大利害关系的格式条款，并对格式条款予以说明的，格式条款不成为合同内容；即使金融机构已履行提示、说明义务，若格式条款存在不合理免除、减轻自身责任，对金融消费者加重责任、限制或排除主要权利等法定无效情形的，该格式条款无效。格式条款不成为合同内容或无效的，金融机构应当承担缔约过失责任，若存在违背诚信原则行为，故意

---

① 第十二条规定，银行、支付机构应当合理划分金融产品和服务风险等级以及金融消费者风险承受等级，将合适的产品或者服务提供给适当的金融消费者；第二十二条规定，银行、支付机构应当对营销宣传内容的真实性负责；第二十三条规定，银行、支付机构在进行营销宣传时不得有虚假、欺诈、隐瞒或者引人误解的宣传等违反金融消费者权益保护相关法律法规和监管规定的行为。

② 对金融消费者不公平、不合理的规定包括减轻或免除金融机构赔偿责任；规定金融消费者承担超额违约金或损害赔偿金；排除、限制金融消费者对其信息查询、删除、修改的权利；排除或限制金融消费者选择其他同业；等等。

隐瞒重要事实、提供虚假情况，造成对方损失的，应当承担赔偿责任。

3. 司法审判要点

通过梳理推介、销售金融产品相关裁判案例，总结如下审判要点。

①穿透式全面审查金融机构行为，明确引用金融监管规则作为评判依据。法院综合客观标准（一般理性人认知）和主观标准（当事人理解能力）审查金融机构所采取的措施是否已全面履行适当性义务以及对格式条款的提示、说明义务，并将金融机构是否履行监管要求作为金融机构责任的直接评价标准。

②重点审查缔约阶段金融机构是否履行适当性义务。法院关注金融机构是否基于诚实信用原则对所推介、销售的产品进行充分风险揭示，所采取的说明方式、内容是否足以让投资者清晰认知风险，投资者的风险评测结果是否与其购买的金融产品风险等级相符。

③以适当性义务为底线对金融消费者进行倾向性保护。鉴于金融产品信息不对称、专业能力有差别等因素，诉讼中金融消费者的证明义务主要为已购买金融产品以及金融产品发生亏损，金融机构承担其自身已全面履行适当性义务的证明责任。

④引用消费者权益保护监管规则审查格式条款。金融机构所提供的产品、服务合同大多在司法实践中被认定为格式条款/合同，法院关注其是否不合理地免除提供方责任、限制对方主要权利，是否属于重大利害关系条款，金融机构是否已采取提示行为，其行为是否满足合理标准、是否已按对方要求予以说明，其说明行为是否满足一般人认知以及达到特定当事人足以理解的程度，释明过程均引用了关于消费者权益保护的相关监管规则。

（二）开展事务管理类业务的法律风险

《资管新规》颁布后，规避监管的通道业务逐渐消失，而信托公司利用其制度优势和服务能力提供善意的、不存在规避监管的服务信托逐渐兴起，在服务信托中信托公司的主要职责为事务管理，故下文梳理的通道业务相关要点对上述业务的开展具有一定的参考意义。

此外，信托公司开展事务管理类信托业务相关规则的梳理可作为受托履职、勤勉尽职的最低限度要求，其相关要点亦对主动管理类项目具有参考意义。

1. 监管要求

《信托法》《信托公司管理办法》均明确规定，信托活动必须符合公平和诚实信用原则，不得损害国家利益、社会公共利益。《资管新规》明确规定，金融机构不得开展规避投资范围、杠杆约束等监管要求的通道服务。《尽职指引》明确规定，信托文件约定不得违背法律、行政法规、部门规章及其他规范性文件和本指引的强制性规定，不得为违法违规提供便利。

2. 司法规定

《民法典》第一百四十六条规定，行为人与相对人以虚假的意思表示实施的民事法律行为无效。以虚假的意思表示隐藏的民事法律行为的效力，依照有关法律规定处理。《九民纪要》明确规定，受托人若无法证明其已履行勤勉尽责等义务的，须对委托人损失承担损害赔偿责任，并对事务管理类信托相关规定进一步细化，结合《民法典》中合同编和侵权责任编相关内容，归纳如下。

①审查重点。在事务管理类信托纠纷案件中，要以其实际构成的法律关系确定其效力，并在此基础上确定各方权利义务。

②认定标准。委托人自主决定信托设立、财产运用、管理处分等事宜，自行承担风险管理责任和风险损失；受托人仅提供必要事务协助或服务，不承担主动管理职责的，属于通道业务。

③效力判断规则。通道业务效力判断标准为，是否存在利用信托通道掩盖风险，规避资金投向、资产分类、拨备计提、资本占用、表内资产虚

假出表等《资管新规》所禁止的情形，但过渡期内不以此为依据认定通道业务无效。

④合同无效的法律后果。金融机构承担缔约过失责任，需进行财产返还或者折价补偿，其范围要根据诚实信用原则的要求，在当事人之间合理分配，不能使不诚信的当事人因此而获益，承担责任的范围不应超过合同履行利益；不足以弥补损失的，还可以向有过错方请求损害赔偿；确定损害赔偿时需考虑当事人的过错程度，确定财产返还范围时应考虑财产增值或者贬值因素并避免发生双重获利或者双重受损。

3. 司法审判要点

通过研判相关案例①，可得出"通道不免责、通道有风险"的基本结论，信托公司可能在其中承担赔偿责任，总结出以下基本要点。

①关于事务管理类业务效力。在未直接违反法律、行政法规的效力性强制规定的情形下，通道业务中的合同效力判断标准最终归结为是否损害公序良俗，在金融领域反映为是否危害金融安全、是否不利于防范系统性风险，基本形式体现为是否违反《资管新规》等监管规则的禁止性规定。不存在前述无效情形、承担事务管理职责的服务信托应为有效，并按照双方的真实意思表示确定权利义务关系。

②信托关系下受托人的法定义务无法全部通过约定方式免除。现有判例并未在强监管的背景下一味地加重受托人的责任，在通道业务中，对于未上升至危害金融秩序、安全的义务排除约定条款，法院大多予以认可其

---

① 1.（2015）民二终字第401号案件明确规避投资范围、杠杆约束等通道业务在《资管新规》过渡期内有效。2.（2017）最高法民终529号案件对违规代持股权行为以存在社会公共利益的危害后果为由被判无效。3.（2018）最高法民终1209号案件基于合同约定认定信托公司不负有事前审查、尽职调查义务，不存在提供虚假信息、隐瞒事实情形；（2018）最高法民申3698号案件支持合同约定视同受托人已履职的条款合法有效。4.（2017）最高法民终880号案件中最高人民法院释明：法律、法规以及监管规范性文件规定了受托人应承担的法定职责和尽职义务，即便合同中未做约定，若受托人违背法定义务并因此造成损失的，亦应根据其过错承担民事责任。5.（2018）京03民终13860号案件受托人未履行信息披露约定构成违约，且违约行为与损害结果有因果关系，承担赔偿责任。6.（2020）沪74民终29号及（2019）京0105民初87359号案件判定受托人对第三人侵权。

效力。需注意，一方面，若合同未正面、完整、列举式地明确受托人的义务与责任边界，发生纠纷时存在多种解释的，法院可能会主动援引法律、行政法规、规章甚至监管规范性文件设定的受托人义务，对其在具体个案中的义务予以填补、补强或解释；另一方面，作为专业金融机构的基本注意义务，如资金来源审查、主体资格的合法合规性等，法院一般认为是金融机构开展业务的应有之义，不应通过合同约定予以排除。

③严格审查受托人是否全面履行合同约定义务。若受托人的违约行为与委托人的损害结果存在因果关系，且市场风险不能阻断违约行为与损害结果之间因果关系的，受托人需承担违约责任下的损失赔偿责任。

④受托人未尽必要注意义务导致其可能承担对第三人的侵权责任。即便法院裁判受托人不开展实质尽调、风险管理等职责的约定条款有效，也仍面临其作为专业金融机构在案件中是否疏于因履行必要注意义务而承担对第三人的侵权责任。

其中，法院考量的因素包括：在信托关系下受托人行为是否符合《信托法》所要求的诚实、信用、谨慎、有效、使受益人利益最大化的法定义务；受托人是否采取了其他必要措施以确保其应有的注意义务得以落实；受托人行为是否符合专业金融机构的审慎经营要求，是否履行作为专业金融机构所应当开展的资金来源以及合作主体合法性等基本的尽调、审查工作；受托人作为或不作为的行为是否会误导、欺诈或放任他人欺诈第三人，致使第三人基于对受托人的信赖而遭受损失。

（三）参与证券市场的虚假陈述风险

近年来，信托公司进行业务转型、开展资产证券化业务是信托公司参与证券市场的重要途径，公开证券市场的重要机制之一为信息披露制度，信息披露应当真实、准确、完整、及时，以保障投资者分析、判断证券的价值及风险。信托公司在此类业务中的主要民事责任为作为信息披露义务人被认定虚假陈述①的侵权责任，虚假陈述的形式包括所出具的文件出现虚假记载、误导性陈述和重大遗漏，所出具的文件包括发行和募集时展现相关尽调信息的信托合同、募集说明书、发行协议等以及存续期基于管理工作所出具的信息披露文件。

1. 监管规则

《银行间债券市场非金融企业债务融资工具管理办法》《债务工具信披规则》均规定服务机构应当勤勉尽责，出具文件不得存在虚假陈述情形。《资产支持票据指引》规定，信托公司作为特定目的载体管理机构应当履行尽职调查、管理资产、信息披露等义务，不得有虚假陈述行为。《资产支持票据尽调指引》明确规定信托公司属于尽职调查人，应当对参与机构及基础资产进行调查，使得发行文件及其信息披露的真实性、准确性和完整性达到合理确信程度。

2. 司法规定

《证券法》明确规定信息披露义务人不得虚假陈述，否则应当承担赔偿责任。《审理虚假陈述规定》具体规定了证券市场虚假陈述的认定标准②，明确了信息披露义务人虚假陈述的行为特性，虚假陈述与损害结果之间的因果关系认定方式，以及承销商、推荐人、专业中介服务机构的归责原则为过错推定，其与发行人或上市公司构成共同侵权的需承担连带责任。《债券纠纷纪要》明确规定要统一适用相关标准。《审理虚假陈述规定》关于虚假陈述的相关规定应当一并适用于非金融企业债务融资工具。强调严格落实债券承销机构、服务机构的核查把关责任，将责任承担与过错程度相结合，对各自与专业相关的事项应履行特别注意义务，对其他事项应履行普通

---

① 信托公司在此类项目中还承担特定目的载体的存续期管理工作，若未勤勉尽责地履行受托管理职责，损害持有人利益的，需承担赔偿责任，虚假陈述是未勤勉尽责的典型方式之一，故以此虚假陈述为分析重点。

② 第十七条规定，证券市场虚假陈述，是指信息披露义务人违反证券法律规定，在证券发行或者交易过程中，对重大事件做出违背事实真相的虚假记载、误导性陈述，或者在披露信息时发生重大遗漏、不正当披露信息的行为。

注意义务。同时，进一步明确了承销商、服务机构存在过错的认定标准，承销机构的免责抗辩，以及服务机构的注意义务和应负责任范围。

3. 司法审判要点

自 2020 年 3 月《证券法》修订生效后，证券市场的虚假陈述案件追责力度加大。截至 2021 年 6 月，共发生 3 起针对中介服务机构的虚假陈述诉讼案件，其中首例债券虚假陈述纠纷一审判例截至成文时有 1 例五洋债，即（2020）浙 01 民初 1691 号，笔者梳理该案要点如下。

①在司法实践层面统一法律适用规则。明确债券类虚假陈述纠纷案件适用《证券法》《审理虚假陈述规定》等相关规定。

②以行业自律规则为认定标准。法院在判决书中直接援引行业自律规则作为承销商、服务机构是否审慎尽调、勤勉尽责的认定标准，但如何区分各机构的注意义务和应负责任范围，以及如何确定限于各自的工作范围和专业领域，尚需进一步明确。

③举证责任倒置。承销商及服务机构需证明其已按规定履行勤勉义务、谨慎执业。

④认定赔偿责任时采用过错程度与责任承担相结合的原则。精准、科学核定各责任主体根据其过错程度按相应比例承担赔偿责任。

四、制定法律风险防范措施的基本思路

基于上述民事法律风险行为类型的分析，为全面防范风险，避免监管风险向法律风险进一步传导，提出制定防范措施的基本思路。

（一）产品设计阶段

1. 严格规范产品审查工作

全面梳理各类业务合规要求，产品设计不得违反法律法规、规章以及

规范性文件等监管规则的禁止性、强制性规定，确保交易安排不涉及为他人违法违规行为提供便利，关注受托人作为金融机构的基本注意义务、审慎经营原则，严格落实金融消费者权益保护、反洗钱、内控管理等要求，确保资金来源及合作主体的合法合规性。

2. 准确界定受托人职责边界

准确认定不同业务下受托人的最低限度义务，不得设置不合理排除受托人法定职责的交易安排，确保相关交易安排的合法合规性。基于受托人基本注意义务，谨慎评估产品对外部第三人的影响，对信托财产的管理运作在一定程度上依赖于外部第三方管理以及承担事务管理职责的项目，应当准确界定各方的职责边界，避免职责边界存在疑义、模糊，尽可能降低不确定性风险。

（二）尽职调查阶段

对于不同类型业务，应当基于其风险特征开展有所侧重的差异化尽调工作，本部分以资产支持票据和管理人中管理人（MOM）业务为例说明。

1. 强化资产支持票据等证券市场业务的尽调工作

资产支持票据等业务中，行业自律规则对信托公司的尽调工作提出了特别要求，应当予以充分重视，严格落实尽调职责，不得依赖承销商、其他中介服务机构的尽调工作及其相关报告，应当独立核查、判断相关信息及结论。对参与机构及基础资产的核查工作应制备相应的工作底稿，对外披露文件所载信息均应真实、准确、完整、及时，注意避免被认定为存在虚假记载、误导性陈述、重大遗漏等违法违规行为。

2. 进一步完善承担管理职责的第三方尽调工作

信托产品投资于由外部第三方管理的金融产品，对第三方的尽调工作应与其他类型项目的交易对手有所差异，重点关注第三方管理机构的专业胜任能力、业务资质、风险管理机制、内控制度等与其管理能力有重大利害关系的内容。

（三）产品推介、销售阶段

1. 落实金融机构适当性义务

结合金融消费者权益保护相关规则，进一步评估产品风险等级规则的科学性、有效性，确保真实、准确反映产品的风险水平；进一步评估投资者风险测评规则的适当性，与产品风险等级规则相衔接，确保投资者风险测评结果的时效性，避免相关工作流于形式。

根据不同产品类型，完善风险测评问卷的设计，差异化设置其选项及分值、权重，对于一些直接反映重要风险偏好的选项应当作为购买高风险产品的必选项，若未选择，则应当及时终止对该投资者营销该产品。

针对理财经理开展产品推介专项培训，不断提升理财经理的专业水平，针对不同产品的业务风险特征，切实落实差异化风险揭示要求。

2. 落实格式条款的提示、说明义务

进一步完善 App 客户端的展示、提示功能，对具有重大利害关系条款的展示要进一步突出，并且进行电子签约时，若委托人对合同条款有疑问，要确保有反馈渠道，并将沟通过程予以留痕。

3. 落实双录工作

贯彻落实双录工作，注意采用录音、录像与书面说明的方式做好资料留存及清单化管理工作，完整、客观、清晰地记录产品推介、销售过程中的各个关键环节，为日后处理纠纷保留有效证据。

4. 规范代销业务

代销机构未合规推介、销售产品的，投资者可以要求受托人、代销机构共同承担连带赔偿责任，信托公司需要对代销机构行为进行事前评估、事中监督、事后跟踪。如存在代销机构出现不同风险评级的情况，应按照谨慎的标准参照相关规定①以较高评级进行风险认定，并着重关注理财产品风险评级在不同监管语境下的转换问题。

（四）存续期管理阶段

1. 运用系统化、智能化方式优化管理工作

对于交易结构较为复杂、交易链条过长、存续期管理工作繁多的项目，应当事前评估好各个时点、不同情形下的操作细节以及合同约定操作要求，据此制作操作手册，进一步加大金融科技支持力度，设置各节点自动触发提示功能，确保项目存续期管理工作顺利、有序开展，避免操作风险、违约风险等。

2. 加强决策规范管理

信托文件中已有明确约定的管理工作应当严格落实，突破合同约定的操作须基于受益人利益最大化原则予以充分论证，确保决议依据充分、有效，相关决策依据、过程需留痕、留存，以充分证明当时环境背景下受托人采取约定外专业管理措施的合理性和必要性。

3. 信息披露精细化管理

根据不同项目类型，研究制定与业务特点相适应的差异化信息披露规则，细化信息披露触发节点和具体内容要求，明确信息披露操作规则。产品存续期管理过程中，公司应严格按照法律、监管要求以及合同约定的方式和时间进行信息披露，有效保障投资者知情权。

---

① 《中国银监会关于规范商业银行代理销售业务的通知》（银监发〔2016〕24号）第二十条规定，商业银行应当根据代销产品的投资范围、投资资产、投资比例和风险状况等因素对代销产品进行风险评级。风险评级结果与合作机构不一致的，应当采用对应较高风险等级的评级结果。

浅析信托公司参与不良资产市场的业务路径

朱 霄

摘　要： 近年来，不良资产处置呈现新一轮的高峰，有效处置不良资产对防范化解金融风险、构建新发展格局、推动经济高质量发展具有重要意义。本文梳理了不良资产的投资逻辑，总结了不良资产市场的现状，分析了信托公司参与不良资产业务的制度优势和功能定位，提出了成立信托计划直接受让不良资产、通过不良资产基金合作受让不良资产以及债务重组、债转股、不良资产证券化、债权收益权转让、参股地方AMC（金融资产管理公司）等主要业务模式，并就业务开展提出了相关建议。

关键词： 不良资产处置　信托创新业务　全能性金融牌照

不良资产行业被称为"秃鹫行业"，市场具有较明显的逆周期性，当前正处于债务周期尾声。不良资产赢利空间较为可观，但处置难度也较大，机遇与挑战并存。第五次全国金融工作会议将防控金融风险列为金融工作的三大任务之一，信托业参与不良资产业务既可以赚取折扣收益、实现资产增值和获得整合收益，也有助于经济金融重点领域的风险化解和资源配置。

从国际上看，信托并不是不良资产市场的新参与者，它有着丰富的同业经验可供借鉴。而从国内现状看，信托早已参与其中，但更多的是提供通道服务，帮助商业银行资产负债表内的不良资产转出。随着风险项目处置经验的积累，信托公司虽具备了一定的不良资产处置能力，但要彻底摆脱通道的尴尬地位依然任重道远。信托公司短期内可以借助与商业银行、金融资产管理公司（AMC）以及非持牌服务商的合作切入业务，但"打铁还需自身硬"，最终要靠自身做好"实业＋投研＋金融＋人才"四位一体的融合。

一、背景介绍

（一）市场概况

我国的不良资产市场可追溯至20世纪90年代的亚洲金融危机。自1999年以来，为解决银行体系淤积的呆账、坏账，财政部作为股东设立了东方、长城、华融、信达四大资产管理公司，政策性接收国有四大商业银行及国家开发银行的不良资产。随后中国建设银行、中国银行于2004年主导了第二次不良资产剥离，中国工商银行于2005年主导了第三次不良资产剥离。

基于上述历史背景，长期以来，"金融资产管理公司"特指东方、长城、华融、信达四大全国性AMC，其性质定位于非银行金融机构，受中国人民银行、银保监会等部门监管。2020年3月，银保监会对外公布批复，同意建投中信资产管理有限责任公司转型为金融资产管理公司，并更名为中国银河资产管理有限责任公司，成为第五大全国性AMC。

2012年，财政部、原银监会下发了《金融企业不良资产批量转让管理办法》（财金〔2012〕6号），原则上允许各省级人民政府设立或授权一家资产管理或经营公司（地方AMC），参与本省（自治区、直辖市）范围内不良资产的批量转让工作。2016年，原银监会下发了《关于适当调整地方资产管理公司有关政策的函》（银监办便函〔2016〕1738号），允许有意愿的省级人民政府增设一家地方AMC，并取消了收购的不良资产不得对外转让的限制。自此四大全国性AMC在不良资产一级市场的垄断格局被打破，随后有60余家地方AMC陆续获批开业，提升了不良资产市场的整体活力和处置效率，特别是加快了区域风险的化解攻坚步伐。

标普全球评级在 2020 年 2 月发布的报告《中国不良资产管理公司的核心业务增多而主导地位下降》中预计，全国性 AMC 仍将继续主导传统的不良资产行业，其市场份额超过 90%，但统治地位或将随着新的行业参与者的进入而被逐渐削弱，市场份额将逐渐下降，未来 2～3 年下降至 80%～90%。

目前我国不良资产交易市场以持牌资产管理公司（包括全国性 AMC 和地方 AMC）为核心连接纽带，参与方包括资产来源方、持牌 AMC、金融资产投资公司（AIC）、非持牌投资机构、境外投资机构以及中介服务机构，形成了"5+2+N+AIC+外资"的多元格局，并可进一步细分为上游和下游两级市场。

一级市场主要由资产来源方和 AMC 组成。不良资产来源方（银行、非银行金融机构以及非金融企业）将其不良资产以资产包等形式批量转让给 AMC，AMC 收购不良资产后，非持牌投资机构可以在二级市场接受 AMC 委托进而处置不良资产，或直接在一级市场参与受让金融机构出让的单一或少量不良资产业务。

二级市场主要由 AMC 和非持牌投资机构、不良资产买方及处置机构组成。非持牌投资机构可以通过各种方式参与不良资产的后续处置，如通过拍卖、竞标等方式从 AMC 处购入金融不良债权资产，再通过债务追偿、债权转让、以物抵债、债务重组、债转股、不良资产证券化等多种方式对受让债权进行清收处置，从而获取投资收益。该过程同时涉及不良资产专业评估师、债务人评级机构、拍卖机构、律师事务所、信托公司、不良资产交易平台及第三方服务机构等中介机构。

如今我国不良资产市场规模已达万亿元级，且供给充足，其中银行不良贷款仍然是不良资产的主体。根据银保监会发布的信息，截至 2021 年第一季度末，我国银行业不良贷款余额为 3.6 万亿元，不良贷款率为 1.89%。近年来，银行业每年都要处置 2 万亿～3 万亿元不良贷款，其中 2020 年处置了 3.02 万亿元不良资产。

市场规模的持续扩容，吸引多元投资主体纷纷入局。据中国经营网报道，截至2020年底，涉及不良资产处置的注册公司已有1.3万家，其中2020年新增公司就超过3000家，占比接近25%。

众多参与者的入局带来了更加激烈的竞争，并且参与者质量也参差不齐，不良资产市场在2016～2018年经历了一段非理性繁荣时期。根据《中国金融不良资产市场调查报告（2021）》的调研结果，我国不良资产市场自2019年以来逐渐回归理性，金融机构不良资产成交价格基本稳定，2020年成交价格较2019年稳中有降，相对于账面价格，折扣处于3～4折的水平，预计2021年价格将基本持平。虽然成交价格相对平稳，但随着不良资产处置难度的增大，存量金融不良资产的处置速度明显放缓、处置周期有所延长，不良资产二级市场活跃程度在2020年出现下降。

这是一片万亿"蓝海"，但并不适合"躺赚"。不良资产业务的理想路径是逆周期收购、顺周期处置，随着金融风险的进一步暴露，标的资产存在质量继续劣化甚至实际价值耗散的风险，融资成本的抬升也制约了不良资产的有效处置。这就要求不良资产业务精耕细作，简单依靠资产价格上涨的"捡漏""赚快钱"不可持续。超额回报的获取越来越依赖于处置技术的提升，依赖于多种投行手段及金融工具的运用，依赖于真实处置能力的增强。

（二）信托公司参与不良资产业务的制度优势

不良资产市场存在鱼龙混杂、资产空转和长期资金匮乏等痛点问题，信托公司有望通过回归本源，挖掘自身制度优势，为市场的良性发展做出有益补充。

1. 风险隔离优势

信托作为一种制度安排，其核心功能是风险隔离与财产转移。《信托法》第十六条约定："信托财产与属于受托人所有的财产（以下简称固有财产）相区别，不得归入受托人的固有财产或者成为固有财产的一部分。

受托人死亡或者依法解散、被依法撤销、被宣告破产而终止,信托财产不属于其遗产或者清算财产。"信托制度决定了信托项目与委托人、受托人、受益人和其他项目的财产风险相隔离,较好地阻断了不良资产处置中项目风险的传导。

2. 全能性牌照优势

信托公司素有"大投行""全能投行""实业投行"之称号,能在货币市场、资本市场和实业之间实现跨越投资。基于这些功能禀赋,可利用多种投融资工具设计出丰富多元的信托产品,以解决不良资产业务推进中的痛点、难点问题。

与其他资产管理机构相比,信托公司在资产端有三个较明显的红利:一是可依据《信托公司管理办法》开展贷款业务,不用假借商业银行等通道,在股权运作、权益投资上也不存在法律限制;二是依据《信托公司资金信托管理暂行办法(征求意见稿)》,有最高的非标准化债权资产投放比例上限,能更好地匹配个性化业务需求;三是凭借传统的融资类业务积淀,对基础资产的理解和把控更加深入,可深耕包括不良资产处置在内的资管产业链上游。

3. 资金渠道优势

不良资产处置具有逆周期性特征,投机的、短期的、缺乏专业认知的资金难以匹配跨越经济周期的不良资产项目,所以资产荒是相对的,资金荒是绝对的。而信托公司作为持牌的资产管理机构,与金融同业、实体企业和高净值财富客户等资金渠道合作紧密,若自身专业能力得到认同,可以积极引导社会上的长期资金参与不良资产处置。

二、信托公司在不良资产业务链条中的定位

信托具有风险隔离和财产转移的功能,信托公司能够整合、运用各类

金融工具，并对接、引导各类资金渠道，所以具备满足不良资产领域投融资需求的制度基础，并且自第六次大整顿之后信托公司也获得了长足发展，积累了一定的客户资源、项目储备以及内部风险保全清收经验，具备不良资产再配置、再整合的实践基础。

我国不良资产市场自进入全面市场化阶段，已吸引了商业银行、AMC、AIC、民营投资机构、个人投资者、外资机构等各类市场主体参与其中，主体间的协作化发展趋势明显，各类业务模式不断更新迭代，跨行业、跨专业、跨地域的不良资产业务链条初露峥嵘。信托公司要利用好制度优势和资源禀赋找准定位，避免陷入与AMC等守成者的同质化竞争，积极借助外力外脑，布局差异性互补合作，在这条产业链上尤其是在二级市场中扮演丰富的、多层次的角色。

（一）二级市场的资产收购方

信托公司可在不良资产的二级市场中整合多种金融工具和内外部资源，推进产融结合，完成价值发现，依靠比非持牌投资机构更强的投研能力、募资能力来锻造核心竞争力，深化产业、资金、服务三个领域的协作。

（二）综合化的投行业务服务商

不良资产业务模式愈加复杂，需要金融机构进行更专业的结构设计、产品发行。信托公司可以充分利用自身全能性金融牌照的优势，提供业务撮合、综合化服务，助力不良资产的价值提升。譬如以财务顾问的身份为债务企业提供债务重组和债转股服务，为战略投资者、风险投资者提供咨询、配资等服务。

（三）引导社会资金的基石投资者

在不良资产领域，资金募集是一个亟须清除的推进障碍。信托公司可基于自身的全面风险管理能力、专业化资产管理能力，对接保险资金、年金资金、工商企业资金等多元需求端口，为受益人的最大利益配置其他主体发行的不良资产产品，为市场注入具有一定风险偏好、专业认知的长期资金，打通价值实现的闭环。

三、信托公司开展不良资产业务的主要路径

本文对业务路径的分类标准侧重于现有实践基础的经验性划分，并不具备严格的互斥性和完备性，有些路径是同一业务链条的上下游，彼此间存在部分交叉重叠，只是重点不同。在所介绍的六种路径中，前两种路径侧重于不良资产收购范畴，第三种路径则聚焦不良资产处置范畴中的创新方式，第四和第五种路径属于通道业务机会，最后一种路径则是通过入股进行跨机构的业务协同。

（一）成立信托计划直接受让不良资产

1. 基本概念

信托公司首先按账面原值的一定折扣直接收购不良资产包并进行后续处置，在资产分类的基础上进行价值提升；其次寻机出售或通过阶段性经营、债转股、折扣清偿、破产清算、诉讼追偿、以物抵债、资产债务重组等方式实现债权回收，从而获得收益。在这种路径下，信托公司的行为模式与其他二级市场投资机构并无本质区别。

2. 业务流程

金融机构将不良债权转让给 AMC，AMC 作为债权人获得质押、抵押、保证等担保措施；信托公司募集资金设立信托计划，从 AMC 处购买债权收益权，可聘请清收机构为信托计划提供清收、咨询等服务，并可获得由其他第三方提供的期间收益差额补足及到期回购。在交易结构上也可以采用结构化分级方式满足不同资金的风险偏好，使得具有不同风险承受意愿和能力的投资者通过投资不同层级的信托受益权来获取不同收益，并承担对应风险。

完成收购是信托公司受让不良资产的终点，也是后续进行不良资产处置的起点。近年来，信托公司在处置自身风险项目过程中积累了一定的经验，可以考虑将此能力进行培育和变现，根据个案特点，有针对性地推进处置方案。

债务人如仍具备还款意愿、还款能力，则可以通过正常清收或者执行公证、申请仲裁、诉讼追偿等方式行使撤销权。对于提升价值较小、地区分散、质量较差的资产，可将各类资产重新组合，形成适合市场需求的资产包，通过拍卖、招投标等方式打包出售，最小化处置成本，将债权再次转让给下家以脱手。对于有偿还意愿、没有现金偿付能力但持有质量相对较高的股权、债权或实物资产的债务人，可通过以股抵债、行使代位权、网络拍卖、实现担保物权或以物抵债等方式清偿。对于已丧失偿付能力且无财产可供执行的债务人，可通过追加被执行人、起诉股东、强制清算或破产清算等方式求偿回款。对于自行处置难度大、成本高的资产，如消费类贷款，可委托更具细分专业清收能力的第三方机构处置。

3. 特别要点

由于信托公司并非持牌的 AMC，无法直接进行一级市场交易，除参与二级市场收购外，也可借助 AMC 通道"收包"，即信托公司与 AMC 签署委托竞买协议等法律文件，并在支付保证金后，由 AMC 参与银行等金融机构的公开拍卖、邀标竞价，受让金融机构出让的批量不良债权。在债权转让给 AMC 后，信托公司支付尾款，再从 AMC 处受让该不良资产。

值得注意的是，根据《金融资产管理公司资产处置管理办法》（财金〔2008〕85 号）的要求，全国性 AMC 必须采用公开方式进行不良资产处置，也必须通过公开拍卖等处置方式，但不能保证信托公司一定竞得标的不良资产。而对于地方 AMC，尚未有强制要求，可选择协议转让路径。

（二）通过不良资产基金合作受让不良资产

1. 基本概念

不良资产处置的基金模式是指根据相关法律法规的规定，通常以合伙方式形成有限合伙企业，投资于不良资产，并由基金管理人具体负责投资运作的投资基金。

在第一种业务路径中，信托公司直接收购不良资产包并进行处置，需要内部的投资管理团队足够专业且齐备。若自身的业务能力积累尚不充分，信托公司可以考虑采用不良资产基金路径，该模式的本质是通过配资的形式与更专业的处置机构进行合作合资收购，这样既能规避自身业务能力的比较劣势，又能获得一定的投资本金安全垫。这也是目前信托公司参与不良资产市场最常见的业务路径。

2. 业务流程

信托公司成立信托计划认购有限合伙人（LP）份额，与经验丰富的 AMC、非持牌投资机构、金融机构或者特定产业主体合资组建有限合作企业（不良资产处置基金），协同完成尽职调查，通过有限合伙企业再从 AMC 手中收购不良债权或资产包。

具备实际处置能力的合作方担任合伙企业的普通合伙人（GP）与执行事务合伙人，提供日常经营、投资管理及清收服务。GP 与外部顾问公司签署委托管理协议，委托其向合伙企业提供日常行政管理、债权收益权管理、清收服务等工作。顾问公司还可以继续委托清收服务商对债权收益权进行管理，并具体负责债权清收工作。在实操中往往还会约定 GP 合作方有收益补足义务，并在重大不利情形下提供流动性支持。

待完成资产收购后，基金进行不良资产的处置，可以借助 GP 的专业或资源，通过诉讼保全、债权转让、引入战略投资者、投贷联动等方式对不良资产进行清收或整合，实现投资退出。该模式不仅可以投资于银行体系内的不良资产，而且可以投资于房地产特殊机会项目、债务重组项目、债转股项目、非经营性困境企业融资项目等标的。

3. 特别要点

若信托公司以财务投资者的 LP 身份介入，则无法行使 GP 所享有的相关权责，可通过合伙协议安排表决机制，使得信托公司实质上对合伙企业重大事项享有一票否决权；或通过投资决策委员会、顾问委员会等间接对 GP 执行合伙事务进行监督，提供咨询建议。

（三）债务重组、债转股的相关合作

传统的不良资产处置模式就是"三打"（打包、打折、打官司），即对不良资产进行打包，估值后整体折价转让，最终的资产受让方则通过司法诉讼、追偿催收等方式进行处置。随着行业的迭代发展，处置模式的重点开始由"三打"向"三重"（重组、重整、重构）转变，这些创新处置模式侧重于帮助债务人优化业务结构、完善公司治理，从而提升问题债权或股权的价值，其中以债务重组和债转股为代表。

1. 债务重组

（1）基本概念

债务重组是指在不改变交易对手方的情况下，经债权人和债务人协定或法院裁定，就清偿债务的时间、金额或方式等要素重新达成协议的交易。其本质就是通过债权人的适当让步盘活问题债权，该路径并不仅仅局限于对不良资产的收购处置，还可以帮助困境企业实现纾困。

（2）业务流程

信托公司直接或通过其参与的不良资产基金收购债权，在签署收购协议，即与债权人、债务人达成债务重组和资金监管协议时，可通过多种方式对企业进行跟踪管理并提供综合金融服务，具体方式包括变更债务条款，实施债务合并，重新约定还款金额、方式、时间、抵质押物和增信措施，并办理相关登记手续，优化企业资产质量。

另外，还可以通过股加债模式收购标的企业股权，并且发放信托贷款或股东借款用于偿还问题债权。此举一方面可通过债权融资获得较为全面的增信措施保障，产生稳定的债权本息分配现金流；另一方面可通过股权投资派驻董事，参与项目公司治理和经营管理，获取超额的权益性收益。

（3）特别要点

债务重组是 AMC 展业过程中常用的处置手段之一，信托公司参与其中的意义在于信托计划的风险隔离属性以及资金募集优势，通过利益共享、风险共担，实现业务切入。在这里需要注意的是，对于房地产类项目，需防范规避监管部门已提示过的"房地产企业以股东借款充当劣后受益人""以归还股东借款名义变相发放流动资金贷款"等合规问题。

2. 债转股

（1）基本概念

债转股是指债权人通过以其债权出资与债务人新设公司或增加债务人注册资本，将其对债务人所享有的合法债权依法转变为对债务人的投资，并且取得股权的投资行为。其本质就是债务重组的一种特殊方式，适用于债务人经营基本面仍有好转可能，只是因财务负担过重而违约的情形，债权人转为股东后有望提高企业的公司治理效率和经营效率。

2017 年，国有大型商业银行陆续成立了 AIC，作为债转股专项实施机构，并纳入银行集团并表范围内。AIC 属于非银行金融机构，可通过自有资金、同业借款、发行资管产品、发行金融债券等方式募集资金参与债转股项目。可转股的债权类型范围包含除民间借贷以外的所有金融债权，并且正常类的非不良银行信贷也可以通过债转股的途径转让给债转股实施机构。

当前债转股实践以商业银行为主导，以 AIC 等子公司为具体实施机构，再由实施机构设立有限合伙型基金。由于债转股单体项目规模较大，存在旺盛的社会资金需求，信托公司可直接认购债转股专项基金的 LP 份额，甚至担任专项基金的管理人。

（2）业务流程

以信托计划参与市场化债转股专项基金（合伙企业）的模式为例，信托公司募集资金设立资金信托计划用于认购有限合伙基金 LP 份额，AIC 关联方、标的企业关联方或者其他合作方担任基金 GP。有限合伙基金受让标的企业的金融债务，并按照约定的条件转换为企业股权（收债转股）；或者由有限合伙基金对标的企业进行增资扩股，企业利用增资资金偿还存量金融债务（入股还债）。

后续股权投资可以通过市场化对赌、关联方回购等方式实现退出。如标的企业集团内部存在上市公司平台，则可考虑通过将标的企业股权上翻为上市公司股票，上市公司向有限合伙基金发行股票反向收购标的企业股权，交易完成后有限合伙基金持有上市公司股票，标的企业则成为上市公司的子公司，债转股资金由此可通过股票二级市场变现退出。

（3）特别要点

合法的债权资产可以作为公司的增资财产，市场化债转股自 2016 年以来已开始了较大范围的推广。根据《关于市场化银行债权转股权的指导意见》的规定，"银行将债权转为股权，应通过向实施机构转让债权、由实施机构将债权转为对象企业股权的方式实现。鼓励金融资产管理公司、保险资产管理机构、国有资本投资运营公司等多种类型实施机构参与开展市场化债转股；支持银行充分利用现有符合条件的所属机构，或允许申请设立符合规定的新机构开展市场化债转股；鼓励实施机构引入社会资本，发展混合所有制，增强资本实力"。信托公司可以通过引入社会资本直接或者间接地参与此轮债转股。

在市场化债转股标的企业的选择上,目前往往以钢铁、化工、能源等行业的央企和影响力大的省属国企为主,项目体量规模通常较大,对实施机构的资金募集能力提出了很高的要求,信托公司有望通过拓展资金来源渠道来获取业务机会。

(四)不良资产证券化

1. 基本概念

不良资产证券化是资产证券化的一种表现形式,由不良资产池的组建、信用增级、信用评级、承销发行等多个环节构成,即以不良资产所产生的现金流为偿付基础,发行资产支持证券的业务。

目前在实际操作中,信托公司主要承担通道功能,单纯担当事务管理的受托职责,应关注自身是否具备相关资格、合规要求,并严格履行相关报备、信息披露及风险揭示等职责。

2. 业务流程

目前在我国资产证券化业务中,不良资产主要通过银保监会监管下的信贷资产证券化方式来进行证券化。该业务可采取信托模式,即以信托公司为受托机构发行资产支持计划、管理信托财产。

不良资产的转移必须构成"真实出售",即原债权人无权追索已出售资产,实现破产隔离。信托公司作为不良资产支持证券的受托人,通过设立特殊目的信托(SPT),委托投资银行出售银行间债券或其他形式的证券,信托公司通过SPT的设立实现了自身风险与资产支持证券之间风险的破产隔离。

通常资产证券化发起机构会自持部分或全部次级档,部分资产证券化产品还具有差额支付承诺条款,即发起机构对信托资产不足以支付优先档的各期利息和未偿本金的差额部分承担补足义务。

3. 特别要点

与一般资产证券化的底层资产相比，不良资产的现金流来源复杂，大多依赖于对借款人、抵押物和担保人的变现，而非底层资产正常的经营性现金流。这就决定了资产的同质性弱，还款时间和还款比例具有很大的不确定性，资产池重组程度高、规模大，对金融产品的结构设计和估值技术也提出了更高的要求。

因此，信托公司在组建资产池时，要尽可能遴选处置中后期、损失率和还款期限比较确定、抵押物价值较高、担保人还款能力较强的不良资产。与其他固定收益证券相比，不良资产证券化产品的投资者范围相对较小，目前只限于银行间市场的机构投资者，信托公司也可以扮演投资人的角色，购买优先档或次级档不良资产证券，便于争取业务机会，并获取投资收益。

（五）债权收益权转让

1. 基本概念

不良资产收益权转让是指以获取不良信贷资产所对应的本金、利息和其他约定款项的权利为基础开展的不良资产处置模式，信托计划是银行信贷资产收益权转让的唯一渠道，信托公司主要承担通道功能。

2020年6月，银保监会下发了《关于开展不良贷款转让试点工作的通知（征求意见稿）》和《银行不良贷款转让试点实施方案》，意味着债权收益权转让模式的渠道再次拓宽，单户对公不良贷款和批量个人不良贷款转让的试点正式启动。

2. 业务流程

银行业金融机构开展信贷资产流转业务应实施集中登记，并授权银行业信贷资产登记流转中心有限公司承担信贷资产集中登记职能，信贷资产转让业务范围也包括不良资产收益权的转让。出让方银行构建信贷资产包后，信托公司设立信托计划受让信贷资产收益权，同时出让方银行与信托公司以贷款管理协议形式确定贷款管理人，明确信贷资产的日常管理职责和清收职能。信托计划到期时，尚未完全偿付的信贷资产，可由贷款管理人通过市场化方式，规范、透明地进行处置。

3. 特别要点

不良资产收益权的投资者限于合格机构投资者，对机构投资者资金来源应当实行穿透原则，不得通过嵌套等方式直接或变相引入个人投资者资金。出让方银行不得通过本行理财资金直接或间接投资本行信贷资产收益权，也不得承担任何形式的显性或隐性回购义务。在充分信息披露的基础上，投资者应当独立分析判断，自行承担投资风险。

目前不良资产收益权市场的投资主体较为单一，机构投资者的趋同性较强，市场流动性较差，信托公司作为合规的业务通道，应持续提升自身的产品创设能力，参与项目挖掘、资产筛选和风险识别，以满足不同投资者的多元化风险收益需求。

（六）参股地方 AMC

1. 基本概念

除介入具体的不良资产业务链条外，已有多家信托公司通过参股地方 AMC 的方式间接参与不良资产处置业务。通过该路径不仅可以获得股权投资收益，而且能够通过协同效应延伸业务链条。

截至 2021 年 5 月末，已有浙江、福建、重庆、山东、陕西、河南等区域的地方 AMC 获得信托公司投资入股。

2. 地方 AMC 概况

地方 AMC 自 2011 年进入公众视野以来，目前已有 60 多家获批，各省（自治区、直辖市）的首家地方 AMC 通常由当地政府实际控制，第二家地方 AMC 的股东背景相对多元化。地方 AMC 虽然不属于金融机构，但由于其业务操作的监管环境比全国性 AMC 较为宽松，故此牌照仍具有相当的价值。由于成立时间短、业务规模小、收购处置经验不足等原因，地方 AMC 的营业收入规模相对于全国性 AMC 仍普遍较小，且债务融资方式以银行借款为主。根据中金公司的研究数据，2019 年，地方 AMC 中 14 家公募发行人的主营业务收入中位数为 6.9 亿元，有 9 家发行人的主营业务收入不足 10 亿元，债券余额占总债务比例的平均数和中位数均为 19.2%。

3. 特别要点

信托公司参与不良资产业务的突出短板之一是人力资本及经验知识的匮乏，借助与地方 AMC 的股权合作可弥补能力和人力的不足，而信托公司的入股对地方 AMC 的发展也有积极的意义，双方有望实现优势互补与资源配置。

在资金端，地方 AMC 无法像全国性 AMC 那样进行同业拆借、同业借款，只能通过发行债券、银行信贷等方式筹措资金，所以资金来源渠道相对较窄，获得大额资产包的能力受限。而信托业经过多年经营已具备较为丰富的资金客户储备和产品销售渠道，可以提供配资支持。

在资产端，地方 AMC 仅有向本省（自治区、直辖市）内金融机构批量收购不良资产的权限，业务属地化特征明显，也会选择针对地方企业开展投资、类信贷等业务，信托公司可以帮助地方 AMC 完善不良资产领域外的业务方案。

目前在国家层面尚未建立完备且一致的地方 AMC 法律法规政策体系，银保监会与地方政府的相关监管主体责任划分尚不够清晰，地方 AMC 由地方政府履行监管责任，银保监会负责制定地方 AMC 的监管规则，但不将其纳入监管范围。针对全国性 AMC 的税收优惠政策、收购处置司法解释尚未明确平移适用于地方 AMC。地方 AMC 虽由地方政府设立，但也需抄送财政部和银保监会进行备案，银保监会在收到文件后对地方 AMC 的股权结构、股东背景等信息进行审查。信托公司谋求入股地方 AMC，需要对行业监管环境做好相应的基础调查，注意满足相关审批单位对股东资质的要求。

四、信托公司参与不良资产业务的培育路径

（一）拓展与银行、持牌 AMC 等一级市场参与方的合作

信托公司参与不良资产业务仍处于起步阶段，尝试虽多，但业务总体规模较小，行业经验、团队实力不足，短期内依然无法摆脱对商业银行、AMC 的依赖，在业务定位上可先以通道角色参与合作，进而不断丰富主动管理的参与形式。

商业银行虽然有自行处置不良资产的能力和诉求，但不良资产会占用银行的专项准备金，消耗较多的周转资金并增加时间成本，且不利于银行对外的安全形象。而对于 AMC 来说，迫于回归主业的政策压力和业绩指标的经营压力，往往大量收购资产包，但后端处置退出力量相对不足，甚至出现收购不良资产包的步伐远超处置资产的速度的状况。鉴于供给端仍有大量资产无法得到及时有效的盘活处置，这对于信托公司而言仍有较大的业务拓展机遇。

（二）深化与非持牌投资机构、服务商等二级市场参与方的合作

不良资产作为一种特殊资产和另类资产，通常面临债务、法律、产权等多方面的纠纷与瑕疵，同时受政府干预、地方保护等外部因素制约，持有资产期间需要进行必要的维护和运作，甚至参与具体企业的经营管理。"躬身入局"的信托公司不能局限于获取资产本身，还需要具备解决复杂问题的能力。完全自给自足的成本过高，这就要求通过与二级市场的众多非持牌参与方合作来修复资产瑕疵，整合关键资源，清理经营障碍，为我

所用，最大限度地提升资产价值，实现投资收益。

近年来场外资本蜂拥入场，但真正具有终极处置能力的专业投资机构仍然稀缺。民间资本、清收机构、产业投资人等非持牌参与方缺乏监管，经营活动处于灰色空间，甚至部分主体有开展违法违规活动之嫌，衍生出暴力催收、非法获客、非法集资等次生合规风险，需要在合作中注意甄别。

从长远来看，信托公司要将自身定位为真正具备资源整合、专业处置能力的投资机构，打造可靠的技术供应链，获取必要的模块服务，而不是以浅尝辄止的心态去谋求短期收益，从而助力不良资产市场实现有效配置和终端处置。

（三）组建专业团队，完善尽职调查

不良资产处置工作对人员的专业能力也提出了较高的要求，不仅需要具备实战经验，而且需要熟悉各种处置手段和法律关系，具备一定的定价能力、谈判能力、辨别机会能力和资源推广能力等。

信托公司除完善与其他市场主体的合作关系之外，还要组建壮大自己的投资与投后管理团队，加强人才的外引内培。特别是提升公司不良资产领域中业务领军人才、风控专业人才和金融科技人才的配置比例，通过团队复制实现规模化效应，同时有针对性地改进项目的尽职调查工作。

在不良资产市场中，信息不对称的问题更加突出，尽职调查的结果会直接影响对资产价格和后期利润空间的判断，尤其是对于那些折价严重的损失类信贷资产来说，若能通过尽职调查"从垃圾堆里淘出金子"，则有望获得真正的超额盈利。

因此，完善尽职调查的方法论是一项最关键的基础工作。调查范围包括项目所涉及的债务人、最终承债主体以及相关财产线索，分析瑕疵、盘活项目，发现各利益相关方的真实需求点和资产的潜在价值，明确债务的最终埋单人，独立判断购买价格，并为交易结构设置限制性条款，预防衍生风险的发生，最终完成变现退出。

（四）基于传统融资类业务的沿革积淀，增强资产重整能力

自第六次行业整顿以来，信托公司围绕住宅开发、城投平台形成了较为成熟的赢利模式，人才结构也主要集中于房地产、基础设施等非标准化债权融资领域。可以因势利导、顺势而为，从自身熟悉的行业着手，对接各个细分领域的专业机构，发挥股债协同、投贷联动、产融结合的优势。例如，信托公司与主流房企关系密切，对基础资产和投后管控有较为深入的理解，可选择与房地产开发公司、物业管理公司、代建平台、房企金融板块等主体合作，参与困境项目并购、融资代建、烂尾项目盘活等业务。

家族信托中的资产配置探讨

李 亮

摘　要：如果说受托人对家族信托中非金融资产的管理更多的只是利用制度优势对资产进行有效持有，那么对金融资产的管理以及受益人的分配安排执行，作为一个投资组合，则涉及存在负债的跨期资产配置。虽然资产配置在组合管理中有着重要作用，但在家族信托的实务中，需要考虑长期限、负债约束、合适模型等几个关键问题。如何做好家族信托中的资产配置，无论是理念、模型还是流程，目前并无统一的绝对标准，希望借由个人在实务中的思考，与大家探讨。

关键词：家族信托　资产配置　跨期配置　负债约束

一、家族信托中的资产配置

自2013年起，家族信托这一名词逐渐进入公众视野，这里有多方面的原因。例如，随着调结构的推进，经济增长进入"L"形区域，"赚钱难"成为越来越多人的切身感受。与此同时，随着各项制度和法律法规的进一步完善，高净值客户手中财富面临的各项"合规风险"则有增无减。如何守富、传富日益成为关注的重点。金融机构也是顺应市场需求和自身业务多样性发展的需要，如信托机构因传统通道业务遇到的瓶颈而面临转型，私人银行在传统业务同质化竞争加剧之下需要寻找新的业务亮点，纷纷开始试水家族信托这一在境外已有多年成功操作经验的新事物。从这一产品服务的本质来看，它涉及法律、税务、资产配置等全方位的规划，这正好满足了客户的需求，同时也对从业人员的专业素养提出了更高的要求。

（一）家族信托业务现状

家族信托本身并非一种法定的信托类型，而是实践中对具有某种特征的信托的统称。从本质上来说，家族信托业务是一个法律架构，通过信托当事人（委托人、受托人、受益人）的约定、信托条款的设计以实现财富管理的各种相关功能。关于家族信托的优势，境外从业人员通常会总结为"CATS"，即保密性（Confidentiality）、资产保护（Asset Protection）、税务筹划（Tax Planning）和财富传承（Succession Plan）。其中，资产配置、资产管理等投资事务并非其核心功能。境外信托机构所提供的更多是信托结构设计、资产持有、事务性管理等方面的服务。而在我国，目前开展家族信托业务的各类金融机构无一例外地将信托财产的投资管理作为核心功能或服务之一，这在官方口径对家族信托的定义中也得以体现。

中国信托业协会发布的《2014年信托业专题研究报告》指出，家族信托是一种有效的财富传承方式，是高净值人士首选的一种管理家族资产的载体，是以家庭财富的管理、传承和保护为目的的信托，在内容上包括通过资产管理、投资组合等理财服务实现对家族资产负债的全面管理，更重要的是提供财富转移、遗产规划、税务规划、子女教育、家族治理、慈善事业等多方面的服务。而银保监会信托部发布的《关于加强规范资产管理业务过渡期内信托监管工作的通知》也指出，家族信托是指信托公司接受单一个人或者家庭的委托，以家庭财富的保护、传承和管理为主要信托目的，提供财产规划、风险隔离、资产配置、子女教育、家族治理、公益（慈善）事业等定制化事务管理和金融服务的信托业务。家族信托财产金额或价值不低于1000万元，受益人应包括委托人在内的家庭成员，但委托人不得为唯一受益人。

家族信托能够管理的资产类型有哪些？虽然我国的《信托法》并未限制信托财产的类型，但目前境内实务中，受托人接受较多的资产类型是资金，原因是信托登记制度迟迟未能出台，而且目前相关业务的主要推动方为财富管理机构。对于财富管理机构而言，因其主要利润来源于资产的管理服务，且能拉动资产管理规模（Asset under Management，AUM），而对于非货币资产，即使可以操作，也因其操作流程相对繁杂、创利无优势且后期维护成本较高，一般操作意愿不强。比如境内房产，其操作层面并不存在障碍，问题是一般客户都希望将房产用于出租，将租金收入作为受益人的生活保障来源。但在实务层面，即使客户愿意支付设立时的相关税费以及设立后的持有成本，如何寻找租户、按时收取租金等都是令金融机构头痛的事情。这不仅是境内财富管理机构的普遍想法，而且是其他金融机构在处理类似客户需求时的真实想法。其实，境外相关服务机构也会面临类似问题。比如艺术品，如何进行估值、保管、投保、使用，都是操作中会涉及的，不是简单地"交给家族信托"就能一笔带过的。正因如此，境外才有了特别信托法和私人信托公司的出现。但近年来，国内客户对境内非资金类资产的信托需求日益增加，相关各方也逐步对非资金类资产持开放态度。如果说受托人对家族信托中非金融资产的管理更多的只是利用制度优势对资产进行有效持有，那么对金融资产的管理以及受益人的分配安排执行，作为一个投资组合，则涉及存在负债的跨期资产配置。

目前在实务中，国内各类财富管理机构通过扮演受托人、投资顾问、财务顾问等角色在家族信托框架中提供资产管理的服务。而服务方式主要是执行委托人操作指令、提供资产配置建议、全权委托管理三种。除仅执行委托人操作指令外，其他服务方式的核心都要求金融机构具备资产配置能力，这样才能从根本上为客户提供有效服务。但截至目前，应该说，国内绝大多数财富管理机构所提供的财富管理服务，无论是面向零售客户还是高净值客户，本质上更多的还是以单个产品的销售为主，从组合管理角度提供真正的资产配置服务的经验并不足。再考虑到家族信托在期限、负债方面的特点，如何做好家族信托中的资产配置，无论是理念、模型还是流程，目前并无统一的绝对标准。希望借由个人在实务中的思考，与大家探讨。

（二）资产配置的重要性

何为资产配置？一个被普遍接受的定义是，在预定的投资收益目标、风险承受范围及投资限制条件下，确定资产组合中不同市场类别、资产类别、投资期限、投资风格等方面的投资比例。时至今日，组合管理中资产配置的重要性似乎已不言而喻，但具体该如何衡量？

梳理资产配置研究的发展脉络，Brinson 等人在 1986 年发表的论文《组合表现的决定因素》（*Determinants of Portfolio Performance*）可以说是资产配置重要性研究的里程碑，Brinson 也因此常被称为全球资产配置之父。在 Brinson 等（1986，1991）的研究框架中，养老金的实际收益是在资产配置的基础上，通过择时/主动管理、标的选择后共同达到的结果。研究中使用了美国 91 家大型养老金机构 1974~1983 年的季度数据，将上述因素作为变量进行回归分析。结果显示，资产配置这一因素的 R^2 为 75.5%~98.6%，R^2 平均值达到 93.6%。但具体应该如何解读？一种解读是，既然资产配置对组合表现的重要性如此之高，择时/主动管理、标的选择无关紧要，进行管理组合时做好资产配置即可。但也有不同的声音，如 Ibbotson 和 Kaplan（2000）提出了三个问题：一是资产配置在多大程度上解释了组合收益随时间的变化？二是资产配置差异在多大程度上解释了不同组合间的收益差异？三是组合收益中来自资产配置的贡献究竟是多少？从本质上看，Brinson 等（1986，1991）研究的只是第一个问题，而第一个问题与后面两个问题并不等同。

在 Ibbotson 和 Kaplan（2000）的研究框架中，基金的最终收益受资产配置和基金经理的主动管理能力两个因素影响。$TR_{i,t} = (1 + PR_{i,t})(1 + AR_{i,t}) - 1$，其中 $TR_{i,t}$、$PR_{i,t}$、$AR_{i,t}$ 分别为基金 i 在时点 t 的总收益、配置

收益和主动管理收益。$PR_{i,t} = w1_i R1_t + w2_i R2_t + \cdots + wk_i Rk_t - c_t$，其中 wk_i 为基金 i 中资产 k 的配置比例，代表了基金的配置策略，因此 wk_i 已知；Rk_t 为资产 k 在时点 t 的收益；c 为通过指数基金复制基金 i 配置策略的成本。模型选取 94 只平衡型共同基金 1988~1998 年的月度数据以及 58 只养老金 1993~1997 年的季度数据作为样本。

资产配置在多大程度上解释了组合收益随时间的变化？Ibbotson 和 Kaplan（2000）的分析思路与 Brinson 等（1986, 1991）的研究一样，通过 $TR_{i,t}$ 对 $PR_{i,t}$ 进行回归，以明确资产配置对组合收益变化的解释程度。时间序列分析显示，共同基金的 R^2 平均值为 81.4%，中位数为 87.6%，而养老金追求长期目标，策略执行更为稳定，因此 R^2 平均值为 88.0%，中位数为 90.7%。这与 Brinson 等（1986, 1991）的研究结论十分接近。

资产配置差异在多大程度上解释了不同组合间的收益差异？这一问题之所以被单独讨论，原因在于不少人对 Brinson 等（1986, 1991）的研究结果的误读。如果所有组合都以同一配置策略进行被动管理，此时组合收益之间不存在差异，组合收益随时间的变动，100% 可由资产配置来解释，但这并不等同于资产配置对组合收益的贡献程度为 100%。换一思路，如果所有组合都以不同配置策略进行被动管理，此时组合收益之间的差异才能归结于配置策略。Ibbotson 和 Kaplan（2000）通过截面分析发现，对于共同基金和养老金而言，资产配置差异对组合间收益差异的解释程度分别为 40% 和 35%，剩余的差异都是由主动管理能力的差异造成的。

组合收益中来自资产配置的贡献究竟是多少？一个直观的方式就是比较配置收益和组合收益。当组合完全采用被动管理方式按配置策略执行时，$\frac{PR_i}{TR_i} = 1$。如果采取主动管理方式，当 $\frac{PR_i}{TR_i} > 1$ 时，投资经理管理能力不足；当 $\frac{PR_i}{TR_i} < 1$ 时，组合表现超过标准配置策略。Ibbotson 和

Kaplan（2000）所做研究的分析结果显示，共同基金的平均 $\frac{PR_i}{TR_i}$ 为 104%，但分布则从 5% 分位的 82% 至 95% 分位的 132%；养老金的平均 $\frac{PR_i}{TR_i}$ 为 99%，考虑到管理费用等因素，这一数值可能接近 100%，但分布也从 5% 分位的 86% 至 95% 分位的 113%。Brinson 等（1986，1991）之前对养老金所做的两次分析数值分别为 112% 和 101%。由此可得出结论，整体而言，主动管理并未带来组合收益的提升，反而可能降低了收益。但从逻辑上看，所有投资者的收益构成了全市场收益的平均水平。而投资者主动管理能力的分化，则说明了挑选管理人的重要性。

那么资产配置究竟有多重要？按照上述国外研究的成果，组合收益随时间的变动，约 90% 可由资产配置来解释；而组合间的收益差异，约 40% 可由资产配置来解释；若想超越市场收益的平均水平，挑选管理人很重要。蒋晓全和丁秀英（2007）运用类似分析框架，对国内证券投资基金的资产配置效率进行实证研究，同样发现资产配置在时间序列上对同一基金的业绩起着重要作用，但资产配置对不同基金间业绩差异的解释程度仅为 4.37%。这也说明了资产配置在我国当时的实务中仍未得到充分的重视。

（三）家族信托中的资产配置

虽然资产配置在组合管理中有着重要作用，但在家族信托的实务中，需要考虑几个关键问题。

首先是期限问题。目前国内家族信托实务中，考虑到客户对新业务的接受度，初始信托期限一般设置为 5 年或 10 年，但期满后默认自动延长信托期限。这意味着家族信托中的资产配置会是一个跨期的资产配置，与一般的单期配置相比，资产配置方式可能会发生变化。

其次是负债约束。家族信托中的受益人分配条款决定了投资组合未来将出现现金流的支出。目前业界在实务中，无论是标准化还是定制化的家族信托，一般都可让客户随意调整受益人人数以及每一受益人各自的分配条款。对于资产组合而言，这就引入了一个未来的不确定的现金流支出，相当于引入了不确定的负债。相比无负债时的资产组合管理，资产配置方式可能也会发生变化。

最后是合适的模型选择。结合期限、负债等因素，怎样的模型才是合理且符合业务特点的？经过数十年的发展，市场上使用的资产配置模型众多，每一种模型都有其优缺点，并无绝对的最优选择，只是哪一种更合适，或者说基于哪一种模型进行优化以用于实务更可行。一般而言，资产配置模型可以分为均值方差类、风险配置类和主观理念类三类。经典的均值方差模型、目标风险模型、目标收益模型以及 Black – Litterman 模型等都属于均值方差类模型。风险配置类模型包括最小方差模型、最大分散模型、等波动率模型、风险平价模型、风险预算模型等。等权重模型、固定权重模型以及美林投资时钟模型则属于主观理念类模型。

二、家族信托中的资产配置特点

针对家族信托的业务特点，相应的资产配置若要通过一个综合模型来进行刻画并指导实务，应该说，目前并不现实。这首先就需要理论研究的进一步发展与突破。但通过一系列的局部模型来对这些业务特点进行梳理，对家族信托的资产配置实务则有着重要参考意义。

（一）期限问题

目前在国内家族信托实务中，信托期限一般较长，理论上可永续存在。这意味着家族信托中的资产配置是一个长期的配置问题。从逻辑上看，投资机会会随着经济周期的波动而出现变化，不同时期资产的收益风险特征也应该会出现变化。与一般的短期配置相比，跨期的资产配置意味着管理决策方式可能会发生变化。

均值方差模型作为经典的资产配置模型，在实务中有着广泛的应用。但理论上，均值方差模型属于单期模型，单期资产配置的最优化并未考虑下一投资期投资环境的变化，而且从投资者角度看，其短期目标和长期目标可能并不一样。例如，客户设立家族信托的初衷通常是维持信托财产的合理规模，用于受益人长远的生活水平保障，而非追求短期的组合收益。这导致家族信托客户对风险的判断可能有别于一般投资者。从逻辑上看，单期模型不应直接运用到多期资产配置中，但在满足一定条件的情况下，投资期限并不会影响资产配置选择。

Samuelson（1963，1969）、Mossin（1968）、Merton（1969）和Fama（1970）等学者最早开始研究投资者在多期限和单期限环境中做出相同投资决策的限制条件。在特殊条件下，资产配置选择只与客户的风险厌恶水平有关，而与投资期限的长短无关，即投资者的短视（Myopic）。Samuelson（1969）和Merton（1969）给出了两组投资者短视的先决条件：一是如果投资者的效用函数为幂效用函数、各时期资产收益率独立且同分布，资产配置选择将是短视的；二是投资者的效用函数为对数效用函数，此时即使资产收益率不是独立且同分布，资产配置选择仍将是短视的。资产收益率独立且同分布意味着投资者在各期限面对的投资机会是相等的，此时单期投资决策与多期投资决策相同，因此将单期模型运用到多期资产配置中是合理的。但问题在于各期限的投资机会并不一样，经济周期的存在以及各类资产自身的特性，使得投资者短视的先决条件并不总是成立。

Campbell和Viceira在2000年前后对长期投资者的资产组合问题进行了一系列实证研究。Campbell和Viceira（2002）认为基于美国债券的历史表现，如果使用传统的均值方差分析，很难说明投资者为何配置高比例的债券。基于 1952～1999 年的数据，美国零息债券相较于 3 个月期国库券的平均超额收益率为 1.2%，但其标准差超过 11%。与此同时，美国权益市场的平均超额收益率为 7.7%，而其标准差却只有 16%。这意味着两者的夏普比率分别为 0.11 和 0.48。但在多期角度下则看法不同。对于长期投资者而言，货币市场也并非无风险，因为投资者必须以不确定的未来利率不断滚动投资。因此，通胀指数长期债券的风险实际上比现金更低。此类债券虽然短期价格不稳定，但其能提供一个可预期的真实收入以支撑长期的稳定生活水平。Campbell 和 Viceira（2002）也讨论了利率和预期超额收益率都随时间变化的最优投资策略。在多期角度下，股票长期收益的波动性相比短期收益的波动性更小，具备均值回归（Mean Reverting）的特点，而债券却是均值发散（Mean Averting）。根据其研究结论，风险厌恶系数恒定的长期投资者可利用投资机会的变动进行套利。此时，保守型的长期投资者应通过持有通胀指数长期债券或在低通胀风险时持有长期债券以规避利率风险；投资者在多期配置中也应较单期配置提高股票的平均配置比例以应对股票收益的均值回归。但投资者的套利需求对于风险厌恶程度而言并非单调。相对风险厌恶系数决定了投资者为规避一个相对于给定财富规模的投机风险所愿意支付的财富比例。当系数等于 1 时，跨期套利需求等于 0，随着风险厌恶程度的提高，套利需求也上升，但最终跨期套利的需求又会随着风险厌恶系数的逐步增大而下降。

尽管 Campbell 和 Viceira（2002）提出了最优投资策略，但在实务中也面临不少挑战。模型本身所使用的效用函数形式与研究结果密切相关，但无论是二次函数、指数函数、幂函数还是爱泼斯坦-兹恩效用函数，能否完整描述投资者的行为，单一效用函数又能否代表所有人的效用函数，都值得探讨。而且，投资者风险厌恶系数恒定的假设，在现实中也容易被打破。那么现有理论要如何才能有效指导实务？其中一个思路可能是，将长期的资产配置切分为多个单期配置决策。其合理性在于，如果说某一资产的长期特性为均值回归，则意味着长期限下将单期配置模型用于跨期配置，得出的结果只是各类资产在长期均衡状态下的最优配置。但由于资产风险收益的单期特性与长期特性存在偏差，长期的最优配置组合并不一定是短期最优。但反过来，各单期最优配置下的组合表现加总应是长期最优组合表现。从这个角度看，长期资产配置应是一个连续的过程，而非一次性决策，此时单期配置模型也可在长期资产配置过程中得以运用。

（二）负债约束

由于家族信托是以家庭财富的管理、传承和保护为目的的信托，在内容上提供包括投资配置、分配执行等服务以实现对家族资产负债的全面管理，这意味着在做配置规划时，必须考虑负债端的约束。而且，家族信托中的负债存在不确定性。在设立家族信托时，除了固定分配条款外，一般还会设定各类如应急金、特殊支付等或有负债。即使合同中约定的全为固定分配条款，也存在不确定因素。目前国内机构针对不同等级客户推出的服务细致程度有所不同，即所谓的标准化服务和定制型服务，从负债端现金流的角度看，服务越个性化，现金流的不确定性越高。定制型服务涉及的条款设置可让客户针对具体情形分别设定不同的分配安排，单以学业为例，根据受益人考取的大学排名不同，学费、生活费的分配比例也会有所不同。

传统的资产配置模型不管是均值方差类、风险配置类还是主观理念类，都只是针对资产端的收益风险特征进行优化，并没有考虑负债端管理。一般而言，考虑负债约束的资产管理方式包括资产负债管理（Asset Liability Management，ALM）和以组合盈余最大化为目标的资产盈余配置（Surplus Asset Allocation）。资产负债管理主要针对资产端和负债端的现金流进行匹配，控制到期支付的风险，但并未考虑如何提高资产端的收益率。而资产盈余配置模式则将盈余（资产－负债）最大化作为决策目标。

盈余最大化的实务意义在于，从逻辑上看，客户设立家族信托的主要初衷就是为受益人提供确定的保障。相比单纯追求风险调整后的收益，客户在配置上更应考虑与负债相关性较高的资产，确保资产价值与负债价值同步提升，从而保证盈余。除此之外，无论哪一种管理方式，在用于家族信托管理的实际操作前，都需考虑到负债的不确定性。Howard 和 Lax 在 2003 年给出了一个存在不确定负债的资产配置框架（Litterman，The Quantitative Resources Group，2003）。

假设负债的价值由两部分组成：债券组合和噪声项。债券组合基于未来负债端现金流的最优判断而构建，而噪声项则反映负债端的不确定性。债券组合的收益及其与其他资产的相关性可以通过目前的期限结构进行计算，或者通过债券指数来构建，$R_{L,t} - R_{f,t} = \beta (R_{B,t} - R_{f,t}) + \varepsilon_t$，其中 $R_{L,t}$ 为负债在时点 t 的总收益，$R_{f,t}$ 为无风险收益率，$R_{B,t}$ 为债券指数的总收益，ε_t 为噪声项。负债端现金流的构建可基于债券指数并调整杠杆以匹配久期，β 即用于负债和债券指数的久期匹配。假设 ε 的波动为 σ_ε，ε 与债券指数不相关，但与其他收益相关。若负债确定，则 ε 为 0。

A_t 和 L_t 分别为时点 t 的资产价值和负债价值，盈余 $S_t \equiv A_t - L_t$，资产充足率 $F_t \equiv A_t/L_t$。假设客户关注的是盈余的收益而非资产的收益，由于 S_t 可能为 0，盈余收益率可能被过分放大，因此模型关注的是盈余变化的绝对值。此时，客户的关注点首先是盈余的变化预期，即盈余预期增长或减少；其次是盈余变化的不确定性；最后是经风险调整后的盈余变化（Risk-adjusted Change in Surplus, RACS）。经风险调整后的盈余变化即引入资产负债框架后的夏普比率。假设无风险利率恒定，$R_{f,t} \equiv R_f$，S_t 在时点 t 已知，则：

$$RACS_t \equiv \frac{E_t[S_{t+1} - S_t(1 + R_f)]}{\sigma_t[S_{t+1} - S_t(1 + R_f)]} = \frac{E_t[S_{t+1} - S_t(1 + R_f)]}{\sigma_t[S_{t+1}]} \quad (1)$$

$R_{A,t}$ 为时点 t 的资产组合收益率，则式（1）可调整为：

$$RACS_t = \frac{E_t[A_t(1 + R_{A,t+1}) - L_t(1 + R_{L,t+1}) - (A_t - L_t)(1 + R_f)]}{\sigma_t[A_t(1 + R_{A,t+1}) - L_t(1 + R_{L,t+1})]}$$

$$(2)$$

当不存在负债时，式（2）可简化为夏普比率公式：

$$RACS_t = \frac{E_t R_{A,t+1} - R_f}{\sigma_t R_{A,t+1}} \quad (3)$$

在式（3）中，分子衡量的是盈余超过无风险收益时的回报，而分母衡量的则是相同数量的风险。当组合盈余为正，且负债端现金流完全确定，此时组合的投资策略应为购买与未来负债完全匹配的债券组合，并将剩余盈余投资于无风险资产。但当负债端现金流不确定时，$\varepsilon \neq 0$，此时不存在锁定特定盈余回报率的配置组合。而组合的最小风险策略应是基于未来负债的最优判断来构建债券组合，并将剩余盈余投资于无风险资产，此时的盈余波动率最小，且等于ε。在此基础上，根据收益风险补偿以确定最终的配置策略。

（三）合适的模型选择

1. 均值方差类模型

均值方差模型作为现代资产配置理论中的经典模型，最早由 Markowitz（1952）提出，并由 Sharpe（1964）、Lintner（1965）、Mossin（1966）等人继承和发展。Markowitz（1952）的均值方差模型以各类资产的历史收益率和协方差为预期收益率和收益风险的估计，通过最大化投资者的效用函数以确定模型中各类资产的配置比例。模型的本质是假设历史可以重复，因此投资者只基于过去的资产表现进行决策，可以得出未来的最优资产配置组合。在数学上，$W^* = \mathop{\arg\max}\limits_{w}\left(w'\mu - \frac{\lambda}{2}w'\Sigma w\right)$，s.t. $w'\mathbf{1} = 1$，$w \geq 0$，其中 W^* 为最终的资产配置权重向量，w 为资产权重向量，μ 为资产的预期收益向量，Σ 为资产的方差－协方差矩阵，λ 为风险厌恶系数，$\mathbf{1}$ 为元素全部是 1 的列向量。这个分析框架是开创性的，也为后续资产配置模型的研究发展提供了坚实基础。但如果在实务中照搬则存在明显问题，其中就包括模型的稳定性问题：输入参数的细微变动将导致最优资产配置比例出现大幅变动。配置结果在很大程度上取决于参数估计的准确性，而通过历史资产收益数据对未来资产收益做预测，本身就存在偏差。在实务中，不管是选用国内还是国外数据进行挖掘，模型给出的配置结果通常都是配置比例高度集中于少数资产类别。目标风险模型的最优化模型为 $W^* = \mathop{\mathrm{argmax}}_{w}(w'\mu)$，s.t. $\sqrt{w'\sum w} = \sigma_0, w'\mathbf{1} = 1, w \geq 0$，其中 σ_0 为预设的组合的目标风险；而目标收益模型的最优模型为 $W^* = \mathop{\mathrm{argmin}}_{w}(w'\sum w)$，s.t. $w'\mu = \mu_0, w'\mathbf{1} = 1, w \geq 0$，其中 μ_0 为预设的组合目标收益。很明显，这两种模型更多的只是对原有均值方差模型进行调整，以期达到预设的收益或风险目标。但模型的稳定性问题仍然存在，实际结果也与有效前沿有较大偏离。

正因为传统均值方差类模型存在缺陷，Black 和 Litterman 在 1992 年提出了一个以传统 Markowitz 模型为基础、基于贝叶斯理论的 Black-Litterman 模型（BL 模型）。BL 模型认为投资组合的预期收益主要由两个方面决定：一是市场均衡状态下的风险和收益特征；二是投资者对市场的观点预判，即历史经验与分析预测的结合。在传统 Markowitz 均值方差模型中，投资者基于历史数据，会对资产的预期收益率和协方差矩阵做出估计，并假设收益率服从正态分布 $r \sim N(\mu, \Sigma)$。但在实际操作中，对预期收益率 μ 的判断常常存在不确定性和风险。BL 模型将 μ 本身也视为随机变量，通过引入预期收益的市场均衡分布和投资者的分析观点，在贝叶斯准则的框架下得到预期收益率的概率分布。BL 模型本质上是一种改进的均值方差模型。模型以后验概率的误差最小化为目标，以最优的比例将基于新信息得到的概率向先验概率收缩。BL 模型的构建过程如下。

一是通过市场组合收益率 $E(r)$、无风险收益率 r_f 和组合方差 σ^2 计算风险厌恶系数 λ，$\lambda = [E(r) - r_f]/\sigma^2$；通过协方差矩阵 Σ、市场组合 w_{mkt} 和 λ 计算隐含均衡收益率 Π，$\Pi = \lambda \sum w_{mkt}$，从而得出先验分布

$N \sim (\Pi, \tau\Sigma)$；刻度因子 $\tau = \dfrac{P^* \sum_k P^{*T}}{\dfrac{1}{k} \times \sum_{i=1}^{k} \dfrac{CF}{LC_i}}$，$\tau$ 越小，预期收益越偏离历史平均，越接近主观预期。其中，CF 为标准刻度因子，假设信心水平在 0 到 1 之间且服从正态分布，在平均信心水平 50% 以下的标准刻度因子 $CF = P^* \sum P^{*T} / (1/50\%)$，$LC_i$ 为对第 i 个资产获得超额收益的信心水平；P^* 为观点矩阵 P 中每列元素求和形成的 $1 \times n$ 向量。

二是通过投资者观点矩阵 P（$k \times n$）、观点的收益向量 Q 以及观点误差的置信度矩阵 Ω，构建观点的后验分布 $N \sim (Q, \Omega)$，$\Omega = \text{diag}[P(\tau\Sigma)P^T]$，$\Omega$ 为对角协方差矩阵（$k \times k$ 矩阵），表示每个观点的信心水平。

三是将观点引入之前的预期收益分布，得到调整后的预期收益分布。调整后的预期收益向量 $E[R] = [(\tau\Sigma)^{-1} + P^T\Omega^{-1}P]^{-1}[(\tau\Sigma)^{-1}\Pi + P^T\Omega^{-1}Q]$，$\Sigma_{BL} = \Sigma + [(\tau\Sigma)^{-1}\Pi + P^T\Omega^{-1}Q]^{-1}$。

相比传统均值方差模型直接用历史数据去预测收益，BL 模型在资本市场均衡状态的基础上引入投资者决策观点，使得均值方差模型的收益率预测更为准确，而且传统均值方差模型对资产收益率的变动极为敏感，决策观点的引入使得均值方差模型的稳定性得以提高。但 BL 模型在实务中的缺陷也与此相关，一般投资者要想对各类资产的预期收益得出观点，研究能力要求并不低，即使具备研判能力，对各类资产的判断结果也很可能出现较大误差。尽管如此，在资产端配置的实务中，BL 模型的可操作性最强，关键是如何降低模型缺点的影响。在第三部分，我们结合货币信用分析框架，对 BL 模型提出了优化方向。

2. 风险配置类模型

与均值方差类模型不同，最小方差模型只考虑波动率，追求投资组合风险的最小化。$W^* = \underset{w}{\arg\min}(w'\Sigma w)$，s.t. $w'\mathbf{1} = 1$，$w \geq 0$，其中 w 为资产权重向量，$\sum$ 为资产的方差–协方差矩阵，W^* 为最终的资产配置权重向量。最小方差模型的运用基础在于投资者认为资产的未来收益难以预测，但风险则更容易预测。以此做出的配置选择受预测风险的影响较小，更适合风险厌恶型的投资者。但缺点是最终组合收益难以达到投资者的预期。另外，在实际运用中，因为模型以组合风险最小化为目标，权重集中于低波动资产，如100%配置非标资产，这明显存在问题。最大分散模型只考虑组合的最优分散配置，预期收益不在考虑范围内。$W^* = \underset{w}{\arg\max} \frac{w'\sigma}{\sqrt{w'\sum w}}$，s.t. $w'\mathbf{1} = 1$，$w \geq 0$，其中 σ 为资产波动率向量。最大分散模型即通过最大化加权平均波动率与组合波动率以实现波动率贡献分散化的最大化。与最小方差模型不同，最大分散模型并无封闭解。而且当资产间存在明显的相关性时，未能达到风险分散的实际效果。除此之外，等波动率模型则是将资产波动率的倒数作为权重，对各类资产进行配置。如果说最小方差模型是通过使资产边际风险贡献相等以实现组合风险的最小化，那么风险平价模型则是通过使各资产的总体风险贡献相等以实现风险分散化配置。组合波动率 $\sigma_p = \sqrt{w'\sum w}$，每一资产的边际风险贡献 $MRC_i = \frac{(\sum w)_i}{\sqrt{w'\sum w}}$，某一资产的 MRC 与该资产在组合中权重的乘积，就是该资产的总体风险贡献（Total Risk Contribution，TRC），而每一资产的 TRC 加总后即组合的波动率。在风险平价模型中，各资产对组合的风险贡献相等，具体模型为 $W^* = \underset{w}{\arg\min} \sum_{i=1}^{n}\sum_{j=1}^{n}(TRC_i - TRC_j)^2 = \underset{w}{\arg\min} \sum_{i=1}^{n}\sum_{j=1}^{n}[w_i(\sum w)_i - w_j(\sum w)_j]^2$，s.t. $w'\mathbf{1} = 1$，$w \geq 0$。目标函数等于0时，$\forall i, j \in \{1, 2, \cdots, N\}$，$TRC_i = TRC_j$。风险预算模型相比风险平价模型则更进一步，可以设置各类资产的风险贡献，在使用上更加灵活。如果组合中各资产的风险贡献一致，则两者等同。但这些模型都是从风险控制的角度来进行资产配置的，而不考虑资产端的预期收益率水平，这在实际运用中难以被接受。

3. 主观理念类模型

在主观理念类模型中，等权重模型、固定权重模型的优点在于操作简单、管理成本低。目前有不少管理机构会为客户提供基于此类模型的资产配置服务。顾名思义，这两种模型要求投资组合中的各类资产按相等权重或固定权重进行配置。在国内客户的资产组合中，非标固收一直占据重要的位置。非标固收的最大特点是具有极高的夏普比率，若通过一般的均值方差模型进行配置计算，结果便是非标固收的配置比例极高，组合配置也就失去了实务意义。通过预设权重的方式可以解决这一问题，相等权重或固定权重配置在一定程度上也能达到分散配置、降低风险的效果。但各类资产的预设比例意味着整体投资组合并不会随资本市场的变化而调整，市场的投资研究、管理人的专业能力也就无用武之地。一般而言，这两种模型更多地被用作其他类型配置模型配置效果的对标。美林投资时钟模型则较为特殊，其本质更多的是一种配置理念。美林投资时钟模型按照经济增长和通胀环境的变化，将经济周期划分为复苏、过热、滞涨和衰退四个阶段。每类资产在每一阶段中的表现应具有明显差异，这也是其理论基础。在复苏阶段，经济增速上行、通胀下行、政策刺激，各类资产配置次序应为股票、大宗、债券、现金；在过热阶段，经济增速上行、通胀上行、政策降温，各类资产配置次序应为大宗、股票、现金/债券；在滞涨阶段，经济增速下行、通胀上行，各类资产配置次序应为现金、大宗/债券、股票；在衰退阶段，经济增速下行、通胀下行，各类资产配置次序应为债券、现金、股票、大宗。暂不考虑美林投资时钟模型在实证中的有效性如何，与其他模型相比，美林投资时钟模型无特定输入参数、无明确配置比例结果，此模型的作用更多的只能是投资理念的指导。

三、一个可行的资产配置模式

（一）定性分析

基于上述讨论，针对家族信托的业务特性，一个可行的资产配置模式首先应考虑负债的约束。在传统的夏普比率中引入负债因素,风险调整后的盈余变化是一个合适的指标。但越是个性化的家族信托,其分配安排所带来的负债不确定性越高。因此,从配置角度看,分配条款的确定性越高越好,标准型的家族信托可能更值得推广。而由于现金流的不确定性,此时不存在锁定特定盈余回报率的配置组合。而组合的最小风险策略应是基于未来负债的最优判断来构建债券组合,并将剩余盈余投资于无风险资产,此时的盈余波动率最小。在此基础上,根据收益风险补偿以确定最终的配置策略。

在考虑资产端配置时,由于非标固收的特性以及客户的配置偏好,可对其预设配置权重,但具体权重因人而异。其中,非标固收可用于上述针对负债端所构建的债券组合。而对于标准化资产,在讨论期限问题时,我们认为金融市场存在长期均衡状态是一个合理假设。因为资产风险收益的单期特性与长期特性存在偏差,长期均衡状态下的最优配置组合并不一定是单期最优。但反过来,各单期最优配置下的组合表现加总则应是长期最优组合表现。因此,家族信托涉及的长期资产配置应是一个连续过程,而非一次性决策行为,相应的管理制度、决策机制必须健全。

资产配置按照决策环节的不同,一般可分为战略资产配置(SAA)、战术资产配置(TAA)、资产配置再平衡等。战略资产配置是着眼于长期投资目标的资产配置计划。所谓长期,一般是指10年以上的投资期限。在此时间维度内,基于收益目标、风险承受能力及投资限制等前提条件,组合管理人通过预测各类资产的收益和风险的相关关系,构建最优的收益风险组合,以形成组合长期均衡状态下的配置目标。而资产风险收益的单期特性与长期特性存在偏差的问题,则可通过战术资产配置来解决。战术资产配置是针对短期投资目标的资产配置计划,一般是1年以内,以捕捉短期投资机会。根据Grinold(1989)、Clarke等(2002)提出的主动管理定律,$IR = IC \times \sqrt{BR} \times TC$,其中 IR 为信息比率,即组合超额收益均值与超额收益标准差的比值$\frac{r_p}{\sigma_p}$；IC 为信息系数，代表管理人预测的准确性；BR 为理解广度，代表管理人每年以 IC 的平均水平进行独立决策的次数；TC 则为转移系数，代表实施效率衡量标准。利用传统效用函数，$U = E(r_p) - \lambda\sigma_p^2$，代入$\frac{r_p}{\sigma_p}$可得$U = E(r_p) - \frac{\lambda r_p^2}{(IC \times \sqrt{BR} \times TC)^2}$。显然，战术资产配置的效果取决于 IC、BR 和 TC，具体对应的是管理人投研团队的研判质量、市场跟踪频率以及配置实施过程中的操作效率，其中操作效率包括可投资范围、可用工具是否充足。对于财富管理机构而言，丰富的产品线、覆盖细分标的的投研团队、定期有效的投资决策机制，都是家族信托能够提供有效资产配置服务的前提。资产配置再平衡则是对组合中各类资产的配置比例进行动态管理，以保持组合的实际运行处于预定的区间范围内。

（二）定量分析

近年来，信托机构的财富管理重点是快速扩充产品线及充实投研团队。以实际业务为例，落实到产品层面，目前相对完善的产品线基本上包含国内债券、股票多头、市场中性、管理期货（CTA）、美股、欧股、港股、石油、黄金等主要类型的产品。基于上文的讨论，我们以债券策略私募基金、股票市场中性私募基金、管理期货私募基金等 9 个主流产品类别构建配置组合。

对于投研团队，其研究体系中一般都会包含信用货币分析框架，研判频率至少会达到月度。在信用货币周期的不同阶段，从逻辑上看股债都会有不同的表现：紧货币紧信用时看空股票，宽货币紧信用时看多债券，宽货币宽信用时看多股票，而紧货币宽信用时则看空债券。为了将投研效用纳入模型中，我们仅通过 1 年期国债到期收益率和社会融资规模存量同比数据对信用货币周期进行简单刻画。由于产品特性，投研对股债多空的研判在模型中体现为对股票策略私募基金和债券策略私募基金两类产品的配置权重约束：看多相应资产时，对应产品的最低配置比例被设定为20%；看空相应资产时，对应产品的最高配置比例被设定为20%。若无明确研判观点，基于国内财富管理业务实务，模型对各类产品的最高配比也做出了预设。组合标的构成见表1。

表1 组合标的构成

大类资产	细分类别	标的指数
股票	中国内地	股票策略私募基金指数
		股票市场中性私募基金指数
		管理期货私募基金指数
	中国香港	恒生指数
	美国	标普500指数
	欧洲	MSCI欧洲指数
债券	国内	债券策略私募基金指数
商品	黄金	COMEX黄金
	石油	NYMEX原油

注：数据起止时间为2014年12月31日至2021年3月26日。
数据来源：Wind。

因私募基金指数数据自2014年底起公布，且机构销售更为关注产品的周度表现，基于2014年12月31日至2021年3月26日的周度数据，我们对相关模型的效果进行了回测（见图1、表2）。

作为配置效果的对标，等权重模型无论是累计收益率、年化收益率、最大回撤等方面都明显差于其他三个模型。由于考虑了资产之间的相关性，传统均值方差模型、BL模型的回测指标都出现了优化，特别是组合净值的波动明显降低。BL模型（改进）因融入了投研的观点，虽然仅是基于信用货币周期初步刻画后的研判，但组合整体的收益及波动都已出现了优化。

图1 各配置模型组合净值曲线

注：数据起止时间为2014年12月31日至2021年3月26日。
数据来源：Wind。

表2 各配置模型回测指标

	等权重模型	均值方差模型	BL模型	BL模型(改进)
累计收益率（%）	68.98	72.41	73.35	82.94
年化收益率（%）	8.78	9.14	9.23	10.18
最大回撤（%）	13.49	1.93	1.91	1.89
夏普比率	1.27	4.12	4.12	4.20
Calmar比率	0.65	4.73	4.83	5.38
当年收益率（%）				
2015年	6.75	23.12	22.94	22.67
2016年	8.99	7.98	8.08	6.98
2017年	15.05	5.95	6.10	7.76
2018年	-7.51	2.47	2.44	2.73
2019年	19.69	10.38	10.65	13.67
2020年	10.44	8.11	8.51	10.89
2021年(至3月26日)	3.26	0.09	-0.02	-0.10

注：数据起止时间为2014年12月31日至2021年3月26日。
数据来源：Wind。

家族信托作为国内的一种新兴产品或服务，如何为客户提供有效的资产配置，并无成熟的绝对标准。我们希望通过持续的思考、探讨，与大家共同探索一套符合国内业务特点的配置模式。

参考文献

蒋晓全、丁秀英：《我国证券投资基金资产配置效率研究》，《金融研究》2007年第2期，第89~97页。

刘均伟：《大类资产配置模型初探——资产配置系列报告之一》，光大证券，2017年6月。

Brinson, G. P., Hood, L. R., Beebower, G. L., "Determinants of Portfolio Performance", *Financial Analysts Journal*, Jul./Aug. 1986, pp. 39 – 44.

Brinson, G. P., Singer, B. D., Beebower, G. L., "Determinants of Portfolio Performance II: An Update", *Financial Analysts Journal*, May./Jun. 1991, pp. 40 – 48.

Campbell, J. Y., Viceira, L. M., *Strategic Asset Allocation: Portfolio Choice for Long-term Investors*, Oxford University Press, 2002.

Clarke, R., Silva, H., Thorley, S., "Portfolio Constraints and the Fundamental Law of Active Management", *Financial Analysts Journal*, Sep./Oct., 2002, pp. 48 – 66.

Fabozzi, F. J., Focardi, S. M., Kolm, P. N., "Incorporating Trading Strategies in the Black-Litterman Framework", *Journey of Trading*, 2006, pp. 28 – 37.

Fama, E. F., "Multi-period Consumption-investment Decisions", *The American Economic Review*, 1970, 60, pp. 163 – 174.

Grinold, R., "The Fundamental Law of Active Management", *Journal of Portfolio Management*, 1989, pp. 30 – 37.

Ibbotson, R. G., Kaplan, P. D., "Does Asset Allocation Policy Explain 40, 90, or 100 Percent of Performance?", *Financial Analysts Journal*, Jan./Feb. 2000, pp. 26 – 36.

Idzorek, T. M., "A Step-by-step Guide to the Black-Litterman Model—Incorporating User-specified Confidence Levels", Duke University, Working Paper, 2004.

Lintner, J., "Securities Prices, Risk, and Maximal Gains from Diversification", *Journal of Finance*, 1965, 20, pp. 587 – 615.

Litterman, B., The Quantitative Resources Group, "Goldman Sachs Asset Management, Modern Investment Management — An Equilibrium Approach", John Wiley & Sons, Inc., 2003.

Markowitz, H. M., "Portfolio Selection", *Journal of Finance*, 1952, 7, pp. 77 – 91.

Merton, R. , "Lifetime Portfolio Selection under Uncertainty: The Continuous-time Case", *Review of Economics and Statistics*, 1969, 51, pp. 247 – 257.

Mossin, J. , "Equilibrium in a Capital Asset Market", *Econometrica*, 1966, 34, pp. 768 – 783.

Mossin, J. , "Optimal Multi-period Portfolio Policies", *Journal of Business*, 1968, 41, pp. 215 – 229.

Samuelson, P. A. , "Lifetime Portfolio Selection by Dynamic Stochastic Programming", *The Review of Economics and Statistics*, 1969, 50, pp. 239 – 246.

Samuelson, P. A. , "Risk and Uncertainty: A Fallacy of Large Numbers", *Scientia*, 1963, 98, pp. 108 – 113.

Sharpe, W. F. , "Capital Asset Prices: A Theory of Market Equilibrium under Conditions of Risk", *Journal of Finance*, 1964, 19, pp. 425 – 442.

我国保险金信托业务模式分析与创新方向[*]

李 亮

---

[*] 文章选自《私人财富传承与管理》，作者略有改动。

摘　要：因各种原因，国内保险金信托业务起步较晚。但近两年主流保险机构纷纷发力，后续发展速度不可小觑。现阶段全市场业务发展以保险金信托 1.0 模式为主流，2.0 模式正处于逐步试水阶段。在 1.0 模式下，信托财产认定、受益人无效、诉讼风险等业务核心问题已得到妥善解决，2.0 模式同样具备法律基础。但其业务逻辑对现有保险业务而言，带来一定的挑战。后续 2.0 模式若要取得成功，整体业务模式可能还需进一步梳理与创新。

关键词：保险金信托　家族信托　ILIT 协议

广义上来说，保险金信托应属于家族信托的一个类型，在国外已是相对成熟的产品服务。而国内保险市场因各种原因，在这方面起步较晚。顾名思义，保险金信托是保险与信托相结合的一种产品，是以保险金或保险金请求权/受益权作为信托财产的信托方式，当保险金发生赔付并成为信托财产后，受托人将按照委托人事先设定的管理和分配意愿，对信托财产进行管理和处分。其结合了保险与家族信托的优势，满足了高净值客户对其家族财富有效管理和传承规划的需求。以中国香港为例，内地客户在中国香港配置保险后，如果已在境外设置了家族信托，通常只需向保险公司提交申请，更改保单持有人或/及受益人即可。目前内地的操作与之相比有类似之处。

在内地，保险金信托的业务主体主要是保险机构及信托机构，业务推进又以保险机构为主导。对其而言，一个新产品、新业务的推出，将涉及整体业务流程的改造，而金融机构的首要考虑便是投入产出比。在业务量未能明确之时，大机构更多会选择观望。所以，在我国保险金信托业务的发展过程中，最先参与的都不是体量最大的机构。我国国内市场第一款保险金信托产品是 2014 年 5 月中信信托和信诚人寿联手推出的"传家"系列保险金信托产品，随后各家机构开始跟进。尽管国内起步较晚，但后续发展速度不可小觑。

一、业务发展需求及模式

（一）行业需求

从金融行业发展角度来看，在降杠杆、降低金融风险的监管背景下，保险机构的产品开发将更多地回归保险保障的业务本源。保险机构过去的关注点多在于管理规模，部分产品的保险资金运用背离了产品设计逻辑，金融风险不断累积。2017年5月，保监会发布了《中国保监会关于规范人身保险公司产品开发设计行为的通知》（保监人身险〔2017〕134号）[1]，要求规范保险公司产品开发设计行为，切实发挥人身保险产品的保险保障功能，回归保险本源，防范经营风险。而信托机构多年来也是以通道业务为重，偏离信托业务本源。2018年4月，四部委联合发布了《关于规范金融机构资产管理业务的指导意见》[2]，对信托行业提出了限制杠杆、严禁业务脱实向虚、限制信托作为各类通道进行多层嵌套等要求。这使得信托行业不得不重新审视发展方向，回归信托业务本质。保险金信托正是在行业回归业务本源的背景下，因高净值客户财富管理与传承需求的推动而在近年得到较快发展。

从产品角度来看，家族信托架构作为一个增值功能，将更好地与保险产品相结合，促进原有保险业务的增长。与此同时，保险产品作为一个资产种类，也将丰富内地家族信托架构中可持有资产的类别。从业务角度来

---

[1] http://bxjg.circ.gov.cn/web/site0/tab5216/info4070148.htm.
[2] http://www.pbc.gov.cn/goutongjiaoliu/113456/113469/3529600/index.html.

看，保险机构的推进动力包括家族信托架构的搭建过程，为保险从业人员提供了一个深入了解客户家庭情况的机会，毕竟信托架构的搭建过程往往需要客户披露其核心需求及个人家庭的私密情况，而这些信息在普通销售过程中一般难以获取。另外，销售过程中业务人员应当具备的知识结构，也会进一步提升保险从业人员的专业形象。对于信托机构而言，借助保险公司的推动，能够快速批量获取高净值客户，非常有利于下一步长期锁定客户、开展资产管理等业务。

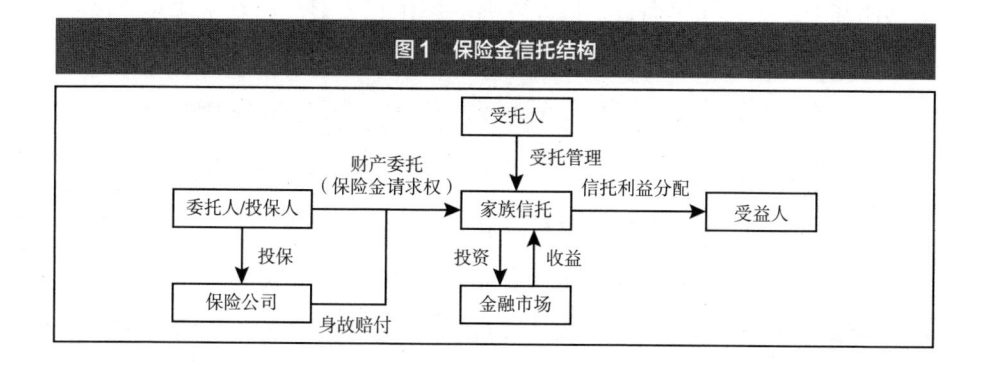

图1 保险金信托结构

（二）业务模式

保险金信托作为家族信托的一个类型，因信托架构中所持资产为保单而得名。保单并非是信托架构中的唯一资产。理论上，一个家族信托可以同时持有多种资产类型。但作为拓展保险渠道客户的新武器，目前国内金融机构推出的保险金信托业务基本以保单作为唯一资产。经过最近几年发展，国内保险金信托业务逐渐成为人寿保险公司的标配。从业务本质而言，一般可以划分为保险金信托业务1.0模式、2.0模式①，其核心区别就

---

① 按照国际经验，一般只有1.0和2.0模式，但国内各类机构却有不同划分，且标准也不统一。例如，部分机构所定义的2.0模式即为客户购买大额保单并设立家族信托架构后，投保人、受益人均变更为信托公司，由信托公司利用信托财产缴纳后期保费。而由信托直接投保则属于3.0模式。

在于保费来源，即所谓的无财源保险金信托（Unfunded Life Insurance Trust）和有财源保险金信托（Funded Life Insurance Trust）。1.0模式的业务结构主要是，客户购买大额保单后设立家族信托架构，将保单的受益人变更为家族信托，保费由委托人自行支付（Unfunded）。日后赔付金将进入家族信托账户，信托针对赔付金进行资产配置以实现保值增值，相关分配将根据客户最初设置的分配条款执行。1.0业务模式主要解决了客户原本配置大额保单后可能产生的相关风险。以债务风险为例，保险的债务隔离功能并非绝对，简单而言，债务隔离的原则在于财产权在谁手里，就隔离不了谁的债务。现金价值属于投保人的财产，就会被作为投保人的个人财产用于偿还其债务；若投保人子女作为受益人，现金价值则隔离于子女的债务。保险金属于受益人，可以隔离于投保人的债务，但不能隔离受益人的债务。保险金赔付至信托专户则能有效隔离受益人债务；另外也能有效防止保单受益人滥用赔付金或其他道德风险等。2.0业务模式则是，客户首先用资金设立家族信托，然后信托作为投保人进行投保（Funded），同时信托作为保单受益人和信托财产管理人，执行日后的分配及资产配置。相比1.0模式，2.0模式更进一步，解决的是客户投保资金的保护问题。由于在实操中，并不存在保单的现金价值100%不能被强制执行的情况，相比1.0模式中的个人投保、保单现金价值仍属于投保人，由信托来投保则从根本上隔离了客户（假设信托委托人、保险投保人为同一人）的债务风险。

从某种角度来说，保险金信托可以成为客户家庭保单和财富的受托平台，从投保阶段、保单持有、理赔后续全链条为客户提供服务。如果除保险、信托外的其他财富管理机构也参与相关业务，其角色通常设定为投资顾问，对于全牌照的金融集团而言，这样就真正实现了财富管理的全业务闭环。现阶段全市场业务发展以保险金信托1.0模式为主流，2.0模式正处于逐步试水阶段。但后续2.0模式若要取得成功，整体业务模式可能还需进一步梳理。

二、业务核心法律问题分析

保险金信托作为国内财富管理市场的一个新产品、新业务，围绕其业务本质的合法性与合理性，各方通常会关心以下核心问题。

（一）信托财产的认定

根据《信托法》的规定，信托财产必须是委托人合法所有、确定的财产。其中，在保险金信托中，信托财产的确定性最为重要。对于1.0模式而言，保险金信托中的信托财产究竟是什么？

人身保险合同是以人的寿命或身体为保险标的的保险合同，是投保人与保险人约定，当被保险人发生死亡、伤残、疾病或生存到约定的年龄、期限时，保险人根据约定承担给付保险金责任的协议。人寿保险合同是最典型的人身保险合同。

人寿保险合同项下的财产权益基于投保人缴纳的保险费而产生，随着合同履行情况不同，保险费会转化为现金价值或保险金。人寿保险合同存续期间，合同项下的财产权益表现为保险费；当合同解除时，合同项下的财产权益转化为现金价值；当保险事故发生后，合同项下财产权益就是保险金。人寿保险合同中的保险金，是指投保人与保险人约定，以被保险人的生命为保险标的，被保险人在保险责任期间内生存或死亡，由保险人根据契约规定确定并实际支付的赔偿或给付金。保险受益权，又称保险金受领权。广义上的保险受益权存在于人身保险合同中，是指各种人身保险事故发生后请求和受领保险金的权利[1]，而狭义上的保险受

---

[1] 邹海林：《保险法教程》，首都经济贸易大学出版社，2002，第178页。

益权仅存在于含有死亡保险因素的人身保险合同中，是指被保险人死亡的保险事故发生后请求和受领身故保险金的权利[①]。保险金请求权是保险受益权的主要内容，是受益人利益的根本保障。从法理上讲，保险受益权是一种兼有期待权和既得权性质的权利，在发生保险事故前，会因为投保人解除保险合同、变更受益人等情况而丧失，它只有在保险事故发生后才能实现，才能转化成现实的既得权即保险金。保险金请求权、保险受益权与保险金相比较，前两者还是权利，保险金已从权利转化为实际的财产。

但保险金的给付具有期待的性质，是一种期待权。期待权是指将来有取得与实现的可能性的权利。作为一项独立的权利，期待权并不是将来的不确定的权利，而是一项现实的且受法律保护的权利。保险金请求权作为一种期待权利，是以被保险人的生命为保险标的的权利。生老病死是人的自然规律，因此保险金的给付虽然是一种期待权，但在一般情形下，是一种必然会实现的期待权，具有确定性，符合法律对信托财产的要求，因此以保险金请求权作为信托财产符合法律规定。在国内的实操中，我们目前看到的保险金信托业务，其信托财产所包括的都是保险金请求权或保险受益权。

《信托法》第七条规定，设立信托，必须有确定的信托财产，并且该信托财产必须是委托人合法所有的财产。

《信托法》第十一条规定，有下列情形之一的，信托无效：

（一）信托目的违反法律、行政法规或者损害社会公共利益；

（二）信托财产不能确定；法律明确规定了信托财产必须合法且确定，不确定的财产信托无效。

《信托法》第十四条规定，受托人因承诺信托而取得的财产是信托财产。

[①] 缪里尔·L. 克劳福特：《人寿与健康保险》，经济科学出版社，2000，第223页。

（二）受益人无效之情形

对于1.0模式而言，正常情况下，委托人作为投保人，经被保险人同意后，将指定或变更受托人为保险受益人，保险金的支付账户为保险金信托项下的信托专户。如果出现特殊风险，例如，原保险受益人与信托受益人非同一人，万一出现原保险受益人向法院起诉，法院判决信托计划或受托人（信托公司）作为保险合同中的受益人无效，保险公司则面临双重赔付的风险：既要向受托人赔付保险金，又将再次向原保险受益人赔付保险金。而如果信托公司将已收取的保险金返还给保险公司，作为受托人，则存在因未尽责之嫌而受到信托受益人的追责。

如果保险合同的受益人无效，很可能是源于保险合同无效。根据《民法典》的相关规定，合同无效或者被撤销后，因该合同取得的财产，应当予以返还。所以当法院判决保险合同的受益人无效后，受托人将返还已获取的保险金。至于受托人，如果尽到了勤勉尽责义务，发生上述情形与信托公司无涉。所以通常在相关合同文件中，作为受托人的义务，开宗明义第一条就是，为受益人的利益处理信托事务，恪尽职守、履行诚实、信用、谨慎、有效管理的义务；严格遵守法律、行政法规和信托文件的约定，管理和运用信托财产。同时，也会与客户签署风险揭示函，提示保险人或第三人若存在合理理由和证据要求退还已收到的保险金，委托人将按规定退还；如果信托财产规模小于需退还的保险金，将由委托人和信托受益人承担连带责任。

《民法典》第一百五十七条规定，民事法律行为无效、被撤销或者确定不发生效力后，行为人因该行为取得的财产，应当予以返还；不能返还或者没有必要返还的，应当折价补偿。有过错的一方应当赔偿对方由此所受到的损失；各方都有过错的，应当各自承担相应的责任。法律另有规定的，依照其规定。

《信托法》第二十五条规定，受托人应当遵守信托文件的规定，为受益人的最大利益处理信托事务。受托人管理信托财产，必须恪尽职守，履行诚实、信用、谨慎、有效管理的义务。

（三）涉诉责任承担

在1.0模式的实操中，家族信托涉诉风险主要来自委托人故意隐瞒真实信托目的，即信托目的不合法或信托财产不合法而导致的涉诉可能。常见的信托目的不合法主要有恶意逃避债务、偷漏税款和隐匿或转移夫妻共同财产。在日常实务中，笔者常被问及的几个问题就是"今天做了信托明天就能债务隔离？""怎样才算干净的、经得起检验的合法财产？""签合同时配偶能否不在场？"一旦信托财产的利益相关方就债务清偿、补缴税款、合法分割夫妻共同财产等事由提起诉讼，经审查委托人设立信托确有非法目的，法院有权打破信托的私隐性财产保护特性，对委托人进行追责或对信托财产予以重新分配。

对于操作方，如果保险合同涉及不合法目的或信托财产不合法，案外人起诉或提起仲裁请求解决，由于信托公司是保险合同的受益人，与合同的无效或解除有利害关系，很可能被列为案件的第三人参加诉讼。如果参加诉讼，信托公司将作为当事人主张权利义务。而如果信托公司未被列为第三人，案件进入执行阶段，法院执行保险合同利益，信托公司可以提出案外人异议。在案外人异议的审查内容上，主要看案外人是否享有实体权益，该权益能否排除执行。虽然具备上述权利，但因涉及声誉风险，金融机构通常尽可能避免涉诉。例如，对于保险公司拒付保险金，通常会在保险金信托合同中约定，如果委托人、受益人或其他任何第三方对保险人拒绝赔付保险金有异议，由委托人、受益人或其他任何第三方向保险人进行申诉，或者向司法机关提起诉讼/仲裁程序解决，受托人的义务则是提供必要的配合。如果委托人已发生保险事故，受益人要求受托人提起申诉或诉讼/仲裁程序的，如受托人仍为生效的保险金受益人，则受托人可授权该受益人作为受托人的代理人提起申诉或诉讼/仲裁程序，受益人须自行聘请律师并决定申诉或诉讼/仲裁的相关策略。至于向法院提起诉讼或异议的费用，根据法律规定，由败诉方承担。但受托人基于当事人的委托，即使应诉或提出异议，也是为了委托人或受益人的权益，因此在信托合同中通常会约定，无论胜负，法院或仲裁机构裁决信托公司应承担相关费用的，该费用最终会由信托财产承担，如果信托财产不足以支付，不足部分则由委托人或受益人自行支付。

浙江省高级人民法院发布的《关于加强和规范对被执行人拥有的人身保险产品财产利益执行的通知》规定：投保人购买传统型、分红型、投资连接型、万能型人身保险产品、依保单约定可获得的生存保险金，或以现金方式支付的保单红利、或退保后保单的现金价值，均属于投保人、被保险人或受益人的财产权。当投保人、被保险人或受益人作为被执行人时，该财产权属于责任财产，人民法院可以执行。

《中华人民共和国民事诉讼法》[①] 第二百二十七条规定，执行过程中，案外人对执行标的提出书面异议的，人民法院应当自收到书面异议之日起十五日内审查，理由成立的，裁定中止对该标的的执行；理由不成立的，裁定驳回。案外人、当事人对裁定不服，认为原判决、裁定错误的，依照审判监督程序办理；与原判决、裁定无关的，可以自裁定送达之日起十五日内向人民法院提起诉讼。

《最高人民法院关于适用〈中华人民共和国民事诉讼法〉的解释》[②] 相关规定如下。

第四百六十四条规定，根据民事诉讼法第二百二十七条规定，案外人对执行标的提出异议的，应当在该执行标的的执行程序终结前提出。

---

① http：//www.npc.gov.cn/npc/xinwen/2017-06/29/content_2024892.htm。
② http：//www.court.gov.cn/fabu-xiangqing-13241.html。

第四百六十五条规定，案外人对执行标的提出异议，经审查，按照下列情形分别处理：

（一）案外人对执行标的不享有足以排除强制执行的权益的，裁定驳回其异议；

（二）案外人对执行标的享有足以排除强制执行的权益的，裁定中止执行。驳回案外人执行异议裁定送达案外人之日起十五日内，人民法院不得对执行标的进行处分。

（四）信托直接投保的法理和现状

1.0 和 2.0 模式的核心区别就在于保费支付来源。能否由信托直接进行投保，关键就在于投保人对被保险人是否具有保险利益。《保险法》其实早有明确规定，除了本人，配偶、子女、父母，与投保人有抚养、赡养或者扶养关系的家庭其他成员、近亲属，与投保人有劳动关系的劳动者外，当被保险人同意投保人为其订立合同的，视为投保人对被保险人具有保险利益。2.0 模式的法律基础就在于此。逻辑上 2.0 模式更能满足客户需求且不存在法律障碍，但为何却先推出 1.0？一是因为一项新生业务的推出，背后涉及整体业务流程的改造，而金融机构的首要考虑便是投入产出比，而 1.0 模式只是现有保险业务流程的优化；二是保险金信托业务的推动主体应是保险机构，业务定位应是拉动保险业务增长的一种补充手段，而 2.0 业务的逻辑却是保险作为家族信托受托资产种类的补充。

（五）国外经验——以 ILIT 为例

在谈到保险金信托的发展时，一般都会提及或参考美国的经验，即不可撤销人寿保险信托（Irrevocable Life Insurance Trust，ILIT）。ILIT 协议内容的核心在于，委托人将保单具有的一切权益转移给受托人，受托人成为保单持有人，而且 ILIT 还需尽早设立，这样才能避免遗产税。随着我国税收制度的持续完善，海外经验值得国内业界参考。

在美国，根据《美国税法典》第 2042 章节的规定，某些因死者生命而获得的保险收益属于死者的总遗产，包括由遗产或为遗产利益而应收取的保险收益和应由其他受益人收取的保险收益。对于由遗产或为遗产利益而应收取的保险收益，第 2042 章节要求遗嘱执行人或管理人应收取或应支付给死者遗产的保险收益都应包括在总遗产中，而无论遗产是否被指定为保单的受益人。因此如果保险收益由其他受益人收取，收益金额也需支付税款、债务或其他遗产执行费用。如果死者在死亡时保留或拥有任何保单的所有权附带权（Incidents of Ownership）[①]，不管是可单独行使或与其他人共同行使，相关收益属于应由其他受益人收取的保险收益。但如果死者去世时并未保留或拥有任何保单的所有权附带权，或者并未在去世前对其进行转移，则收益不会被纳入遗产范围内。

26 U. S. Code § 2042 – Proceeds of life insurance

The value of the gross estate shall include the value of all property—

(1) Receivable by the executor

To the extent of the amount receivable by the executor as insurance under policies on the life of the decedent.

(2) Receivable by other beneficiaries

To the extent of the amount receivable by all other beneficiaries as insurance under policies on the life of the decedent with respect to which the decedent possessed at his death any of the incidents of ownership, exercisable either alone or in conjunction with any other person. For purposes of the preceding sentence,

---

① 保单所有权附带权包括以下权利：更改受益人或顺位受益人；放弃或取消保单；转让保单或撤销转让；更改取得保险金的时间及方式；否决或要求同意与保单有关的行为。

the term "incident of ownership" includes a reversionary interest (whether arising by the express terms of the policy or other instrument or by operation of law) only if the value of such reversionary interest exceeded 5 percent of the value of the policy immediately before the death of the decedent. As used in this paragraph, the term "reversionary interest" includes a possibility that the policy, or the proceeds of the policy, may return to the decedent or his estate, or may be subject to a power of disposition by him. The value of a reversionary interest at any time shall be determined (without regard to the fact of the decedent's death) by usual methods of valuation, including the use of tables of mortality and actuarial principles, pursuant to regulations prescribed by the secretary. In determining the value of a possibility that the policy or proceeds thereof may be subject to a power of disposition by the decedent, such possibility shall be valued as if it were a possibility that such policy or proceeds may return to the decedent or his estate.

Treas. Reg. § 20.2042 – 1 (b) (1)

Section 2042 requires the inclusion in the gross estate of the proceeds of insurance on the decedent's life receivable by the executor or administrator, or payable to the decedent's estate. It makes no difference whether or not the estate is specifically named as the beneficiary under the terms of the policy. Thus, if under the terms of an insurance policy the proceeds are receivable by another beneficiary but are subject to an obligation, legally binding upon the other beneficiary, to pay taxes, debts, or other charges enforceable against the estate, then the amount of such proceeds required for the payment in full (to the extent of the beneficiary's obligation) of such taxes, debts, or other charges is includable in the gross estate. Similarly, if the decedent purchased an insurance policy in favor of another person or a corporation as collateral security for a loan or other accommodation, its proceeds are considered to be receivable for the benefit of the estate. The amount of the loan outstanding at the date of the decedent's death, with interest accrued to that date, will be deductible in determining the taxable estate.

对于受托人，如果其有权改变保险的受益所有权、收益的分配或收益的享有时间和方式，则收益将包括在受托人的遗产中，即使受托人没有实际权益。拥有这些权利即意味着受托人拥有保单所有权附带权，进而收益被计入遗产。但如果受托人不为自身利益行使其权力，也没有提供维持保单的任何对价，并且被保险人没有保留作为信托捐赠人的上述权力，受托人将不被视为拥有保单所有权附带权。

Treas. Reg. § 20.2042 – 1（c）（4）

A decedent is considered to have an "incident of ownership" in an insurance policy on his life held in trust if, under the terms of the policy, the decedent (either alone or in conjunction with another person or persons) has the power (as trustee or otherwise) to change the beneficial ownership in the policy or its proceeds, or the time or manner of enjoyment thereof, even though the decedent has no beneficial interest in the trust. Moreover, assuming the decedent created the trust, such a power may result in the inclusion in the decedent's gross estate under section 2036 or 2038 of other property transferred by the decedent to the trust if, for example, the decedent has the power to surrender the insurance policy and if the income otherwise used to pay premiums on the policy would become currently payable to a beneficiary of the trust in the event that the policy were surrendered.

被保险人转让的保单，不管是直接转让还是转让给信托，都不符合

《美国税法典》第 2035（d）章节的一般豁免条件，保单收益被归为被保险人的遗产。非被保险人转让的保单，其收益一般不包括在被保险人的遗产中，因为被保险人并不拥有保单所有权附带权。然而，以下转让收益包括在遗产范围内：

①被保险人控制的公司在被保险人死亡前 3 年内的转让被视为被保险人的转让；

②被继承人申请保险归他人所有并缴纳保险费的，其收益包括在遗产范围内；

③被保险人将资金转移到受托人被指示购买保险的信托，此时受托人只是捐赠人的代理人，保单收益可包括在捐赠人的遗产中；

④如果死者只是向受托人拥有广泛投资权力的信托赠予现金，则只有在确定事实上是由捐赠人指导交易，而受托人只是捐赠人的代理人的情况下，收益才可以包括在内。

26 U.S. Code § 2042 – Adjustments for certain gifts made within 3 years of decedent's death

(a) Inclusion of certain property in gross estate If —

(1) the decedent made a transfer (by trust or otherwise) of an interest in any property, or relinquished a power with respect to any property, during the 3 – year period ending on the date of the decedent's death, and

(2) the value of such property (or an interest therein) would have been included in the decedent's gross estate under section 2036, 2037, 2038, or 2042 if such transferred interest or relinquished power had been retained by the decedent on the date of his death, the value of the gross estate shall include the value of any property (or interest therein) which would have been so included.

(b) Inclusion of gift tax on gifts made during 3 years before decedent's death

The amount of the gross estate (determined without regard to this subsection) shall be increased by the amount of any tax paid under chapter 12 by the decedent or his estate on any gift made by the decedent or his spouse during the 3 – year period ending on the date of the decedent's death.

(c) Other rules relating to transfers within 3 years of death

(1) In general For purposes of—

(A) section 303 (b) (relating to distributions in redemption of stock to pay death taxes),

(B) section 2032A (relating to special valuation of certain farms, etc., real property), and

(C) subchapter C of chapter 64 (relating to lien for taxes), the value of the gross estate shall include the value of all property to the extent of any interest therein of which the decedent has at any time made a transfer, by trust or otherwise, during the 3 – year period ending on the date of the decedent's death.

(2) Coordination with section 6166

An estate shall be treated as meeting the 35 percent of adjusted gross estate requirement of section 6166 (a) (1) only if the estate meets such requirement both with and without the application of subsection (a).

(3) Marital and small transfers

Paragraph (1) shall not apply to any transfer (other than a transfer with respect to a life insurance policy) made during a calendar year to any donee if the decedent was not required by section 6019 [other than by reason of section 6019 (2)] to file any gift tax return for such year with respect to transfers to such donee.

(d) Exception

Subsection (a) and paragraph (1) of subsection (c) shall not apply to any bona fide sale for an adequate and full consideration in money or money's worth.

所以在操作中，首先，ILIT 必须是不可撤销的，否则委托人仍会被视为信托的拥有者，保险收益就会被视为遗产的一部分；其次，被保险人不可以作为受托人而持有保单，受托人通常会由专业机构或人士来担任；最后，ILIT 必须在被保险人去世前 3 年设立，否则保险收益仍会被视为遗产。

三、业务要素梳理及创新难点解决

（一）业务要素梳理

如前文所述，保险金信托作为家族信托的一种类型，其基本架构与一般的资金型家族信托无异。但因受托财产的特殊性，相比之下具体细节存在一定差异。从业务参与者的角度而言，保险金信托的架构主体主要是保险机构及信托机构，业务推进又以保险机构为主导。随着业务的发展，银行等财富管理机构也逐步参与进来。这决定了整个业务是一个涉及保险公司、信托公司、财富管理机构多方跨领域的业务，每家机构的角色定位不同、业务流程不同，多方机构的流程梳理与对接是业务推动的关键。目前国内市场上保险金信托对应的保险产品主要是终身寿险、两全保险和年金保险。保险金信托业务 1.0 模式是客户购买大额保单后设立家族信托架构，将保单的受益人变更为家族信托，其主要业务要素如下。

1. 信托目的

委托人基于对受托人的信任，自愿以其合法拥有的包括保险合同受益权在内的财产委托给受托人设立信托，由受托人按相关法律法规及合同的约定，为受益人的利益，以自己的名义管理、运用或处分信托财产，以实现委托人家庭财富的保值增值以及传承等目的。信托类型为他益单一信托。

2. 委托人

对于客户而言，通常其具有多重角色，包括信托的委托人、保险的投保人和被保险人。站在保险公司的角度，在保险合同中，合同无效的情形除《民法典》规定的情形外，只有不具有保险利益和被保险人未同意投保人为其投保死亡险时，保险合同无效。所以在实操中，投保人与被保险人通常都被要求为同一人，以规避《保险法》中规定的无效情形。委托人应确保其配偶知晓并同意委托人设立信托，并出具确认函。操作中最重要的环节是，委托人经过被保险人书面同意后，将受托人变更为唯一的保单受益人。信托成立后，客户（投保人/委托人）将向保险公司出具书面授权文件，保险公司将保单年度报告寄送至受托人，并在信托合同中约定，委托人授权受托人可查询保单账户价值。

3. 受托人

除了一般的权利和义务外，通常受托人与委托人在合同文件中还会约定，未经受托人同意，委托人不得变更保险合同项下的保险金受益人为受托人以外的第三人，也不得变更保险金支付账户为信托专户外的其他账户。而且，委托人对拟放入的保单不得做保单贷款，不得解除保险合同，否则受托人有权终止信托。

4. 受益人

在标准化的业务中，委托人指定的信托受益人须为委托人的直系亲属，变更后的信托受益人也需满足此范围限制。签署信托合同之前委托人需提供和受益人的关系证明文件，如结婚证、户口本、出生证明、独生子女证等。对于定制化的需求，非直系亲属受益人的设置需通过受托人内部评估。另外，目前业界在信托合同中普遍会约定，未经委托人同意，受益人的信托受益权不得用于清偿受益人个人债务，信托受益权不得转让、继承、赠予、抵押、质押等。

5. 信托财产

顾名思义，保险金信托中的信托财产首先须包含保险受益权。目前国内的实操中，信托财产的范围可以不仅有保险合同受益权，客户还可以交付资金、金融产品等。从金融机构角度，最终是希望客户将信托作为各类财产的归集处，如果仅有保单，考虑到设立保险金信托时所耗费的人力、物力和存续期间的维护成本，加上保险金的赔付时点发生在多年之后①，目前的业务投入产出比太低。所以，对于拟放入信托项下的保单也会有一定标准，保费或保额不得低于某一数值。如果信托财产仅为保险受益权，在保险金赔付到信托专户后，委托人将按照合同约定的方式对资金进行投资管理。

如果投保人退保或被保险人因为保险合同免责条款约定的事由而身故，保险公司仅向投保人退还保险的现金价值，而非赔付保险金，此部分信托财产将灭失。如果投保人、被投保人和信托委托人为同一人，被投保人因免责条款约定的事由而身故，那么保单的现金价值将由投保人的继承人继承，此部分信托财产灭失，保险公司向投保人的继承人赔付的现金价值不会进入保险金信托中。

6. 保险金实现

根据具体保险产品的理赔要求，保险金的申领手续一般包括保险受益人填写保险金给付申请书，提供保险合同、保险受益人有效身份证件、被保险人死亡证明、其他有关证明等资料。但涉及的相关材料无法由受托人单独提供，所以通常会在信托合同中明确，保险受益权属于保险受益人即受托人，但委托人应当指定第三人协助受托人办理身故保险金申领手续。例如，保险期间被保险人身故，该第三人应当于保险合同约定的情况发生时主动通知受托人并提交保险金申领材料，确保作为保险合同受益人的受

---

① 这意味着保险金赔付之前信托账户中可用于收取管理费的财产规模为零。保险金信托业务目前整体处于推广阶段，虽然机构会收取一次性设立费，但金额普遍不高。

托人获得保险金；若该第三人不配合或延误配合导致不能获得保险金，后果由投保人或信托受益人自行承担责任，受托人免责，造成的一切损失由信托财产承担。若该第三人身故或丧失完全民事行为能力，由其继承人或其监护人履行相关义务。

7. 信托期限

保险金信托一般不设固定期限，而是在合同文本中约定提前终止条款。

8. 业务流程

保险金信托业务通常涉及投保、信托设立、受益人变更、理赔及过程中的调整等业务流程。虽然产品结构本身并不复杂，但因为流程中会涉及多家不同机构，每家机构的角色定位不同，而且同一机构内也会涉及不同部门，所以操作流程是否梳理畅顺，往往是推动保险金信托业务成败的关键。具体操作流程因不同客户渠道、不同机构间的业务磨合程度不同而不尽相同。以财富管理机构出客户、信托机构负责架构、保险机构进行业务配合为例，其基本流程如下（见图2）。

因目前国内的保险金信托业务操作基本都是客户投保后变更受益人，对于机构而言，不管是银保渠道还是代理人渠道出单，首先都需要客户完成投保动作。但在前期营销过程中，会明确客户设立保险金信托的意愿，让其签署《保险金信托意向书》。而随后进行的合格投资者确认及风险测评，是为确定日后保险金的投资配置方案做准备。设立材料[①]通过审核后，受托人将进行开户操作及向监管进行报备。财富管理机构与客户沟通需求意愿后，确定保险金赔付后的配置方式，并落实在合同条款中。客户在签署《保险金信托设立确认书》和《保险金信托合同》后，财富管理机构按照信托机构提供的《确认书填写说明》及《保险金信托合同填写说明》对

[①] 设立申请材料通常包括：客户夫妻双方身份证、户口簿、婚姻证明、收入证明/资产证明、银行账户信息、配偶同意函、征信查询授权书、银行流水、完税凭证、公司营业执照、公司近年财务报表及完税凭证。

图2 保险金信托业务流程

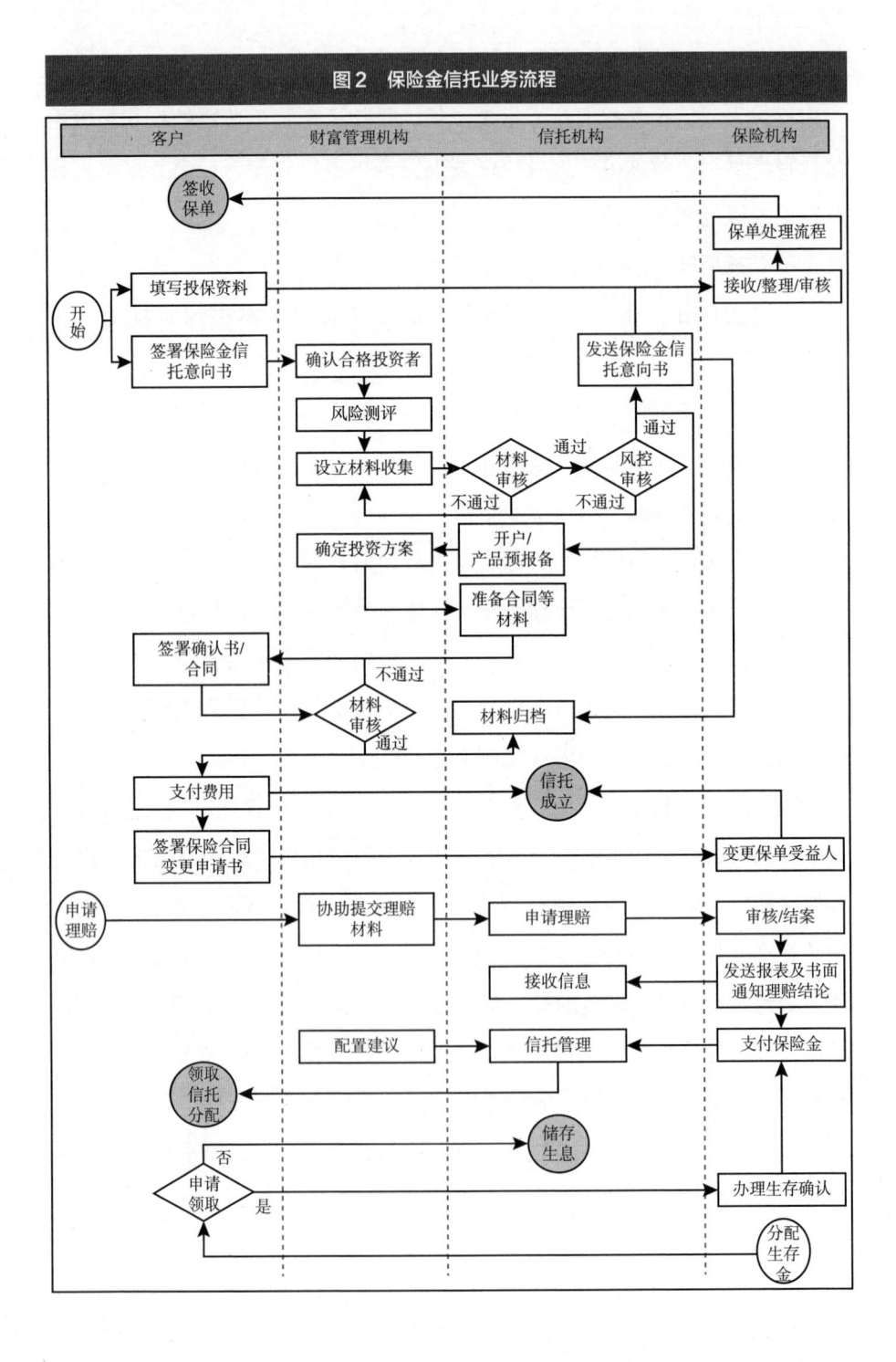

材料进行审核，客户留存复印件。客户提交保单受益人变更申请时，在《保险合同变更申请书》上填写主险合同的保险金受益人均指定为信托机构。客户名下其他保单同时申请设立保险金信托时，需另外签署信托补充协议，对原信托合同内容进行补充或调整。①

客户提出理赔申请后，最先得知客户情况的一般都是财富管理机构的客户经理，所以在流程上通常会让财富管理机构协助受托人（受益人）办理保险金的申领，包括通知受托人、单证传递等工作。保险机构在审核结案支付保险金至合同约定账户后，信托机构开始进行管理。在这个过程中，财富管理机构一般会担任投资顾问/财务顾问，根据最初确认好的投资方案为具体投资配置提供专业建议。

（二）创新难点解决路径

现阶段全市场业务推广仍以保险金信托1.0模式为主流，2.0模式正处于逐步试水阶段。虽然2.0模式更能满足客户需求且不存在法律障碍，但后续2.0模式若要取得成功，整体业务模式可能还需进一步梳理。

任何机构推出一项业务，其根本都是为了获取业务收入。保险金信托业务的推动主体是保险机构，保险金信托的业务定位应是拉动保险业务增长的一种补充手段。但2.0模式的业务逻辑对现有保险业务而言，却带来一定的挑战。

对于保险机构而言，相比银保渠道，代理人渠道才是业务推动的主力。目前保险金信托业务（1.0模式）主要也是通过代理人推动，虽然有财富管理机构的代销，但实质营销动作主要还是由代理人完成。在1.0模式下，保费仍然由投保人支付，对代理人而言，相应产生的保险佣金收入

---

① 《保险金信托意向书》、《保险金信托设立确认书》、《保险合同变更申请书》、投保人/被保险人/受益人证件复印件、受益人银行账号复印件等设立材料需按保单号分别提供。

并无不同，而且在信托层面也可获得额外收入。但2.0模式却是由信托进行投保，销售逻辑变成必须先推动客户设立信托，之后才投保。这就意味着代理人首先需具备营销家族信托的能力。保险和信托同为财富管理的工具，在某些功能上两者会有类似效果，这在营销上可能会存在一定困难。另外，保单只是家族信托受托资产种类的一种，这意味着一个家族信托可同时持有保单和其他种类资产。而保险金信托除了保单就不能持有其他类型资产？这也不现实。如果给定客户配置预算，2.0模式可能会造成客户降低配置保险的比例、提升其他类型资产的配置。这违背了保险机构推动保险销售的初衷。最后，2.0模式之下，信托进行投保，代理人的销售业绩该如何核算？信托日后为其他受益人配置的保单又该如何核算？对代理人而言，推动一个保险金信托，就等于失去数个潜在客户、多张潜在保单以及可能的保费追加，这些问题都是保险金信托2.0模式所面临的创新挑战。

信托公司转型标品 TOF 业务及其核心能力建设

唐彦斌

摘　要：信托公司正面临转型压力，虽有诸多转型方向选择，但都并非简单和短期的策略调整，需要有中长期的战略布局和规划。本文着重论述了标品投资业务，尤其是标品投资 TOF 业务，对于信托公司转型而言具有内在必然性和可行性。本文强调标品 TOF 业务的体系化建设与顶层设计重要性，并提出与之相关的五大核心能力建设问题，包括基金综合评价、策略与风险评价、投研与风控体系、配置与组合管理、产品设计与运营服务。

关键字：信托转型　TOF　基金评价　资产配置与组合管理

一、信托公司转型标品 TOF 业务的内在必然性

（一）信托公司须聚焦投资类业务

信托公司的影子银行业务正在萎缩，并且将继续萎缩，即使考虑额度稀缺性所导致的非标定价提升，可能会缓解信托非标业务收入的显著下滑，但可以预期到，3~5 年后非标债权业务很难成为信托公司的主营业务。几乎所有信托公司均在谋求转型和创新。可选的大方向至少有三个：一是服务信托（资产证券化、慈善信托等）；二是财富管理业务（包括家族信托、个人信托）；三是投资类业务（标品、另类、投行等）。

服务信托是信托本源性业务，是为通道业务正名的业务，是发挥信托制度优势的特色业务，是其他持牌机构无法涉足的业务。服务信托在一定条件下可以快速形成规模效应，并且能形成很高的壁垒，因为它对运营系

统和科技能力依赖性较强。服务信托长期看是一个好生意，但大部分信托机构缺少等待的耐性和机制。

财富管理业务之所以能成为信托的转型方向之一，是源于过去 10 年信托行业积累了大量高净值客户，并且这类群体仍在快速增长，即使丢弃贷款牌照，财富管理业务也不受影响。大部分富人很"懒"，但又非常需要投资金融产品来实现财富的增值保值，他们特别关心产品是谁设计的、产品管理人是否足够优秀和产品收益率是否有足够的吸引力。财富管理重在服务和对全市场顶尖产品获取和筛选能力上，重在形成客户资源和产品资源的良性互动，但这种正循环不易形成或持续。相比于国内商业银行的私人财富业务，信托的非标高收益产品所拥有的刚兑优势正在瓦解，若非标替代性产品供给不足，其高端客户未来可能会被逐步分流。

投资类业务是未来真正体现信托公司主动管理能力的业务类型，也是利润率最高的业务方向。此类业务不仅可以帮助公司财富业务形成比较优势，与其他财富管理机构（如银行私行、券商财富）形成差异化竞争格局，从而形成资产与财富双轮驱动的格局，更可以为信托长期布局服务类信托等本源类业务争取更长的培育时间，最终实现信托公司的高质量发展。

综合而言，笔者认为服务信托的短期赢利性较弱、财富业务面临外部较大竞争压力，而聚焦投资业务，是大部分信托可行的生存之道，而在投资业务中，标品投资特别是标品 TOF 投资最具可行性。

（二）投资类业务中的标品信托转型可行性和可塑性均较强

1. 资产供给端相对充分，资金吸纳能力较强

截至 2020 年末，国内的固收领域，债券市场托管规模余额已到达 117 万亿元。国内股票领域，A 股上市公司已超过 4000 家，总市值超过 80 万亿元，自由流通市值超过 30 万亿元，所有公募基金净值已超过 20 万亿元，其中股票型基金超过 2 万亿元，混合型基金超过 4.7 万亿元。私募基金行业总体规模约16万亿元，其中证券私募基金已接近4万亿元。国内债券市场的大跨步发展以及2015年与2020年两次资本市场规模爆发，推动我国证券市场不断跨入新的发展阶段。随着金融工具的不断丰富，策略的多样性使公募和私募类资管产品开始分层和分化，极大丰富了TOF产品的可投资范围。

2. 资产需求较为旺盛，做大做强中国资本市场符合监管部门鼓励和引导方向

一方面，中国信托业协会发布的行业经营数据显示，截至2020年末，信托规模仍有约20万亿元，以集合信托为主的主动管理规模约10万亿元。若按照融资类业务占比资金信托不超过50%的要求，预计至少有50%（即5万亿元）可向投资类信托切换，这足以成为中国资本市场一股新的机构投资力量。另一方面，信托公司主要服务于中高端客户群体，随着中国人口红利逐步衰减，老龄化加深，财富正向中高端客户积聚，财富金字塔塔尖和塔腰的家庭财富保值增值需求持续增加。然而，全球经济增速放缓必然带来实际利率趋势性下降，高息产品的投资机会逐步减少，全球负利率以及美国超常规的宽松货币政策使中长期的权益资产成为资本追逐的新方向。

3. 标品业务流动性较好，且刚性兑付压力较非标债权业务小

中国资本市场大发展的30年，无疑也是投资者接受教育的30年。标品投资流动性风险相对可控，净值化管理模式下的市场动态风险较为显化，二级市场交易的活跃性使得风险分散化作用较明显。此外，标品投资不存在保证本金兑付的天然预期，其实权益型信托，对保本预期远不如购买项目型的融资类信托的预期强烈，客户对标品信托阶段性出现一定程度亏损的容忍度相对较高。

（三）标品信托中的TOF业务转型成功概率相对较高

1. TOF业务是整体性的平台化业务，有利于信托公司固化和内化投研能力和运营能力

在资本市场想成为行业翘楚难度很大，但达到基础入门和力争行业中等偏上水平相对容易。这个行业的人才梯度较丰富，人才整体供给量较大，使信托公司有招募和自主培养团队的可能性。TOF业务是公开市场业务，对行业顶尖人才和资源依赖性远不如产业投资和私募投行业务那么强。国内资管机构TOF的投资管理水平相对落后和扁平，行业格局尚未定型，任何一家信托公司都有机会在未来的3~5年冲击行业头部。事实上，根据用益信托网统计，针对证券投资类信托，2020年全行业成立5144只，合计规模2652亿元，而2019年仅成立2152只，合计规模1563亿元。相比信托贷款的成立规模，全行业的证券投资类信托人仍处于起步阶段，但增速较快。

由于TOF的业务链涉及管理人评价、管理人引入、市场研究、策略及风险因子研究、投后管理及持续跟踪评价、动态的资产配置与组合管理、风险控制体系与产品运营管理、财富营销与投资者教育等，任何一个环节缺失均会导致业务发展受阻，所以TOF业务的转型必须是整体性的。成功的TOF业务需要在上述各个环节均衡、持续地投入力量和培养人才团队。稳定的TOF业务体系须有稳定的投研基础体系和运营体系做支撑，否则短板效应将使业务体系显得较为脆弱，无法经受住频繁的外部市场冲击和内部管理冲击，这会倒逼信托公司将投研和运营固化和内化为自身的基础能力。

2. TOF业务可建立信托的差异化竞争优势

信托财富管理业务中家族信托业务的投资业绩，主要基于大类资产配置能力，而这项能力脱胎于TOF业务。信托跨市场业务资格是独有的牌照优势，使得信托至少在制度上有机会实现真正的大类资产配置。因为真正的大类资产配置，其资产类别绝不限于公募和资管擅长的股票和债券，还包括大量多样化的交易策略、另类投资、衍生品交易和境外资产，甚至还包括传统意义上的非标债权资产。此外，家族信托不在资管新规的嵌套限制内，也使得信托可以与更多优质的外部资源和能力进行对接。

一方面，信托通过TOF业务架构的安排可以弥补自身在资产深度上的劣势。即使信托无法自发设计或挖掘最好的底层产品，却可以利用平台优势，为信托客户建立有效的投资渠道，嫁接外部优质资产。另一方面，通过资产组合配置方式实现底层资产之间的优势互补，扩张投资组合的有效前沿，为信托客户提供性价比更高的投资类产品。

3. 有转型的巨大动力

信托在 TOF 业务上几乎没有历史包袱，转型没有同类替代品，最小的机会成本使得机构有最大的转型动力。信托公司在非标业务走向衰退的趋势下，必然会更加倾注全力向标品、向 TOF 转型。随着非标收入不可逆地下降，转型的机会成本也快速变小。信托未来投入的力量更大，改革决心更坚定，尤以中小型信托更甚。

4. 信托 TOF 产品可支撑一家中小型信托公司的转型目标

按照中小型信托公司的经营能力，若组合类 TOF 以固定收益策略为主，5 年内容量达到 200 亿~300 亿元左右；若以权益类策略为主，5 年内容量达到 50 亿~100 亿元。按固收策略年均 1%、权益策略年均 3% 的综合业务报酬率（包括认购费、固定报酬和浮动报酬），可为信托公司提供每年约 3.5 亿~6 亿元的信托业务收入。这也意味着中小型信托公司在 TOF 领域具有相对转型优势，实现特色化经营，与大型信托公司进行差异化竞争。

二、标品 TOF 业务顶层设计的重要性

虽然投资业务、标品信托、TOF 业务将是信托未来的核心业务，但若业务缺乏可持续性和追求机会主义，那么信托也可能随时出现业务崩塌。因为标品业务流动性高，创新和变化较快，这使得优胜劣汰效应、客户用脚投票的机制会被放大。随着竞争格局不断趋于成熟，唯有 TOF 业务基础扎实，产品竞争力较强的头部信托才能最终获得优质客户群体的长期信赖。必须提示一点，在没有非标业务做基础打底后，由于投资类业务的波

动性必然会使公司整体经营的波动性同步扩大，对于业务结构相对单一、产品供给不足的信托公司来说，客户流失率在转型期间可能会大幅提高。所以转型 TOF 业务的可持续性和可扩张性尤为关键。

信托公司应当对资本市场 TOF 业务进行顶层设计和较为长期的规划布局。标品业务有大量可参考的证券经营机构供信托公司学习借鉴。历史经验证明，标品业务有较强的周期性，至少存在 2~3 年经营周期和业务培育期，特殊时期的周期甚至更长。只有经过积极的准备和耐心的布局，才能在市场机会窗口期到来时以最快的速度捕捉到机会，率先抢占市场份额。盲从追赶的结果必然是接最后一棒。必须意识到标品业务重在积累，重在前瞻性的基础设施建设和布局，必须建立一套适应标品业务的标准化分析工具和研究体系，乃至整个业务运营体系，才能实现未雨绸缪，才能做到不盲从。

顶层设计还须解决一些信托特有的问题。例如，标品业务的审批机制如何重构？净值化管理体系如何与非标体系进行融合？公司如何确保两套完全不同的运营体系同时运行？如何在标品业务中融入公司非标业务的优势，形成与公募基金、券商资管差异化竞争壁垒？如何将标品业务与财富业务和服务信托等其他转型方向结合起来，互相促进和增强？

相比于由团队自发推动业务发展，公司自上而下的顶层设计可为业务团队提前指明展业方向和经营策略，业务推进速度和落地率较高，实际运作的磨合成本和沟通成本较低，有利于匹配快速变化的市场节奏，避免因内部审批流程和机制的问题延误最佳的市场拓展时机。

三、标品 TOF 业务的模式

TOF 业务按照管理类型可分为主动管理和服务类（被动管理）。对前者，信托公司须承担拟投子基金的筛选或资产配置职责，在信托存续期间还承担对子基金监督和跟踪评价的职责；后者对子基金的筛选或资产配置均由委托人安排，信托公司按照信托合同约定仅承担接受委托人指令的操作和基本的信息披露职责。

标品 TOF 的基本逻辑是信托公司通过其他金融工具或资产管理产品间接投资于标品资产，信托公司将底层资产的选择权和日常交易委托给外部管理人进行操作。按照产品交易结构，主要包括三种业务类型：单一产品TOF、策略定制型 TOF、组合类 TOF。

（一）单一产品 TOF

这是一种较为初级的业务模式，类似于对底层子基金的代销或投顾推荐。此模式下，信托公司借助外部专业机构的成熟力量快速介入标品投资领域，主要考验的是信托公司对专业机构、投资经理的筛选能力和产品发行时机的把握能力。若策略集中度或管理人集中度较高，那么一旦策略适应的市场风格陡变或者管理人策略非预期偏离，就可能导致偏离投资预期，影响客户投资体验，伤及信托公司声誉。此类模式下，信托公司主要发挥渠道价值和资产筛选价值。

（二）策略定制型 TOF

这是一种由信托公司自主设计或指定的结构化或非结构化投资策略，嫁接外部合作管理人或金融机构的特定工具实现投资的模式，例如，挂钩指数或个股的雪球策略收益凭证、指数增强收益凭证、挂钩境外标的的结构化票据等。

（三）组合类 TOF

这是一种基于多元化资产配置和组合分散化原理的模式，可细分为"单策略－多管理人""多策略－多管理人""直接投资－TOF 混合"等。

1. "单策略－多管理人"模式

此模式的优点是，使得整体策略稳定性和锚定性比较好，同时在某个大策略方向下实现细分策略的分散化；缺点是，一旦顶层的策略失效，底层策略相关性较高，净值回撤依然会难以控制，而且同策略的组合一定程度上会弱化策略的进攻能力，投资性价比相对不足。

2. "多策略－多管理人"模式

此模式是信托公司根据投资目标和风险预算，运用有效的大类资产配置策略，通过多元化资产、多样化策略、策略的管理人精选，通过灵活配置进行投资管理。这种模式强调精细化管理、持续管理或积极干预。市场中常见的"明星拼盘模式"算是一种特殊的"偷懒"多策略模式，但实践效果不佳，主要原因是追求明星投资经理、规模效应，导致策略过度集中而使策略失效。拼盘模式本质是一种被动的管理策略，信托公司附加值有限，缺乏可持续性，难以形成核心竞争力。笔者更推崇信托采用积极投资、动态平衡、流动性管控的主动管理模式，通过严格控制母信托的净值回撤率和波动率。通过提高信托的投资性价比和稳定性，真正实现非标替代，帮助高净值客户稳健理财。一旦组合类 TOF 产品产生财富效应，其持续募集和营销的空间被打开，并作为旗舰类产品进行深耕，实现品牌化运作。这种模式的缺点是需要较为长期的培育和投入，而投研体系和评价体系的搭建都非易事。

3. "直接投资 TOF 混合"模式

此模式是指在信托直接投资标品的基础上叠加部分子基金进行策略增强或互补。这种模式以直接投资为主，TOF 为辅，本文不做过多论述。

四、TOF 业务五大核心能力建设

（一）基金综合评价能力

截至 2020 年末，除了主流的公募基金公司和证券资管持牌机构，私募证券基金管理人已超过 9000 家，策略涵盖主观多头、宏观对冲、债券策略、CTA、量化对冲、指数增强、日内回转、套利策略、期权策略、多策略组合等，对各家私募管理人策略的定位、综合能力的判断是 TOF 管理人的核心管理能力之一。

信托采用任何 TOF 模式展业都必须具备对子基金的综合评价能力，本质上这是信托的一种风险识别能力。因为 TOF 本质是将主动投资权授权给外部合作管理人，子基金日常的运作和对底层标品资产的投资风险实际由管理人和投资经理掌控。信托公司在存续期内除了定期监督监控、投后分析、持续沟通和申购/赎回外，风控抓手很少。对于极端风险的暴露更是相对滞后和有心无力。

TOF 的投资主动权本质上是让渡给外部管理人的，特别是单策略单管理的 TOF，所以需要重点对子基金管理人的投资能力、风控能力、业绩回补能力、产品运营能力进行全面而综合的评估。在开展合作前，必须深度了解投资经理的投资理念、投资风格、选股能力、择时能力、交易能力、操作习惯、策略执行的稳定性等。信托公司还须确信投资经理所在的投资平台有能力支持其战胜市场、战胜主要同行，也即要对投资平台的研究能力、激励机制、运营团队进行分析评估。唯有掌握管理人、投资经理的特征，才能针对性地设计产品结构，从投资人角度制定一份合适的投资策略，并要求管理人按照投资策略书执行投资策略，在既定的风控框架内充分发挥管理人的主动投资能力。

如何才能系统性地提高综合评价能力呢？第一，须建立严谨、规范化的尽调体系。在尽调过程中，可以采用多轮尽调机制、投资经理访谈机制、普通员工访谈机制、产品业绩复盘机制、正面与侧面结合机制等加以反复论证和考察。最终目的是对合作管理人/投资经理的能力特征进行画像。第二，须建立一套基于产品运行的数据分析和评估体系。所有尽调访谈、定性研判和定量分析，最终要落实到具体操作上。通过采集详细、完整的基金产品的净值信息和持仓信息加以深入分析，才能进行交叉验证，核实对管理人/投资经理的特征刻画。第三，建立基金行业大数据。一个多层次、多维度的行业数据集可以帮助信托公司在更宏观的视角下考察管理人和投资经理，并提供科学的评价依据。第四，持续跟踪和评价，不断优化基金评价体系。人心和人性是最难捉摸和了解的，管理人/投资经理和信托公司之间无论怎么尽调，都必然存在较大的信息不对称性。信托公司不可能在100%的把握下才开展TOF合作，70%的置信度足矣，而剩余的30%则须基于实际合作中的表现和持续的跟踪加以把握。

对管理人/投资经理的综合评价不仅在合作准入前，且应当是全生命周期的。必须重视投后的舆情监督和管理人跟踪，通过定期监测和沟通，确保管理人正常运营、管理团队人员稳定。伴随信托公司的尽调，管理人/投资经理资源逐步积累，通过横向和纵向的深度对比，可以挖掘最具有合作潜力和长期合作空间的交易对手。

（二）策略与风险评价能力

标品TOF展业从逻辑上应当先选策略候选人。一方面，因为策略的识别度比人的识别度更高，策略可通过事后的业绩进行验证，所以策略执行的可信度较高。另一方面，市场中投资经理的工种越来越细分和专业化，极少有投资经理精通多类资产或多种策略，成熟的投资经理一般已形成自己个性化的风格和投资理论体系。信托也唯有对策略有深度的理解后，才能去理解或验证管理人/投资经理的投资策略。

有些策略是长期有效，短期无效；有些策略是短期有效，长期衰减。策略有效性的周期千差万别，不同的策略风险特征应当设计不同的产品交易结构，例如，长期策略的产品应当有更久的封闭期，绝对收益策略应当同时将相对考核和绝对考核作为业绩报酬计提标准等。信托应当建立专门的研究团队，对大类资产和资产投资策略的开展深度研究，特别是策略线布局较广的信托公司，更应建立不同策略的评价体系，强化策略对比，分析策略的环境适应性和优劣势。

信托公司可以采购或构建内部的策略指数、策略细分指数动态评估TOF合作策略的表现，通过研究策略因子的持续性来预警策略拐点。在策略失效预警信号较强的时期，应当谨慎展开单策略TOF，避免给客户带来较差的投资体验。在主动管理的多策略TOF业务模式下，基于策略的研究可以为大类资产轮动和动态的调仓提供科学依据。

国内资本市场的风格轮动性较强，大部分投资经理最终的盈利贡献来源是风格而非选股。对市场风格的研究可以为策略评价提供很好的参考，同时通过子基金对各种基础策略或风格因子进行回归，分析其对各类因子的暴露度，因为投资经理实际会采用多种因子组合进行投资。

（三）投资研究与风控能力

投研与风控应当有机整合，而不能分离。所有的基础研究是为更好的投资和更精准的风控服务，所有的投资收益都是承担风险后的自然结果。即使是套利策略，有时也会承担一定的套利风险，比如套利条件非预期地被打破或阻断。研究投资机会的同时，必须关注硬币的另一面——风险。

信托公司的投研体系应当聚合公司所有的研究力量，并且系统化地形成投研成果，持续为投资端服务。公司应创造一种良性机制，鼓励并激励投研与风险团队通过对宏观经济、资本市场以及大类资产的研究，持续向公司决策层、信托经理输出有价值的投资观点和策略建议。通过模拟盘或投资复盘来持续验证历史投资观点的准确性，不断优化投资信托公司内在的研究体系，并提升其实用性。

投研能力的建立并非是闭门造车，必须广开言路，有选择性地引入最有价值的研究资源。信托公司通过与券商研究所、外部合作管理人、FOF私募管理人等外部机构的合作，获取大量基础性研究素材，通过提炼、整理和消化，逐渐形成自己的基础研究数据库。

（四）资产配置与组合管理能力

对于主动管理多策略的TOF而言，资产配置与组合管理是最核心的能力。市场中可选的合作管理人、投资经理、投资策略非常庞大，数量已远超具体投资标的（以股票为例），TOF的资产配置能力的培养难度不亚于一只股票型基金的资产配置能力。而且大类资产配置理念在中国的实践并未完全得到有效验证。资产品种数量有限、策略的相关性较高、管理人道德风险较高等因素，使得资产配置理论上的有效前沿并没有特别大的向外扩张机会。即使有一些高收益低风险、相关性较低的大类资产出现，其容量也相对较小，往往不足以支撑完成一次大的优化调仓。

资产配置与组合管理的基本原理和方法论是公开的、可复制的。但资产配置的具体操作却存在非常多参数选择和主观预期成分，并且敏感性较强，最终TOF的业绩也对参数敏感化。所以这项能力是建立在基金评价能力、策略评价能力、风险评价能力之上的一种综合性的能力。

母信托对子信托的每一次申购赎回都可能产生一定的费用或摩擦成本，甚至是市场机会成本。动态调仓的策略决策依赖策略调整的预期收益增强与调整过程中的运营成本之间的平衡考量。此时，这种动态调仓和策略变化的灵活运用又与产品运营服务能力直接关联。

（五）产品设计与运营服务能力

由于 TOF 涉及双重收费和嵌套管理，整个运作复杂性和操作成本相比于直接投资更高。确保运营成本费用最小化，同样是 TOF 产品市场竞争力的重要来源。因为对于主动管理组合类 TOF 产品的预期收益率相对较低、回撤控制要求却较高，这意味着任何一个 0.1% 的年化损失都将对产品最终收益风险指标产生影响。如果产品运行期间出现多次操作失误或者交易延迟，积累下来，机会成本和实际费用就会较为严重地拖累业绩。

在非标业务中，只要借款人/担保人信用风险可控，整体兑付没有问题，任何运营操作都是内部管理问题，不会外化为客户的情绪并影响公司的产品竞争力。但标品 TOF 是一种精细化管理程度较高的业务，运营的准确性要求比非标高很多，任何一个交易细节的失误都不容忽视。

1. 构建清晰的产品定位

信托公司应为每一个合作子基金建立清晰而准确的产品定位，并且持续跟踪监测产品定位是否有偏离、偏离多少。所谓产品定位是指该子基金的投资范围、策略属性、投资目的、目标收益区间、主要风险特征、各种风险控制约束要求、流动性机制等。清晰而准确的产品定位至少有三个作用。第一，在组合类 TOF 产品中可以作为优质的储备资产或可投资产，在需要进行资产配置时，立刻进行配置；第二，在作为单策略 TOF 产品推荐营销时，有利于与信托客户的风险偏好和投资需求进行精准匹配；第三，有利于构建公司内部的策略指数。

信托公司开发并深耕组合类 TOF 产品同样应当在公司内部建立清晰的信托产品定位，特别是风险预算约束和投资目标以及流动性机制，因为这是信托客户最为关心的产品要素。清晰的产品定位不仅可以推动产品精准营销，而且可实现全市场同类产品的横向对比，不断检验公司产品的市场竞争力和投资管理能力。

2. 运营体系的标品化和数字化

标品信托的大运营体系与传统非标业务完全不同，必须进行全面改造和优化，运营包括以下几个环节。

①改造优化审批决策体系，使其适应于资本市场业务的特点和发展规律。改变非标业务重投前决策、轻投后决策的模式，突出全生命周期的投资决策体系，尤其针对主动管理型的组合类 TOF 模式。公司的决策体系应摒弃刚兑逻辑，而应建立在子基金和投资经理的综合评价上，建立在市场研究和投资策略的有效性分析上，建立在如何最大化信托客户的财富、如何提高投资性价比、如何匹配客户风险偏好和投资需求上。

②信托端客户的线上化和无纸化。通过建立数字化平台，实现客户的线上交易和无纸化服务，优化客户对信托端申购赎回的交易体验，增强产品的市场竞争力。

③子基金端交易流程的便捷化。对于场外交易，与各类外部管理人建立标准化的交易流程，最大限度缩短投资合同签署和募集打款时间。对于场内交易，对接券商证券各类交易账户。打通场内与场外交易、全面建立基于标准化资产的资金结算和收益分配体系。

④完善以基金估值驱动的净值化管理体系。在净值化管理过程中，必须解决如下几个关键问题。第一，处理好不同子基金估值汇总以及与母信托估值之间的协同性问题。第二，对于底层子基金采用高水位业绩提成的，须建立子基金"虚拟净值"的特殊估值安排。第三，在信托层面，建立可支持主流业绩计提模式（单客户单笔法和整体法）的 TA 系统。第四，协调母基金申购赎回与子基金申购赎回的匹配性。第五，在投后管理方面，建立标准化的业绩归因模型，并争取实现子基金穿透式的持仓管理和模拟估值功能。第六，逐步提高信托估值频率，提升信息披露服务质量。

信托公司内部信用评级体系
——以房地产主体评级为例

唐彦斌

摘　要：随着国家坚定推进供给侧结构性改革以及债务风险化解问题，中国的企业违约风险逐步显化，国内的信用市场明显分化。信托公司在压降非标债权类业务时期强调精选精做、精细化风险管理、防范重大风险。为此，信托公司须建立严密的风控体系，开发有力的风控工具。本文重点讨论信托公司建立内部信用评级体系的重要性和必要性，并以笔者所在机构独立研发的房地产客户内部评级模型为例，介绍内部评级体系建立过程。

关键字：内部信用评级　房地产　大数据　评级模型

在2009年启动的4万亿元经济刺激计划的带动下，中国的信托行业快速发展到超过20万亿元级别的规模，2017年曾达到26.25万亿元历史峰值，影子银行业务（即融资类业务）贡献不小。截至2020年末，信托受托资产总规模20.13万亿元，其中信托贷款余额6.34万亿元，据统计2020年全行业信托业务收入在1100亿~1200亿元，按信托贷款业务平均1%的报酬率简单匡算相关信托业务收入即有600亿元，可见融资类信托业务是信托行业的重要利润来源。但从2018年资管新规出台后，监管机构开启了对影子银行业务的规范和压降计划，尤其是房地产信托。2020年末的房地产资金信托余额2.28万亿元，同比2019年末的2.70万亿元下降15.55%，环比2020年第三季度末的2.38万亿元下降4.2%。2020年末，房地产信托占比为13.97%，低于2019年末的15.07%。

融资类信托业务，尤其是房地产业务的压降趋势已难以逆转。但按照监管机构在多个场合的表述，信托公司转型过渡期内融资类业务不会全面暂停，而是稳步收缩，有序压降。转型期间，如何确保融资类业务健康发展，防范新增风险？加快建立内部信用评级体系（简称内评体系）已是信托公司的共识，内部评级有助于信托机构准确而有效地识别、计量并控制客户信用风险。笔者将结合所在公司的实践，着重探讨建设内部评级体系的必要性，以及如何基于大数据建立房地产主体内部信用评级体系，并对相关评级建模原理做适当讨论。

一、建立内部评级体系的必要性

（一）外部信用评级难以适应买方需求

首先，外部评级商业性较强。第三方评级机构主要服务于境内外债券发行机构，侧重于卖方评级，难以站在买方立场。长期存在的"评级公关"潜规则，市场整体的信用评级整体存在系统性高估的情况，大量缺乏流动性的私募债依靠体外补差方式体现真正的风险溢价。不少AAA主体违约暴露，持续挑战第三方评级的权威性。

其次，外部评级无法体现金融机构作为买方的差异化经营特征和机构风险偏好。不同金融机构的业务准入标准、风控管理精细化要求、风险控制策略均有所不同。

再次，外部评级的评级跟踪效果不佳，对信用风险的敏感性不足，评级调整相对钝化和滞后。2018年后，刚性兑付不断被打破，债券市场已出现信用分层，信托产品违约也因为个别高风险信托公司耗尽刚兑资源而陆续曝光。及时提供风险预警和评级调整在信用恶化的市场环境下显得尤为难能可贵。

最后，国内评级机构的评级区分度不高。由于存在评级潜规则，评级结果堆积黏合现象严重（特别是AA和AA+），不利于建立买方的客户评价体系和风险定价体系。"破刚兑"大势下，内部评级可为信托产品信用风险进行合理定价，为信托投资人建立风险补偿机制。纵观国内债券市场，国有与民营、龙头与非龙头、高评级与低评级的主体隐含违约率变化不再亦步亦趋，同期限利差相关性已弱化，合理的信用风险定价和积极的信用挖掘，对深耕固定收益业务的资管机构特别重要。

（二）强大的内评体系提升融资类业务的主动管理能力

内部评级可以在客户研究能力、客户综合分类与准入机制、合作策略（风险定价与授信额度）、集中度风险管控、客户舆情管理、估值与减值等方面提升融资类信托的主动管理能力。

第一，在客户研究方面，内部评级在定量或定性上对房企客户的信用好坏做出判断和排序，甚至可以预测未来一段时间的年化违约率，可作为客户信用风险的计量工具。评级模型中的重要评价因素及评价标准，为深入研究客户的综合实力和合作策略提供了多样化的视角和有力的分析工具。

第二，内部评级将客户标签化，支持完善客户综合分类评价与分类管理体系。若能将代表信用高低的内部评级与客户合作紧密度及合作空间等因素进行结合，就可以形成含义更丰满的客户分类体系。综合分类评价不仅可筛选核心优质客户，也可为客户准入制定相关评级标准，这也是反映公司风险偏好的一种重要形式。

第三，内部评级在风险定价方面中发挥重要作用。高风险匹配高收益，信托公司传统定价逻辑是资金成本驱动、运营成本覆盖再加业务团队的商业谈判能力，未曾精算过信托资产端的风险补偿。风险定价类似于一个锚，可以在信用风险得到有效补偿的基础上再考虑对信托资产端定价有重大影响的因素。

第四，内部评级影响信托公司的风险资本管理。理论上，信托产品的损失风险应由客户承担，但实践中信托公司作为受托管理人，管理职责无法完全置身事外，无论是阶段性流动性支持还是风险资产处置都可能占用信托公司资本金。因此资产端的风险定价和信托报酬的定价不仅对信托投资人重要，对信托公司的风险资本管理也很关键。

第五，内部评级可增强客户授信额度管理。理论和实践都可证明，客户合作授信额度对主体信用风险（即信用评级）的高低较为敏感。虽然各家信托机构的内部授信模型可能有不同的方法论和逻辑基础，但共性是：在同等的财务表现下，信用评级高的客户应获得更高的市场化授信和较低的风险资本占用，反之则反。

第六，内部评级是信托净值化转型的必备工具。无论是信托资产的净值化要求，还是固有资产的新金融工具准则的落地，都要求对非标债权进行估值。在缺乏公开市场交易的情况下，非标债权资产需要结合不同信用评级下的估值收益率曲线进行估值。在客户无公开发债记录和外部评级的情况下，信托公司可以利用内部评级与外部评级的映射关系间接替代外部评级，间接实现非标债权的净值化管理。

第七，内部评级可升级信托公司集中度风险管理精度，有效控制整体的信用风险。传统的集中度风险管理主要基于名义风险敞口（即合作的账面余额数据），并没有综合考虑合作主体的信用状况，也没有基于风险资本进行合理分配和集中度控制，导致信用资质良好的客户未能得到最优的业务资源配置，信用资产的组合并非达到最优水平。

（三）融资类业务较大的信托公司应当建立独立的内部评级体系而非直接采购外部评级机构的评级服务

首先，从专业化分工角度说，信托公司采购外部评级服务机构的专业评级服务是可行的，但这相当于把核心话语权交给了外部机构，并且放弃了培养主动管理能力的机会。在建立内评体系的过程中，信托公司可以逐步形成对合作客户的评价框架和分析逻辑，这对深度理解客户的商业模式尤其重要。

其次，内部评级的透明度和可检验性较强，不仅满足外部监管机构或上级单位的监督检查要求，也便于对评级模型进行及时的迭代和更新，保障评级模型的持续有效性。而外部评级机构即使提供定制化的评级服务，其底层评价模型的方法论和关键参数属于其核心技术或商业机密，黑箱成分高。过度依赖外部评级机构的评级结论，不利于建立独立自主的客户综合评价能力和主动管理能力。

最后，外部评级机构的评级服务，是公司完善和验证内部评级体系的良好工具与补充。对于融资类业务规模占比较小，投资类业务转型已进入正轨的信托公司，采购定制化的外部信用评级服务可以降低研发时间和研发成本。但对于中长期依然将融资类业务作为其核心业务之一的信托公司，建立内评体系是业务成熟的必经之路。

二、内部评级体系的核心概念

（一）评级体系

信用评级体系是指挖掘与被评级主体信用风险密切关联的风险因子（指标），通过建立并整合单一或多个量化或非量化的模型，预测未来给定时间段内的年化违约率，并在一套科学的、可量化的主标尺下，对其信用水平进行分级靠档的符号指标体系。

（二）评级期限

传统第三方评级机构给出的评级包括主体中长期评级（有效性1年，隐含的是未来1年期内的违约率），以及评级展望（中长期评级的变化趋势性判断)。若将不同期限的评级结果进行汇总就可以得到评级的期限结构。期限越长,预测难度越大,准确性越低,因为期限越长,未来的可变因子越多。评级期限结构的形态可以是平的、拱形或凹形,隐含的是被评级主体在短期信用风险因子和长期信用风险因子上的变现差异性。有些企业短期流动性风险较大,评级较低,但企业基本面资质较好,短期存活条件下的长期评级可以较高。

(三)绝对评级与相对评级

所谓绝对评级是对绝对违约率的预期,而相对评级衡量的是一种"谁比谁更容易违约"的概念,是一种违约率高低的排列关系(但并没有揭示准确的违约率)。

两种评级度量工具运用目的不同,但特定条件下可以等价。绝对评级天然是一种相对评级,反之不成立。但在被评级群体具有行业多样性以及充分的行业代表性(近似均匀地覆盖正常企业和违约企业),那么相对评级可近似于绝对评级。

绝对评级使得模型预测的违约率有了经济学上的意义和可比性,与其他绝对评级模型(如外部评级)就可建立某种映射关系,实现内部评级对外部评级的替代或补充。

(四)评级建模

内评模型,包括通用行业评级模型(General Industry Model)和专业化行业评级模型(Specific Industry Model)。前者适用于具有相似经营模式的产业群体,如广泛的制造业群体;后者适用于具有特殊经营模式和规律的一类行业或细分行业,如金融业、轻资产行业、房地产业等。专业化行业评级模型与通用行业评级模型的差异通常会体现为评级方法论的差异,但在行业差异性有限的条件下，也可以体现为同一模型下若干核心参数的差异。

对于某个特定行业应当开发何种类型的评级模型有两个标准。第一，根据专业经验和对行业的理解，该行业的运行逻辑和商业模式是否与其他行业群体有显著的差异性，并且该差异性与其信用风险密切关联。第二，收集该行业的历史数据置入已有的通用性评级模型进行信用回测，检验是否可以有效预测违约事件。房地产行业独有的预售制度、多项复杂的会计科目设置、天然的高杠杆经营模式决定了有必要为房地产客户建立一套专业化的房地产评级模型。

（五）评级模型的集成与评级推翻（调整）

任何单一的评级模型都存在分析盲点和片面性，模型风险不可避免，故应当运用具有不同分析角度的多个评级模型互相补充和验证。这种多个模型互相取长补短和互相借鉴的过程被称为模型的集成。

考虑到财务数据和舆情信息获取的滞后性、量化模型的机械性、非主体自身因素以及部分财务数据质量的可靠性不足等原因，有必要对模型给出的结果，经过专家主观分析判断后进行调整，这种过程被称为评级的推翻（调整）。

对于纯量化评价模型的结果，通过专家的一致调整，可以对明显有高估评级的结果加以修正，降低整体偏误率，最终使得评级体系总体是相对客观和谨慎的。量化驱动模型大多是一种客观模型，主要用数据和事实说话，不考虑评价人对被评级对象的特殊感情或主观偏见，在统计意义上具有大概率下的可靠性，而主观评价模型是一种基于经验主义和反映个性化特质的方法，对个案的评价有效性往往较好，两者结合后才是完备和准确的。

三、如何建立房地产主体内部评级体系

结合笔者的实操经验,本节重点介绍基于大数据的房地产主体内部信用评级体系(简称房企内评体系)建立过程和其中评级建模的基本原理。受限于内部评级技术的商业保密要求和管理制度要求,技术部分根据需要做适当讨论,但不做细节展开或披露核心参数。

(一)基本特征

1. 房企内评的评级期限安排

实践中,房企内评体系涵盖短期(1年)、中期(2年)、长期(3年)三个业务期限的信用评级,并将各评级期限的到期日锚定在每年的年末。例如,2020年4月对房企的首次评级,对应的短期评级到期日是2020年12月31日,中期评级到期日是2021年12月31日,长期评级到期日是2022年12月31日。即使在2020年7月结合半年度财报进行评级更新,对应的短、中和长期评级到期日也固定不变,直至下一个财年更新评级,往前滚动一整年。

如此设计的优点是:所有的评级到期日将固定在12月31日,这种使违约数据统计核算变得有规律,房企评级之间的评级可比性和可理解性也较强;缺点是:对于短期评级(1年期)而言,季报和半年度财报的获取时间往往滞后2~3个月,这将导致短期评级的实际剩余有效时间被技术性缩短,实用性将减弱。

综合而言,中期评级的业务参考意义更大。第一,短期评级的舆情价值更大;第二,长期评级的准确性较弱;第三,房地行业政策更迭周期和企业经营周期较短,一般2~3年就有较大变化;第四,房地产信托业务期

限一般为1.5~2年，中期评级的期限与业务期限匹配性会较好。

2. 房企内评是近似于绝对评级的相对评级

由于房企建模样本数量庞大（约200家），能覆盖所有主流房企，包括样本期间内的高评级主体、低评级主体和违约主体，样本的代表性和多样性决定了基于样本房企的评级模型开发的评级既是一种相对评级，也可近似于绝对评级，其预测的违约率具有经济学意义。

3. 房地产主体细分敞口建模的讨论

房地产行业有诸多细分行业（即细分敞口），按照其开发业态和经营范围的不同，包括住宅开发销售型、商业类持有型或销售型、住宅和商业混合型、多元化经营。住宅开发销售型的存货周转率较高，商业类持有型以收取租金收入，兼顾物业销售和长期持有获取中长期的增值收益。前者重现金流，后者重资产运营升值，经营模式与风险特征完全不同。而多元化经营的主体，若其非房板块业务占比较高，也将影响整体风险特征。

住宅开发销售型房企中，根据开发模式与合作开发度的不同，可进一步划分为独立开发型、合作开发型、混合型。实践中，用并表口径下少数股东权益比例（或少数股东损益占比）和长期股权投资（联营合营企业）占归母权益比例，综合衡量房地产企业的合作开发度。前者比例高，代表房企有更大意愿与外部开发商合作开发，但依然保持对项目的绝对控制力；后者比例高，代表房企有更大意愿参与其他开发商的项目，但以财务投资人为主。实践中，可用上述两个指标的行业中位数作为划分临界点。

根据行业大数据统计，2014~2019年房地产行业的上述两个指标的临界点均有系统性提高趋势，随着房企规模增加，合作开发的趋势明显。随着房地产行业进入后黄金时期，单一区域型开发商有两个成长方向：多元化发展和多区域开发。与全国大型开发商或区域龙头合作开发是房企开辟新战场的主要策略。此外，随着人口持续向东部沿海区域和华南区域流动，一二线大中型城市的土地成本逐步提高，开发商联合拿地、联合开发的模式越来越普遍。

根据实践结果，建议非房多元化特征较为严重的房企、商业持有类占比较高的房企，应当分敞口另行建模或引入差异性较强的评价指标，区别于住宅开发销售型房企。而对于住宅开发销售型房企，如果基础样本容量不够大、对模型精度要求不是特别高，细分敞口建模的必要性不强，甚至会带来模型有效性上的困扰。虽然合作开发与独立操盘在现金流管控上存在一定差异，但从权益口径视角看，财务分析的差异性并不突出，还款逻辑均是基于销售回款，除非财务投资比例比较多时，房企利润表的核心科目会从销售收入转入投资收益，但从统计模型看，利润指标对信用风险的影响力短期内并不显著。

4. 大数据驱动的内部评级模型的优势

第一，房地产客户群体样本容量较大，主流地产公司200家左右，业务模式相似度高，适合采用标准化的评级模式。传统个案评级的方式，人力成本高，而以数据算法驱动的评级模型可以尽量避免人为因素的干扰和主观判断的偏误，评级结果具有科学性和事实基础。

第二，资深而优秀的信用评级师较为稀缺，运用数据算法驱动的评级模型可以形成较好的替代和补充。对于陌生的新合作房企，将其嵌入行业大数据中进行比较分析，在深入尽调之前，便知其大概，可显著提高评级工作效率。对于公司培养初级信用评级师也大有裨益。

第三，房企快速成长的核心就是融资、拿地和销售。政府和金融机构通常以房企行业综合排名、销售规模排名等指标作为准入标准，比较关注资产负债率等核心财务指标的健康度，销售端的购房客户也注重房企的美誉度和开发实力。种种压力导致房企具有内在的粉饰财务报表和夸大销售数据的动机。另外，房企有诸多特殊会计核算规则，报表优化空间较大。大量中小型的非上市房企，普遍存在操纵并表范围和隐藏债务规模的情况。这些房企主要聘请本地中小型审计机构，迫于业务压力，这些审计机构对非原则性的报表美化配合度也较高。通过大数据对比分析，应用模糊化处理、排序处理等均可一定程度上缓解房地产行业整体数据质量较差的问题。

（二）搭建基础数据体系

1. 样本主体范围

基于数据可获取性以及样本对行业整体代表性，选择 200 家左右主流房企作为建模样本群体。基本覆盖主流排名榜单[①]中在大陆及中国香港地区公开发行并上市的房企、境内外存续债券发行的房企以及与公司有存续合作的非上市房企。虽然数据库中体量特别小的中小型房企占比较少，但考虑到近些年在大中型房企中也已出现不少实质违约案例，从信用评级目的出发，这样的样本主体已具备一定的建模基础。由于房地产行业大格局已定，市场主要玩家逐渐向头部集中，样本主体范围在未来几年将保持相对稳定。

2. 样本数据范围

根据就近原则和连续性原则，选取样本主体在 2014~2019 年的年度经营数据、财务数据、行业排名数据、公开市场交易数据等作为基础数据。虽然部分上市公司和发债主体会披露季度或半年度数据，但数据完整性和指标匹配性无法达到完整统一，故不纳入基础数据收集范围。

在样本数据里，同一个房企主体在不同年份，可视为不同的样本观察点。基于上述样本数据范围的内部评级模型，总体上是一种基于低频面板数据的模型。虽然模型外部调整环节会综合相对高频的市场舆情变化，但也仅是一种修正方式。

3. "坏样本" 识别

基础数据库中价值含量最高的数据就是违约事件。由于国内 2018 年之前公开市场的违约率较低，风险敏感性较弱，信用风险并未充分暴露。房企违约案例的稀缺性，使得统计模型推出的评级存在被系统性低估以及信

---

① 主要榜单来源：中房网、克而瑞、中国指数研究院。

用风险因子敏感性不显著等情况，模型有效性和应用性会较差。

为解决这个问题，将"坏样本"的定义进行适度泛化。除了实际公开的违约信息外，各种渠道掌握的流动性危机或再融资危机诱发的"近似违约事件"均可纳入"坏样本"。为了进一步捕捉未知的近似违约事件，还可基于房企债券市场利率波动的剧烈程度和股票价格的波动程度，综合建模推测是否出现隐性违约事件。

"违约事件泛化"带来的正面影响是样本整体"违约率"适度提高，甚至会有所高估，统计模型的敏感性会提高。高估违约率最终使得评级模型整体结果偏于保守。笔者认为适当控制违约事件的泛化程度，仅从风控角度，是可接受的。

4. 样本的拆解

将房企样本分为"好样本"、"坏样本"以及"中间样本"，分别代表正常履约主体、泛化违约主体、数据质量较差主体。之所以增加所谓的"中间样本"，既是为了确保"好样本"和"坏样本"的信用状态纯粹且相对准确，同时保障建模基础数据质量，确保模型训练可行性高。

为了降低数据挖掘偏差导致的过度拟合问题，增强模型的预测力，将原有数据库样本随机拆解（10折交叉验证方法）为模型训练样本、模型测试样本和检验样本，确保拆解后的样本之间较为独立和各自具有代表性，并且不断优化模型的预测力。

（三）搭建标签分类体系

为加强房企的信用分析，内评体系构建以企业属性、实际控制人、行业地位、业务多元化、开放度、存货布局、产品定位、拿地强度、杠杆水平等主要维度的分类标签体系。其中部分重要的标签也将是专家打分卡模型的评价维度。

将所有的标签分为"事实型"标签和"策略型"标签。"事实型"标签是客观因素形成且短期难以调整;"策略型"标签是主动选择且短期容易调整。例如,"拿地强度"就是一种典型的"策略型"标签,而"企业属性"则是典型的"事实型"标签。

所有的标签具有离散型特征。例如,企业属性标签中的国企和民企、绝对控股和相对控股。有些具有连续型指标(如拿地强度、融资杠杆率),结合行业大数据的统计和经验判断,可以人为地转换为离散型标签(高、中、低)。

标签体系的应用价值主要体现为三个方面。第一,用于分敞口建模。按照特定标签可将样本分层为多个子样本分别建模,并根据建模结果的差异性和统计显著性,研判分敞口建模的必要性。实践中,若个别分层样本的容量较小,会失去统计代表性,这种情况不建议分敞口建模。第二,聚类分析。通过分类标签可以赋予样本主体多重属性,并将样本主体投射到一个多维的赋范空间进行聚类分析。根据不同的类分别进行评级建模。第三,标签还可纳入多元统计模型作为"0-1"变量或虚拟变量。若该虚拟变量对信用好坏具有统计上的显著性,则该标签可作为主体的内评风险因子。

(四)搭建评价指标体系

1. 基础数据

构建指标体系所需的基础数据源包括经审计的财报、财报附注、定性字段(与标签分类体系有一定的关联)、第三方供应商的数据等。实践中,笔者所在机构先验性地收集了接近700个基础数据字段。按照200家样本主体,6年的历史数据序列,合计约84万条基础数据源信息。

2. 指标体系

基于上述基础数据库,持续寻找可能对房企信用有影响的基础指标,形成评价指标集(实践中超过500个)。指标构建方式主要是各种财务比例关系、科目同比变化率等。

3. 指标加工

指标加工程序中需要解决一个难点，即境内和境外财务报表的财务报表规则、审计主体、并表项目范围差异和财务科目描述存在明显差异和复杂性，需要进行校准和标准化。例如，同一主体在境内和境外对于房企税收的列支位置不同、并表标准不同、存货分类不同、收入确认的标准不同。特别是新会计准则实施后，新旧准则下的不同年报还存在科目调整问题，如预售房款转为合同负债、重大融资合同利息成本、金融工具分类与计量等。

4. 指标分类

实践中，500多个指标分为8大类，并细化为15小类，包括企业效益类（成长性、规模、运营效率、赢利能力）、经营弹性类（公司治理、资产质量、流动性）、拿地特征类、多元化类、偿债能力（融资能力、债务覆盖度）、杠杆率、关联交易和财报粉饰类、其他类。指标的分类与专家打分模型中的指标设计有密切关系。

5. 指标分析

200家样本主体累计6年的数据已具有较好的行业代表性，故每个指标均可进行详细的统计分析，形成样本混合分布，乃至细分至不同敞口、不同年份的子样本分布，并得到任意分位点（其中关键分位点有1%，5%，10%，25%，50%，75%，90%，95%，99%）。

基于样本统计分布参数，给定任何一家房企，均可进行横向和纵向分析对比，通过观察该房企特定指标所处的行业相对位置以及逐年变化趋势，可提升对该房企的整体认知度。若干基础指标加工合成的组合类指标也可进行类似分析。配合可视化工具，将显著提升数字化风控体验。

（五）风险因子体系

指标体系中对房企信用风险特别敏感或者具有前瞻预测能力的单指标

或组合类指标，称为风险因子。实践中，可运用各种单因素分析的方法（单因素 Logistic 回归、单因素 KS 检验对指标进行统计检验）筛选出大量的风险因子。其中区分度最高的若干风险因子，通过持续的统计检验，将被纳入最终定型的评级模型中。

在数量庞大的风险因子之间，往往在会计上或经济上具有强相关性，可运用主成分分析法提炼出最核心的风险因子组合。实践中，是否进行主成分提炼，完全取决于建模者对建模精度的需要。风险因子体系的构建本质上是一个机械而烦琐的数据挖掘过程。

（六）评级模型体系

房企内评体系最核心的部分就是构建评级模型。由于房企内评期限框架覆盖短期、中期和长期评级，故针对不同的期限维度均应开发相应的底层评级模型。实践中，经过对各种经典信用模型的优劣分析和筛选，最终确定了以多元统计模型为核心，结合专家打分模型和基本面偿债覆盖系数模型为补充的评级模型体系。

四、评级模型的基本原理

（一）多元统计模型

在拆解出的模型训练样本中，将大量候选的风险因子变量或其转换变量（X）和好坏样本变量（Y），按照标准的统计分析模式，纳入线性模型进行经典的 Logistic 回归分析。将事先准备好的数据导入常用统计软件（SAS/SPSS/R 等）可直接进行统计分析和检验。经过不断尝试，即可筛选出一组最优 Logistic 回归方程的入模变量组，并得到敏感性系数等参数，样本内对主体违约率的预测值，以及模型解释度或误差率等统计指标。

须指出的是，笔者所构建的多元统计模型是预测模型而非同步模型。即风险因子变量 X 均为前置变量，例如，Y 为 2018 年的信用好坏标签，那么 X 就是 2017 年或之前的变量。如果采用的是同步模型，即 X 是同步变量（2018 年指标），统计回归和检验效果可能会更好，但在实践中，则必须依赖于特定专家对入模风险因子进行前瞻性预测和判断，这使得统计模型将被动地引入人的主观因素，应用性也会大幅减弱。对于专业度较高且行业前瞻性信息把握度较高的机构，可以尝试采用同步性模型。

多元统计模型主要适用于短期违约率（1 年）和中期违约率（2 年）的预测。两者在实操中的主要差异是：①中期评级模型的违约率涉及先对 1 年后远期违约率进行预测（相当于在 1 年后幸存条件下的远期违约率），再结合短期违约率预测值进行复合计算。②实践中，中期评级模型经过 Logistic 回归后，最终入模的风险因子和参数与短期评级模型也不尽相同。因为长期违约率（3 年）的预测时间过长，风险因子 X 的解释力和违约率预测的准确度会大幅降低。

在模型开发过程中，纳入统计回归的变量未必就是 X 本身，也可以是基于 X 的某种变换。常规做法是采用 WOE（weight of evidence）分箱原理进行转换，但这种技术过程在理解上并不直观。实践中，可以将风险因子的绝对值简单转换为行业分位数纳入模型，行业分位数代表了一种行业相对排位。

给出回归后的 Logistic 方程后，即得到所有解释变量的回归系数。由于方程解释变量 X 均已转换为分位数（取值范围是 0~100%），被解释变量 Ln［违约率/（1-违约率）］的值域就是一个有界区间，均匀地划分该有界区间，反推后即可得到"违约率"在（0, 1）区间的某种划分，这就建立了信用评级主标尺。

（二）专家打分模型

1. 传统专家打分模型

传统专家打分模型是较为常见和实用的模型，整个过程从选择评价维度→设定评价权重→专家打分→划分档次，简洁明了，易懂易操作。其本质上也是一种线性模型，和多元线性统计模型的表现形式上有相似性，但核心区别如下。

第一，在评分指标筛选和权重设定问题上，前者是根据专业经验预设的，后者是基于客观事实和基础数据的统计回归，并经过显著性统计检验后确立的。

第二，多元统计模型直接预测违约率，是一种风险计量模型且具有较为明确的主标尺，反观专家打分模型得到的分值一般只能用于信用风险的排序，却无法对应于违约率。

第三，多元统计模型对于3年期及以上的信用评级显得有心无力，但专家打分模型完全可以覆盖短、中、长期。一方面，因为评级专家有能力凭借对房企的长期认知和专业判断给出比统计模型更可靠的长期评价；另一方面，影响长期评级的决定性因素比中短期评级的可变因素更少，或者说评价权重更大的变量更聚焦。如果把中短期评级看作"量化投资"，长期评级更像一种"基本面投资"。

传统专家打分模型虽然实用，但也存在诸多饱受诟病的痛点。除了主观性较强外，另一个核心问题是，信用风险本质上是一种非线性问题，而传统打分模型一般是线性的，具体表现为打分权重的设定相对固定，但信用风险往往具有短板效应和断崖效应。短板效应，即在一系列相关度较高的指标中只要有少数几个指标变现较差，整体就是差的；断崖效应，即个别评价指标在突破一定限度后信用水平将明显恶化，固定权重难以刻画这种风险特征。

2. 非线性专家打分模型

实践中，笔者基于传统打分模型，研发出一套更为科学的非线性专家打分模型完成对房企的评价打分。尝试针对传统打分模型的线性化问题和主观性较强等问题加以修正。主要原理和操作过程介绍如下。

(1) 评价指标与权重初设

打分模型是一种综合评价模型，不妨将房企比作人。评价房企的信用水平相当于对一个人进行全面体检。假设房企的日常经营主要由中枢系统、资金系统、动力系统、运营系统、调节系统等五大"系统"构成（即一级评价维度）。

构建二级维度，对每个"系统"进行评价。例如，资金系统评价指标包括流动性、资产负债匹配性、融资能力、债务覆盖度、融资性杠杆、经营性杠杆、表外杠杆等。实践中，五大系统维度合计由20个评价指标组成，包括10个量化类评价维度、10个定性类评价维度。

评价维度的权重设置。针对短期评级、中期评级和长期评级，对20个评价指标分别设定差异化的权重，反映同一个指标在不同期限维度下的不同影响力。例如，中枢系统中的"高管与经理人"对房企，相对于短期评价，中长期评级有较大的影响力和评估价值，所以权重设置上短期＜中期＜长期，而流动性指标的权重设置就相反，短期＞中期＞长期。其他指标有类似的差异化权重设置逻辑。

(2) 具体评分

对量化类维度的评分方式。以"流动性"为例，在基础指标体系的清单中，选择与流动性最相关的一系列指标对应的行业分位数进行主成分分析。根据提炼出的第一主成分，再进行分位数转换，得到流动性指标的最终得分。其他量化类指标以此类推。使用主成分分析的目的是避免使用单一指标导致评价偏差。

对定性类指标的评分方式。例如，调节系统的评价维度包括公司治理、资产质量、抗压能力、业态多元化、区域多元化、开放度。其中区域多元化就是一种定性指标,衡量区域集中度风险。由于相同的区域集中度可能存在资产质量不同以及城市发展潜力不同,区域集中度风险无法用现有的简单指标刻画,这就需要依靠专家进行主观打分。实践中,笔者尝试对区域集中度风险建立一套独立的评价模型,但限于数据质量较差和城市数据覆盖度不足问题,城市区域风险评价模型的有效性和评价效果欠佳,转而采用专家主观打分。其他定性类指标以此类推。

对于专家主观打分,为进一步避免主观偏差,通过巧妙设计评分问卷,并由尽量多的房地产行业专家进行分散独立打分,将综合后的打分结果纳入打分模型。

(3) 非线性化处理机制

针对性地引入两项非线性化机制适当缓解线性模型固有的短板效应和悬崖效应。第一,一扣到底机制,若某"系统"下的若干评价维度得分较低,那么该"系统"的整体评分直接归零;第二,缺点放大机制,若某"系统"的整体得分较差,那么对该"系统"的评价权重进行放大。通过这两个非线性化处理后,专家打分结果将会适当拉开差距,并且匹配信用风险的非线性特征。

(4) 划分评级主标尺

根据初步打分以及经过非线性化处理后得到的样本得分,观察其在0~100分的分布情况,适当地(未必均匀)划分为10档区间,形成非线性专家打分模型的评级主标尺。后续,根据被评级房企的打分结果即可得到对应评级。

(三) 基本面偿债覆盖系数模型

房企债务偿还的资金来源是销售回款产生的经营性现金流、再融资资金以及资产变现现金流。基本面偿债覆盖系数模型的基本思路是:在一定期限内,通过房企的偿债资金来源对到期债务的覆盖度高低来衡量其偿债能力。这是一种朴素、直观且易懂的方法。由于财务报表对债务的划分主要是流动负债（小于1年）和非流动负债（大于1年），所以该模型也可对应地分为短期评级模型和中长期评级模型。

短期评级模型的偿债覆盖系数 =（易变现高流动性资产+期间预期收入回款）/（1年内到期的负债+期间预期拿地及建设支出+期间经营费用支出）。其中所谓"易变现高流动性资产"主要选择非受限货币资金以及非受限的拟建在建存货，按照20%的折扣率快速变现值；1年内到期的负债，除了财务报表中的有息流动负债外，还可增加一部分长期借款中近似但超过1年的到期债务，保守起见，可按照长期借款的20%进行估算。

中长期评级模型的偿债覆盖系数 =（所有核心资产的变现值）/主要负债。其中核心资产变现值 = 货币资金+存货×变现系数+投资性房地产×变现系数+长期股权投资；主要负债 = 有息流动负债+长期借款+应付票据及应付账款+应付债券+其他应付款+预售款项及合同负债。上述公式中的存货系数取决于评级人员的专业判断或者在缺乏信息支持情况下的默认标准值。

中长期偿债覆盖系数相对于短期偿债覆盖系数更实用可靠。短期评级模型涉及期间现金流数据的估计，即需要评级专家对房企未来1年销售回款目标和拿地开工计划有一个相对准确的预测。由于预测难度较大，短期评级的前瞻性能力较弱，但可在事后以实际值代入得到评级。由于评级的主要目的是预测，故短期评级模型应用价值较弱，而中长期评级模型，仅用到资产负债表中的资产和负债信息，可靠性相比预测未来现金流更高。实践中，推荐运用中长期偿债覆盖系数刻画房企中长期信用风险，而用短期偿债覆盖系数辅助刻画短期信用风险。

评级模型的主标尺设计具有一定主观性。对信用正常主体的区分度不足，但对信用恶化的主体具有较好的预测效果。由于实践中基本面偿债覆盖系数的统计分布呈现对数分布形态，根据对数后的样本分布，选择合适的分位点作为评级主标尺。对比过往5年的统计模型测试结果、专家打分结果和偿债覆盖系数，发现在高评级主体群体中偿债能力覆盖系数的区分度较差，也即在信用正常的主体中难以分辨孰优孰劣，但在信用由好转坏的转折点处具有较好的区分性，即系数值越低（一般小于0.8），意味着信用较差，未来出现违约的概率较高。

（四）评级模型的集成

将上述三套评级模型的期限覆盖范围和优劣势汇总如下表：

评级模型	短期评级	中期评级	长期评级	优势	劣势
多元统计模型	适用	适用	不适用	● 应用简单 ● 科学性较强 ● 预测违约率	● 模型更新迭代较为复杂，涉及大量的数据收集和处理加工
专家打分模型	适用	适用	适用	● 应用简单 ● 便于理解和迭代优化	● 主观成分相对多 ● 依赖专家人力投入
基本面偿债覆盖系数模型		适用	适用	● 易区分信用恶化主体 ● 仅依赖于财务信息即可完成计算	● 信用较高群体难以区分评级高低 ● 短期模型实用性不强，须依靠专家预测能力 ● 财务报表易被粉饰，可靠性存疑

模型的集成过程本质上是一个对基础评级模型的互相修正和校准的过程。集成方式多种多样，例如，取中间评级、取最低评级或者引入更多的集成算法，何种方式取决于基础评级模型的优劣势特点。实践中的建议是：①中期评级被所有底层模型覆盖，中期评级模型的可靠性相对最高，最稳健，再考虑到中期评级期限与房地产业务期限的匹配度最高，自然成为最主要的评级；②以多元统计模型作为基准，用专家打分模型和偿债能力覆盖系数模型加以鉴别和修正；③由于偿债能力覆盖系数更像一种刻画房企信用风险的综合性指标，若将该指标融入多元统计模型和专家打分模

型，并给予适当的评价影响力，那么仅依赖于多元统计模型和专家打分模型即可完成模型的集成，简化集成过程。

（五）评级模型的调整

首先，基于外部因素调整。上述三个底层评级模型主要考虑房企自身的偿债能力和信用状态，未能考虑房企的股东支持意愿和能力（大股东持股比例及股票质押比例、并表下净资产占比等）、地方政府和区域金融机构的隐性支持，特别是对于区域重要国有房企，需要考虑隐性的外部支持因素。

其次，基于动态舆情调整。所有评级模型均具有局限性，并且带有预测性质，预测就会有误差。由于评级信息的获取一般滞后 3~4 个月，滞后期内发生的重要舆情信息，通过模型调整可及时反映到评级结果。舆情信息还须区分短期因素或是长期因素，相应地决定是否调整短期评级或中长期评级。

最后，基于公司与房企的战略合作深度与历史合作情况进行最终的评级调整。

Abstract

Review and Prospect of the Trust Industry Development in 2020

Abstract: In 2020, trust companies are characterized by strict supervision, change of business performance growth trend, transformation and adjustment of main business, and rising risk pressure. The business structure, risk characteristics, capability system and industry culture of trust companies are changing. Comprehensive transformation has become the industry feature of the year. Looking forward to the future, the trust company will actively complete the transformation and enter a real high-quality development stage.

Keywords: Trust Business; Trust Transformation; High Quality Development

Research on the Trust Business in 2020

Abstract: By the end of 2020, the amount of trust assets has reduced to 20.49 trillion Yuan, influenced by the changing macroeconomic and regulatory circumstances. It seems obvious structural transformation of trust business, and the actively managed loan business has replaced the passive management trust as the main driving force of the industry, while the investment in standardized financial products is playing a more important role in the business of the trust industry. The investment direction of capital trust has optimized with a stronger support on the real economy.

Keywords: Trust Income; Trust Business Structure; Investment Direction

Research on the Inherent Business of Trust Companies in 2020

Abstract: In 2020, the total capital increase of trust companies reached a new high level. The growth of total assets mainly comes from the increase of registered capital. The allocation of inherent assets was still dominated by investment, but the scale of trading financial assets leaped to the first place for the first time. The proportion of proprietary assets invested in the securities market had also increased, and the proportion of long-term equity investment remained stable. The high balance of non-performing assets in the industry weakened the profitability of trust companies, and it reflected the 28 principal. The revenue declined slightly and return on proprietary stayed in low level, and there were obvious individual differences among different trust companies. .

Keywords: Registered Capital ; Proprietary Assets; Distressed Asset; Return on Proprietary Net Assets

Research on the Risk Management of Trust Companies in 2020

Abstract: In 2020, the credit risk of the trust industry continued to rise, and the potential risks in the financial sector are basically fully revealed. The number and scale of risk projects in the trust industry in 2020 continue to rise, with a smoother growth curve. The overall non-performing assets and non-performing rate of the trust industry increased significantly, far higher than the level of non-performing financial institutions in the same period. The pressure of stock risk disposal of trust companies is significant, and the asset risk situation remains severe as past years.

This article summarizes the current situation of risk management, non-performing assets distribution, lawsuits and cases of risk incidents and disposal in the trust industry in 2020, to increase the awareness of risk prevention and comprehensive risk management capabilities, in order to achieve stable growth and risk prevention, structure adjustment and innovative business transformation.

Keywords: Risk Management Status; Non-performing Assets; Lawsuits; Cases of Risk Incidents; Disposal in the Trust Industry

Report on Supervision of Trust Industry in 2020

Abstract: Frequent financial risks and new regulatory framework of asset management has been initially formed in 2020, catalyzing profound changes in the asset management industry and business structure. In order to actively promote the high-quality development of the trust industry and prevent or defuse risks, the regulatory authorities continue to strengthen the institutional supervision, functional supervision and behavioral supervision of trust companies from the aspects of corporate governance, business norms and transformation, and protection of consumer rights and interests. Looking ahead, trust company governance will be further improved, and the development of asset securitization, standard financial assets investment, wealth management and other business transformation will be further deepened. In this process, the risk control ability of the trust industry faces continuous challenges, and it is necessary to improve the internal control of the company, enhance the product management capability, and strengthen the construction of financial technology.

Keywords: High-quality Development; Corporate Governance; Social Responsibility

To Serve Inheritance and Public Welfare Needs with Trust System
—Exploration and Attempt of Special Needs Trust in China

Abstract: "Improving people's livelihood and welfare, improving the national public service system" is a significant part of the draft outline of China's 14th Five-Year Plan (2021 −2025) and the long-term goal of 2035. In order to safeguard the welfare and physical and mental health of specific groups, China has proposed the system of intentional guardianship and adult legal guardianship in General Rules of Civil Law. But the implementation of the system is directly related to the capacity of behavior. The current guardianship and social assistance security system is still unable to properly protect the rights and interests of people with special needs. This kind of population not only includes the minors with physical and mental disabilities, but also includes the people with intellectual and developmental disabilities caused by congenital defects and the elderly with mental retardation and disability. Their "early childhood and pension" problems are also related to the sense of gain, happiness and security of each family. Based on the aging population and the property protection of minors in China, this paper proposes to introduce special needs trust, give full play to the application of trust system in the supplementary guardianship system, and strengthen the guardianship of people with physical and mental disabilities and the protection of property rights under the current trust law framework.

Keywords: Physical and Mental Disabilities; Aging; Guardianship System; Special Needs Trust

Research on Legal Risk Management of the Trust Companies under the Background of Judicalization of Regulatory Rules

Abstract: Based on the background of judicalization of regulatory rules, the starting point and ultimate purpose of financial adjudication standards is to maintain financial security and prevent systemic risks. This paper systematically sorts out and differentiates the relationship between financial supervision and financial justice, and puts forward the basic principles and measures to be followed on how to coordinate the relationship between them. And on this basis, this paper further explores the transmission path from regulatory risk to civil legal risk, and financial regulatory rules can be directly used as the discretionary standard to identify the liability for contracting negligence, the liability for breach of contract and the liability in tort, and the regulatory spirit contained in them can be introduced into the category of public order and good custom to evaluate the value of the effectiveness of actions. After definitude the types of legal liabilities under various obligations, it clarifies the regulatory rules, judicial rules and key points of judicial judgment corresponding to the prone behaviors of civil legal risks of trust companies, and puts forward the risk prevention ideas corresponding to different stages.

Keywords: Financial Trial; Civil Lability; Appropriateness Obligation; Administration

Practical Research on Trust Companies Participating in the Business of Non-performing Assets

Abstract: In recent years, the disposal of non-performing assets reaches new heights. Effective disposal of non-performing assets is important for preventing finance risk, building a new development pattern, and promoting high-quality development. This paper explains the investment logic, summarizes the current situation of the market, analyzes the institutional advantages and functional positioning of trust companies participating in non-performing assets business. This paper puts forward the business models such as direct transferring and disposal, setting up funds, debt restructuring, debt-to-equity swap, transferring the usufruct of bad assets, non-performing assets securitization, and the stake in local AMC. Finally, the paper provides some useful reference for the non-performing assets business activities.

Keywords: Disposal of Non-performing Assets; Trust Innovation Business; Omnipotent Financial License

Discussion on Asset Allocation in Family Trust

Abstract: If the trustee's management of non − financial assets of family trust is more about making use of institutional advantages to effectively hold the assets, then the management of financial assets and the execution of distribution arrangements for beneficiaries, as an investment portfolio, involve the long − term allocation of assets with liabilities. Although asset allocation plays an important role in portfolio management, in the practice of family trust, several key issues, such as long term, liability constraint and appropriate model, need to be considered. At present, there is no unified standard on how to do a good job in asset allocation in family trusts. We would like to share our thoughts with you and explore the reasonable answers together.

Keywords: Family Trust; Asset Allocation; Long − Term Allocation; Presence of Liabilities

Analysis and Innovation of Life Insurance Trust Business in China

Abstract: For various reasons, domestic life insurance trust business started late. However, in the past two years, the mainstream insurance institutions have made efforts one after another. Life insurance trust may speed up in the coming years. By and large, the unfunded life insurance trust (version 1.0) is the mainstream business model, while the funded one (version 2.0) is in the stage of gradual trial. Under the version 1.0, the core business issues such as the identification of trust property, invalid beneficiary and litigation risk have been properly solved, and the version 2.0 also has a legal basis in China. However, the business logic of version 2.0 brings some challenges to the existing insurance business. If the version 2.0 is to be successful in the future, more innovation in the business may be needed.

Keywords: Life Insurance Trust; Family Trust; Irrevocable Life Insurance Trust

Core Ability Cultivation of the TOF Business in Trust Company

Abstract: The Trust industry is under the pressure of transformation. Even the multiple optional transformation directions, the Trust financing firms must be supplied with the long term strategy and planning instead of the short term and slight adjustment. The paper studied the necessity and the feasibility of the standardized-product investment trust business, especially, the TOF (Trust of Fund) for the Trust industry transformation. In the view of author, The Top-design and systematization of the TOF business is necessary to the success of transformation. Five core capabilities are proposed up in the paper, including ① investment fund assessment, ② the strategy and risk assessment, ③ investment research and risk controlling system, ④ allocation and portfolio management, and ⑤ product design and operation service.

Keywords: Trust Industry Transformation; TOF (Trust of Fund); Investment Fund Assessment; Allocation and Portfolio Management

Trust Company Internal Credit Rating System Construction

—*Take the Internal Credit Rating of Real Estate Entities as an Example*

Abstract: The default risk comes up gradually in the meanwhile China's government push on Supply Side Structural Reform and deal with debt dissolving problem. Apparently, the credit market sees the divergence trends. Trust financial companies cannot emphasize the selective client strategy, selective risk management, and fending off major risks any more, during the period of chopping the nonstandard debt financing business. Therefore, they must establish the strict risk controlling system and develop the powerful tools. This paper discussed the importance and necessity of the internal credit rating system. The readers can clearly see the the methodology and procedure of developing the credit rating system by the example of real estate firms.

Keywords: Internal Credit Rating; Real Estate; Big Data; Rating Model

图书在版编目(CIP)数据

中国信托行业研究报告.2021/中建投信托博士后工作站编著. --北京：社会科学文献出版社，2021.8
（中国建投研究丛书. 报告系列）
ISBN 978 - 7 - 5201 - 8995 - 8

Ⅰ.①中… Ⅱ.①中… Ⅲ.①信托业 - 研究报告 - 中国 - 2021　Ⅳ.①F832.49

中国版本图书馆 CIP 数据核字（2021）第 180295 号

中国建投研究丛书·报告系列
中国信托行业研究报告（2021）

编　　著 / 中建投信托博士后工作站

出 版 人 / 王利民
组稿编辑 / 恽　薇
责任编辑 / 孔庆梅　冯咏梅
责任印制 / 王京美

出　　版 / 社会科学文献出版社·经济与管理分社（010）59367226
　　　　　　地址：北京市北三环中路甲 29 号院华龙大厦　邮编：100029
　　　　　　网址：www.ssap.com.cn
发　　行 / 市场营销中心（010）59367081　59367083
印　　装 / 三河市尚艺印装有限公司

规　　格 / 开　本：787mm × 1092mm　1/16
　　　　　　印　张：21　插　页：0.5　字　数：280 千字
版　　次 / 2021 年 8 月第 1 版　2021 年 8 月第 1 次印刷
书　　号 / ISBN 978 - 7 - 5201 - 8995 - 8
定　　价 / 88.00 元

本书如有印装质量问题，请与读者服务中心（010 - 59367028）联系

版权所有 翻印必究